U0135441

中华经典藏书

曾国藩家书

檀作文 译注

中华书局

图书在版编目(CIP)数据

曾国藩家书/檀作文译注. —北京:中华书局,2016.3
(2023.9 重印)
(中华经典藏书)
ISBN 978-7-101-11594-9

Ⅰ.曾… Ⅱ.檀… Ⅲ.①曾国藩-书信集②《曾国藩家书》
-译文③《曾国藩家书》-注释 Ⅳ.K827=52

中国版本图书馆 CIP 数据核字(2016)第 037288 号

书　　名	曾国藩家书	
译 注 者	檀作文	
丛 书 名	中华经典藏书	
责任编辑	王水涣	
责任印制	陈丽娜	
出版发行	中华书局	
	(北京市丰台区太平桥西里 38 号　100073)	
	http://www.zhbc.com.cn	
	E-mail:zhbc@zhbc.com.cn	
印　　刷	三河市博文印刷有限公司	
版　　次	2016 年 3 月第 1 版	
	2023 年 9 月第 14 次印刷	
规　　格	开本/880×1230 毫米　1/32	
	印张 11⅛　插页 2　字数 150 千字	
印　　数	204001-219000 册	
国际书号	ISBN 978-7-101-11594-9	
定　　价	23.00 元	

前　言

　　曾国藩（1811—1872），初名子城，字伯涵，号涤生，是晚清著名政治家、军事家、思想家、文学家。嘉庆十六年（1811），曾国藩出生于湖南长沙府湘乡荷叶塘白杨坪（今属湖南娄底双峰荷叶镇）一户普通耕读人家。曾国藩自幼随父曾麟书在家塾利见斋读书，后又至衡阳唐氏宗祠、湘乡涟滨书院、长沙岳麓书院就读；道光十八年（1838）中进士，道光二十年（1840）授翰林院检讨，道光二十七年（1847）升任内阁学士，兼礼部侍郎衔，道光二十九年（1849）擢礼部右侍郎，后历署兵、工、刑、吏各部侍郎。曾国藩为京官期间，受当时理学名臣唐鉴、倭仁等影响，致力于程朱理学，进德修业，笃于修身，颇有清誉。咸丰元年（1851），太平天国起事；咸丰二年（1852），曾国藩丁母忧回乡，太平军进犯湖南，围长沙不克，转而攻陷武昌，连下沿江郡县，十一月清廷命曾国藩会同湖南巡抚办理本省团练；咸丰三年（1853），曾国藩在衡阳创建湘军水师；咸丰四年（1854），曾国藩始率湘勇与太平军交战；咸丰十年（1860）四月，赏兵部尚书衔，署两江总督，六月，补两江总督，以钦差大臣督办江南军务；咸丰十一年（1861），湘军曾国荃部攻克安庆，曾国藩奉旨督办苏皖浙赣四省军务；同治元年（1862），曾国藩以两江总督协办大学士，坐镇安庆，指挥湘军围攻太平天国首都天京（今南京）；同治三年（1864），湘军曾国荃部攻克天京，曾国藩因功加太子太保衔，封一等毅勇侯。同治六年（1867）补授体仁阁大学士；同治七年（1868）补武英殿大学士，调直隶总督；同治九年（1870）再任两江总督，同治十一年（1872）死于两江总督任上，清廷为之辍朝三日，追赠太傅，谥文正，祀京师昭忠、贤良祠。

曾国藩因创建湘军剿灭太平天国，号称同治中兴第一名臣；又因首倡洋务运动，为中国现代化建设之先驱，在中国近代史上有举足轻重之影响。梁启超盛赞曾国藩，说："岂惟近代，盖有史以来不一二睹之大人也己！岂惟中国，抑全世界不一二睹之大人也己！然而文正固非有超群绝伦之天才，在并时诸贤杰中，称最钝拙；其所遭值事会，亦终生在指逆之中。然乃立德、立功、立言三不朽，所成就震古烁今而莫与京者，其一生得力在立志自拔于流俗，而困而知，而勉而行，历百千艰阻而不挫屈，不求近效，铢积寸累，受之以虚，将之以勤，植之以刚，贞之以恒，帅之以诚，勇猛精进，坚苦卓绝。吾以为曾文正公今而犹壮年，中国必由其手获救。"

曾国藩以坚苦卓绝之精神，成立三不朽之事业，被誉为传统中国最后一个完人。其著作，亦为世人宝爱。在曾国藩的所有著作中，影响最大、传播最深广的，则莫过于《曾文正公家书》。

《曾文正公家书》十卷（附《曾文正公家训》二卷），由长沙传忠书局刊于光绪五年（己卯，1879），晚于光绪二年（丙子，1876）该书局刊刻的《曾文正公全集》三年。《曾文正公家书》与《曾文正公家训》的区别在于：《曾文正公家训》收录的是曾国藩写给两个儿子曾纪泽和曾纪鸿的书信；《曾文正公家书》主要收录的是曾国藩写给家里长辈和同胞兄弟的书信（《曾文正公家书》所收寄给儿子的书信仅有几封，其中三封写于咸丰二年八、九月间，当时曾国藩闻母讣，由江西奔丧，写信给留在京寓的曾纪泽交代善后事宜）。"家训"特指父祖对子孙立身处世、持家治业的教诲，故"曾国藩家书"之名可包"曾国藩家训"，而"曾国藩家训"之名不可以包"曾国藩家书"。我们这次的做法，是遵循惯例，将《曾文正公家书》和《曾文正公家训》当作两部书来处理。限于篇幅，我们这版《曾国藩家书》是选本，只取材《曾文正公家书》，而不旁涉《曾文正公家训》。

曾国藩家书卷帙繁多，内容丰富，信息量极大，是研究曾国藩生平及近代中国史的重要文献资料；但普通读者更看重的则是其中所包含的人生哲理，尤其是教育子弟成才的经验。曾国藩在《道光二十二年十一月十七日与诸弟书》中说："余欲尽孝道，更无他事，我能教诸弟进德业一分，则我之孝有一分；能教诸弟进十分，则我孝有十分；若全不能教弟成名，则我大不孝矣。"以教育诸弟成才为尽孝之道，是曾国藩家书一以贯之的指导原则。做京官期间，身为长兄的曾国藩，在家书中不厌其烦地教导诸弟如何读书作文、如何亲师取友，期望诸弟进德修业、学问有成。平定太平天国期间，诸弟亦多从军，尤其九弟曾国荃更是独当一面的前敌大将，曾国藩写给曾国荃的信，则多教导其弟事事谨慎、勿骄勿躁。平定太平天国之后，曾国藩、曾国荃兄弟封侯封伯，位居督抚之任，可谓门庭鼎盛，曾国藩却以位高于众、权重于人，怀大名不祥之惧，教育诸弟及子侄戒惰戒傲，不可忘本。曾国藩将其祖父星冈公遗训概括为"书、蔬、鱼、猪、早、扫、考、宝"八个字，在家书中三番五次告诫其弟曾国潢要谨守先世耕读之训，并以此教训子侄。

《清史稿》说曾国藩"事功本于学问，善以礼运"，又说他"时举先世耕读之训，教诫其家"，可谓得其环中。蒋介石盛赞曾国藩，说："吾姑不问其当时应变之手段，思想之新旧，成败之过程如何，而其苦心毅力，自立立人、自达达人之道，盖已足为吾人之师资矣。"曾国藩自立立人、自达达人，为国家长育人才，固不止于教育子弟之一端，但最能体现曾国藩"事功本于学问"、"举先世耕读之训，教诫其家"的，无疑是曾国藩家书了。有鉴于此，我们这个《曾国藩家书》（选本），在内容上，重点选择最能体现其"事功本于学问"、"举先世耕读之训，教诫其家"的篇章；在时段上，则兼顾为京官、平定太平天国及平定太平天国之后三个时期。

曾国藩为文章大家，李瀚章说："公之文章虽闳博奇玮，峥嵘磅礴，无所不赅；而出之有本，言必由衷，如揭肺腑以相告语。是故言直而不伤于激，缜密周详而不流于琐碎。"梁启超说："彼其所言，字字皆得之阅历而切于实际，故其亲切有味，资吾侪当前之受用者，非唐宋以后儒先之言所能逮也。"最能体现曾国藩文章"字字皆得之阅历而切于实际"、"出之有本，言必由衷，如揭肺腑以相告语"这一特点的，大约也是曾国藩家书。为便于读者体会曾国藩家书的文章风格，我们这个《曾国藩家书》（选本）的原则是"只选不节"，即所选皆为完整的一篇书信，不作任何删节。

我们这个《曾国藩家书》（选本），文字一以传忠书局光绪五年《曾文正公家书》初刻本为依据；个别地方，参考他本，择善而从。对于异体字，则按出版惯例作了统一处理。对于原刻本中保留的一些个人书写习惯，如"廿""二十"歧出，或作"廿"，或作"二十"，则一仍其旧。

因限于学力，自知疏漏难免，诚望大雅君子有以教我。

檀作文

乙未孟冬于京西雒诵堂

目 录

道光二十一年辛丑四月十七日

祖父大人万福金安：

四月十一日由折差发第六号家信①，十六日折弁又到②。

孙男等平安如常③，孙妇亦起居维慎④。曾孙数日内添吃粥一顿，因母乳日少，饭食难喂；每日两饭一粥。

今年散馆⑤，湖南三人皆留⑥。全单内共留五十二人⑦，仅三人改部属⑧，三人改知县⑨。翰林衙门现已多至百四五十人⑩，可谓极盛。

【注释】

①折差：邮差，负责送信的邮递人员。折，折子，用纸叠起来的册子，此指书信。

②折弁：同"折差"，邮差。弁，旧时称军官的卫兵。

③孙男：孙子，此为曾国藩自指。

④孙妇：孙媳妇。

⑤散馆：明清时翰林院设庶常馆，新进士朝考得庶吉士资格者入馆学习，三年期满举行考试后，成绩优良者留馆，授以编修、检讨之职，其馀分发各部为给事中、御史、主事，或出为州县官，谓之"散馆"。

⑥湖南三人：指湖南籍的同科进士梅钟澍（霖生）、陈源兖（岱云）及曾国藩本人。留：即留馆。

⑦全单：指道光十八年（1838）进士榜单全员。

⑧改部属：指新进士在翰林院庶常馆散馆时，被分发
　　到各部为给事中、御史、主事。

⑨改知县：指新进士在翰林院庶常馆散馆时，被外派
　　做知县。

⑩翰林衙门：翰林院官署。翰林是皇帝的文学侍从官，
　　唐朝始设，明、清改从进士中选拔。衙门，旧时官
　　吏办事的地方。

【译文】

祖父大人万福金安：

　　四月十一日通过邮差寄出第六号家信，十六日邮差又
到了。

　　您孙儿我和往常一样平安，您孙媳妇在日常起居方面
也很小心谨慎。您曾孙子近日开始每天多吃一顿粥，因为
母乳一天比一天少，而饭食又难喂；每天喂两顿饭一顿粥。

　　今年翰林院庶常馆散馆，湖南籍的三个人都得以留馆。
同榜进士得以进翰林院庶常馆学习的，共留五十二人，仅
有三人改派到部里，三人外放做知县。翰林衙门内的人员，
现在已经多到一百四五十个人，真可谓盛极一时。

　　琦善已于十四日押解到京①。奉上谕派亲王三
人、郡王一人、军机大臣、大学士、六部尚书会同
审讯②。现未定案。

　　梅霖生同年因去岁咳嗽未愈③，日内颇患咯血④。
同乡各京官宅皆如故⑤。

　　澄侯弟三月初四在县城发信已经收到⑥，正月

廿五信至今未接。兰姊以何时分娩？是男是女？伏望下次示知⑦。

【注释】

①琦善：博尔济吉特·琦善（1790—1854），字静庵，博尔济吉特氏人，满洲正黄旗人，世袭一等侯爵。嘉庆十一年（1806）由荫生授刑部员外郎。历任布政使、巡抚等职，官至直隶总督、文渊阁大学士。道光二十年（1840）奉旨接替林则徐担任两广总督。期间，向英军求和，与义律私下约订《穿鼻草约》，割让香港，赔款六百万元。道光皇帝以琦善擅自割让香港为奇耻大辱，令锁拿解京问罪，革职锁拿，查抄家产，发军台，后获赦免，任驻藏大臣、热河都统、四川总督、陕甘总督等职。咸丰三年（1854）病死军中，赠太子太保、协办大学士，依总督例赐恤，谥文勤。

②上谕：古时皇帝以诏书形式发布的命令、告示。亲王：皇帝或国王近支亲属中封王者。其名始于南朝末期。隋代以皇帝的伯叔兄弟和皇子为亲王，唐代以皇帝的兄弟和皇子为亲王。宋明各代，一般因袭不改。清代开始以亲王为封号且别加美名。蒙古贵族亦有封亲王者。郡王：爵位名。其名始于西晋。唐宋以后，郡王皆为次于亲王一等的爵号。除皇室外，臣下亦得封郡王。清代宗室封爵第三级称为多罗郡王，简称郡王。军机大臣：清代设军机处，为

辅佐皇帝的政务机构。任职者无定员，由亲王、大学士、尚书、侍郎或京堂充任，称为军机大臣。大学士：官名。唐中宗景龙二年，修文馆置大学士四人。此大学士之始，然不常设。宋沿唐之旧，昭文馆、集贤殿大学士，皆宰相领之。明代始专以殿阁大学士为宰辅之官，然官阶仅五品，其职务是替皇帝批答奏章、承理政务。自宣宗时乃以师保尚书兼大学士，官尊于六卿，职近宰相，称为"阁老"。清因之，设内阁大学士四人，为正一品；协办大学士二人，为从一品，成为文臣最高的官位，称为"中堂"。

③同年：古代科举考试同科中式者之互称。唐代同榜进士称"同年"，明清乡试、会试同榜登科者皆称"同年"。

④日内：最近几天里。咯血：喉部或喉以下呼吸道出血经口腔排出。肺结核、肺炎、支气管扩张、胸部外伤、肺癌等常有这种症状。

⑤如故：还是老样子。

⑥澄侯：曾国藩之弟曾国潢（1820—1886），原名国英，字澄侯，族中排行第四。

⑦伏望：表希望的敬词。多用于下对上。

【译文】

琦善已经在十四日押解到京城。奉上谕，派亲王三人、郡王一人、军机大臣、大学士、六部尚书，会合一处，共同审讯。现在还没有定案。

梅霖生同年因为去岁咳嗽没有痊愈，这些天咯血颇是严重。在京做官的几位同乡家里都还是老样子。

澄侯弟三月初四在县城发的信，我已经收到；正月二十五发的信，至今却未收到。兰姊是在什么日子生孩子的？生的是男孩还是女孩？很希望下次来信能告诉我。

楚善八叔事，不知去冬是何光景？如绝无解危之处①，则二伯祖母将穷迫难堪②；竟希公之后人将见笑于乡里矣③。孙国藩去冬已写信求东阳叔祖兄弟，不知有补益否④？此事全求祖父大人作主。如能救焚拯溺⑤，何难嘘枯回生⑥！伏念祖父平日积德累仁⑦，救难济急⑧，孙所知者，已难指数⑨。如廖品一之孤、上莲叔之妻、彭定五之子、福益叔祖之母⑩，及小罗巷、樟树堂各庵，皆代为筹画，曲加矜恤⑪。凡他人所束手无策、计无复之者，得祖父善为调停⑫，旋乾转坤⑬，无不立即解危，而况楚善八叔同胞之亲、万难之时乎？孙因念及家事，四千里外，杳无消息⑭，不知同堂诸叔目前光景。又念及家中此时亦甚艰窘，辄敢冒昧饶舌⑮，伏求祖父大人宽宥无知之罪⑯。楚善叔事如有设法之处，望详细寄信来京。

兹逢折便，敬禀一二。
即跪叩祖母大人万福金安。

【注释】
①解危：解决畏难，解决棘手问题。

②难堪：困窘得无法承受。

③竟希公：指曾国藩曾祖父曾竟希。

④补益：有用处，有所帮助。

⑤救焚拯溺：亦作"救火拯溺"。犹言救人于水火之中。焚，指火灾。溺，指落水者。

⑥何难：有何困难？嘘枯回生：比喻起死回生，拯绝扶危。嘘枯，枯者嘘之使生。嘘，吹，指和风吹拂。

⑦伏念：旧时致书于尊者多用之。伏，敬词。念，念及，想到。积德累仁：积累德行与仁义。《韩诗外传》卷七："今夫子积德累仁，为善久矣。"

⑧救难济急：在急难时解决别人需要，或帮人解决困难。

⑨指数：屈指计算。

⑩孤：孤儿，幼年死去父亲或父母双亡。

⑪曲加矜恤：指无微不至地关爱体恤。曲，细致，照顾到各个方面。矜恤，怜悯抚恤。

⑫调停：居间调解，平息争端。

⑬旋乾转坤：谓改天换地，根本扭转局面。乾，天。坤，地。

⑭杳无消息：同"杳无音信"，毫无消息。

⑮辄：即。冒昧：指不顾地位、能力、场合是否适宜，而大胆地提供或提出意见，多用作谦辞。饶舌：多嘴，乱说话。

⑯宽宥：宽恕、原谅。

【译文】

楚善八叔的事，不知去年冬天是怎样情形？如果绝对没有解决问题的办法，那二伯祖母必将穷困窘迫异常，竟希公的后人将被乡里的人耻笑了。孙儿国藩去年冬天已经写过信去求东阳叔祖兄弟，不知可有帮助？这件事全求祖父大人做主，如能救他于水深火热之中，又何尝不是回生有望？默想祖父大人平日积恩德做善事，救助急难中人，孙儿我所了解的，已不计其数，如救助廖品一的孤儿、上莲叔的妻子、彭定五的儿子、福益叔祖的母亲，以及小罗巷、樟树堂的各尼庵，都代为筹划，用心体恤。凡是旁人束手无策、一点儿办法都想不出的，只要祖父出面好生调停，便能扭转乾坤，没有不立即解决问题的；何况有同胞之亲的楚善八叔正处在万难之中呢？孙儿我因为挂念家中的事，四千多里地，一点儿消息都没有，不知同堂的各位叔叔目前情形，又想家中此时也很艰难窘迫，所以才敢冒昧多嘴，恳求祖父大人宽恕我无知的罪过。楚善叔的事情，如果有什么可设法之处，希望写信寄到京城，详细告知。

现赶上邮差方便，恭敬地禀告两三件事。

即跪叩祖母大人万福金安。

道光二十二年正月初七日

男国藩、国荃跪禀父亲大人万福金安：

去年十二月廿一日，发平安信第十七号，内呈家中信六件，寄外人信九件，不知已收到否？

男与九弟身体清吉①。冢妇亦平安②。孙男甲三体好③，每日吃粥两顿，不吃零星饮食，去冬已能讲话。孙女亦体好，乳食最多。合寓顺适。今年新正④，景象阳和⑤，较去年正月甚为暖烘⑥。

兹因俞岱青先生南回⑦，付鹿脯一方⑧，以为堂上大人甘旨之需⑨，鹿肉恐难寄远，故熏腊附回。此间现熏有腊肉、猪舌、猪心、腊鱼之类，与家中无异。如有便附物来京，望附茶叶、大布而已。茶叶须托朱尧阶清明时在永丰买⑩，则其价亦廉，茶叶亦好。家中之布附至此间，为用甚大，但家中费用窘迫，无钱办此耳。

同县李碧峰苦不堪言⑪，男代为张罗，已觅得馆，每月学俸银三两⑫。在男处将住三月，所费无几，而彼则感激难名。馆地现尚未定，大约可成。

在京一切，自知谨慎。

即请父母亲大人万福金安。

【注释】

①清吉：身体健康，清爽吉祥。

②冢妇：大儿媳。

③甲三：曾国藩之子曾纪泽乳名甲三。

④新正：指新春正月。

⑤景象阳和：阳光明朗，天气温暖。

⑥暖烘：暖和，暖气熏蒸。

⑦俞岱青：俞东枝，字岱青，湖南善化人，道光丙戌科进士，曾任山西道御史。

⑧鹿脯：鹿肉干。

⑨甘旨：指供养父母祖父母的食物，泛指生活需求。

⑩朱尧阶：朱讳龚（1802—1872），字尧阶，湖南省双峰县人，少年好读书，能过目成诵。20岁为博士弟子员后，便开始居乡讲学。道光、咸丰年间，湘乡一带名人曾国荃、曾国华、曾国潢、曾国葆、刘蓉等，均出自他门下。朱尧阶与曾国藩交好，曾长年接济曾；曾国藩兄弟贵为封疆大吏之后，湘人多攀龙附凤，朱尧阶则谢绝曾氏辟请。

⑪李碧峰：曾国藩同乡，湖南湘乡人，道光二十一年（1841）、二十二年前后在京，孤苦无依，曾得曾国藩接济，寄住曾国藩寓所，并由曾国藩代觅学馆。

⑫学俸：旧称教师的薪水。

【译文】

儿子国藩、国荃跪着禀告父亲大人万福金安：

去年十二月二十一，儿子我寄出第十七号平安信，里头有给家里的信六件，给外人的信九件，不晓得是否已经收到？

儿子我与九弟都身体健康，清爽吉祥。您长媳妇也平安。孙儿甲三身体好，每天吃两顿粥，不吃零食，去年冬天已经会说话。孙女身体也好，吃乳很多。我们全家顺适。今年正月，天气晴朗，比去年正月，要暖和许多。

现在趁俞岱青先生回南方，请他带一块鹿肉干回去，供堂上大人食用。鲜鹿肉怕难寄到远方，所以特地熏腊了一下才寄。我这里现在有熏腊肉、猪舌、猪心、腊鱼之类，跟家里没有两样。如果有便人来京城可以带东西，希望只带茶叶和大布就好。茶叶要托朱尧阶清明时节在永丰买，这样的话不但价格便宜，茶叶还好。家里的布，带到这里，用处很大。只是家里经济困窘，没钱买布。

同县李碧峰真是苦得没法说，儿子我替他张罗，已经找到教书的学馆，每月薪水三两银子。他在儿子我家里将就住了三个月，所费并没有多少，而他却感激得不行。学馆的具体地点现在还没确定，但大约会成功。

儿等在京一切，自己知道小心谨慎。

即请父母亲大人万福金安。

道光二十二年四月廿七日

孙男国藩跪禀祖父母大人万福金安：

三月十一日发家信第四号，四月初十、廿三发第五号第六号，后两号皆寄省城陈家，因寄有银参笔帖等物，待诸弟晋省时当面去接。

四月廿一日，接壬寅第二号家信，内祖父、父亲、叔父手书各一、两弟信并诗文俱收。伏读祖父家谕①，字迹与早年相同，知精神较健，家中老幼平安，不胜欣幸。游子在外，最重惟平安二字。承叔父代办寿具，兄弟感恩，何以图报？湘潭带漆，必须多带。此物难辨真假，不可邀人去同买，反有奸弊②。在省考试时，与朋友问看漆之法，多问则必能知一二。若临买时，向纸行邀人同去③，则必吃亏。如不知看漆之法，则今年不必买太多。待明年讲究熟习，再买不迟。今年添新寿具之时，祖父母寿具，必须加漆。以后每年加添一次，四具同加。约计每年漆钱多少，写信来京，孙付至省城甚易。此事万不可从俭，子孙所为报恩之处，惟此最为切实，其余皆虚文也。孙意总以厚漆为主，由一层以加至数十层，愈厚愈坚，不必多用瓷灰夏布等物，恐其与漆不相胶粘，历久而脱壳也。然此事孙未尝经历讲究，不知如何而后尽善。家中如何办法，望四弟详细写信告知，更望叔父教训诸弟经理。

家心斋兄去年临行时④，言到县即送银廿八两至我家。孙因十叔所代之钱，恐家中年底难办，故向心斋通挪⑤。因渠曾挪过孙的。今渠既未送来，则不必向渠借也。家中目下敷用不缺⑥，此孙所第一放心者。孙在京已借银二百两，此地通挪甚易，故不甚窘迫，恐不能顾家耳。曾孙姊妹二人体甚好。四月廿三日，已种牛痘。牛痘万无一失，系广东京官设局济活贫家婴儿，不取一钱。兹附回种法一张，敬呈慈览。湘潭、长沙皆有牛痘公局，可惜乡间无人知之。

英夷去年攻占浙江宁波府及定海、镇海两县，今年退出宁波，攻占乍浦⑦，极可痛恨，京城人心安静如无事时，想不日可殄灭也⑧。

孙谨禀。

【注释】

①伏读：敬辞，恭敬地阅读。

②奸弊：诡诈舞弊；欺诈蒙骗。

③纸行：专门卖香纸的店铺。

④家心斋兄：指曾国藩的本家曾心斋。

⑤通挪：通融挪借钱财。

⑥敷用：日常费用支出。

⑦乍浦：港口名，即嘉兴港，位于杭州湾跨海大桥北侧，是浙江北部唯一的出海口和海上对外贸易口岸。

⑧殄（tiǎn）灭：灭绝，消灭干净。

【译文】

孙儿国藩跪禀祖父母大人万福金安：

三月十一日寄出第四号家信，四月初十、二十三寄出第五号、第六号，后两号都是寄到省城陈家的，因为寄有银票人参毛笔碑帖等物品，等几位弟弟进省城时当面接收。

　　四月二十一日，接到壬寅年第二号家信，其中祖父、父亲、叔父亲笔信各一封，两位弟弟的信和诗文都已收到。恭敬地拜读祖父大人的亲笔信，字迹和早些年相同，知道祖父大人精神比较强健，家中老少平安，欢喜得不行。游子出门在外，最重要的就是"平安"二字。承蒙叔父代劳筹办寿具，我们兄弟感恩戴德，不知如何才能报答？从湘潭带漆回家，必须多带。漆这东西难以分清真货假货，不能邀人一起去买。若邀人同买，反而容易被欺诈蒙骗。在省城考试时，向朋友请教看漆的方法，多问几个人就能略知一二了。如果临买漆的时候，到纸行邀人陪同前去，那可就要吃亏了。如果不懂看漆的方法，那今年不必买太多；等明年摸清门道了，再买不迟。今年为父母大人置办寿具（棺材）的时候，祖父母的寿具，必须加漆。以后每年要加漆一次，四具同时加漆。大约每年漆钱要多少，写信来京城，孙儿付钱到省城很容易。这件事万万不可以从俭，子孙所能做的报恩之事，只有这件事最切实，其余的都是表面文章。孙儿我的意思，总还以漆得厚一些为主，从一层加到几十层，漆得越厚越坚固，不必多用瓷灰、夏布等东西，只怕这些东西与漆不相黏合，时间长了会脱壳。但这件事孙儿我没有经历过，也没有好好研究过，不知道怎样做才是尽善尽美。家里怎么做，希望四弟写信，一五一十地告诉我，更希望叔父教导几位弟弟经营办理。

本家心斋兄去年临走的时候，说一到县内就送银二十八两到我家。孙儿我因为（丹阁）十叔所代出的钱，恐家里年底难以筹办，所以向心斋挪借。因他也曾经挪过孙儿我的。现在他既然没有送来，那就不必向他借了。家里眼下维持生活不缺钱用，是孙儿我第一放心的事。孙儿在京城，已借了银子二百两。这里挪借很容易，所以不太窘迫，但是只怕不能照顾到家里了。曾孙兄妹两人身体很好。四月二十三日，已经种了牛痘。牛痘万无一失，是广东籍京官设局救济贫困婴儿，不收一分钱。现寄回种牛痘法一张，敬呈堂上大人一看。湘潭、长沙都有牛痘公局，可惜乡里没有一人知道。

英军去年攻占浙江宁波府及定海、镇海两县，今年退出宁波，攻占乍浦，极可痛恨，但京城人心，安静得好像没事时一样，我想不久当可歼灭敌人。

孙儿谨禀。

道光二十二年七月初四日

男国藩跪禀父母亲大人万福金安：

六月廿八日接到家书，系三月廿四日所发，知十九日四弟得生子，男等合室相庆。四妹生产虽难，然血晕亦是常事。且此次既能保全，则下次较为容易。男未得信时，常以为虑；既得此信，如释重负。

六月底，我县有人来京捐官（王道隆）①。渠在宁乡界住，言四月县考时，渠在城内并在彭兴歧（云门寺）、丁信风两处面晤四弟、六弟，知案首是吴定五②。男十三年前在陈氏宗祠读书，定五才发蒙作起讲③，在杨畏斋处受业④。去年闻吴春冈说定五甚为发奋⑤，今果得志，可谓成就甚速。其余前十名及每场题目，渠已忘记。后有信来，乞四弟写出。

四弟、六弟考运不好，不必挂怀。俗语云："不怕进得迟，只要中得快。"从前邵丹畦前辈（甲名）⑥，四十三岁入学⑦，五十二岁作学政⑧。现任广西藩台汪郎渠（鸣相）于道光十二年入学⑨，十三年点状元。阮芸台（元）前辈于乾隆五十三年县、府试皆未取头场⑩，即于其年入学中举，五十四年点翰林，五十五年留馆，五十六年大考第一，比放浙江学政，五十九年升浙江巡抚。些小得失不足患，特患业之不精耳。两弟场中文若得意，可将原卷领出寄京。若不得意，不寄可也。

男等在京平安。纪泽兄妹二人体甚结实，皮色亦黑。

【注释】

①捐官：纳资求官。

②案首：明清时科举考试，县、府试及院试的第一名，称为案首。

③发蒙：启蒙。起讲：八股文的第三股，概要叙述全文，以引发议论。

④受业：跟随老师学习。

⑤吴春冈：吴荣楷，字春冈，湖南湘乡人，道光辛丑进士，以知县发浙江。初知嵊县，革陋规、理庶狱，案无留牍。调武康，值连年水灾，议赈乞缓，筹办裕如。旋以卓异调补余姚，县多逋赋，荣楷善抚字，民乐输将，浙中报销推为第一。再调海盐，至则挑修海塘，一月工竣。荣楷居官，才优守洁，尤喜振兴士类，两次分校乡闱，能得人。官武康最久，去任时犹留赠千金以为宾兴之赉，士林歌颂之。

⑥邵丹畦：邵甲名，字丹畦，嘉庆二十四年（1819）己卯科进士，官至江苏布政使。

⑦入学：旧指生徒或童生经考试录取后进府、州、县学读书。

⑧学政：提督学政的简称。又叫督学使者。清中叶以后，派往各省，按期至所属各府、厅考试童生及生

员。均从进士出身的官吏中简派，三年一任。不问本人官阶大小，在充任学政时，与督、抚平行。

⑨藩台：明清时布政使的俗称。汪郎渠（鸣相）：汪鸣相（1794—1840），字佩珩，号朗渠，清江西彭泽县黄花坂新屋汪村（今彭泽县黄岭乡繁荣村）人。道光十三年（1833）状元。历任翰林院修撰、顺天乡试同考官、广西乡试正考官等职。著有《云帆霜铎联吟草》等。

⑩阮芸台（元）：阮元（1764—1849），字伯元，号云台、雷塘庵主，晚号怡性老人，江苏仪征人，乾隆五十四年（1789）进士，先后任礼部、兵部、户部、工部侍郎，山东、浙江学政，浙江、江西、河南巡抚及漕运总督、湖广总督、两广总督、云贵总督；体仁阁大学士，太傅，死谥文达。在经史、数学、天算、舆地、编纂、金石、校勘等方面都有很高造诣，被尊为三朝阁老、九省疆臣，一代文宗。头场：指乡试或会试的第一场考试。也称首场、初场。明清两代科举考试中乡试、会试各分三场，中选的关键在第一场。

【译文】

儿国藩跪禀父母亲大人万福金安：

六月二十八日接到家信，是三月二十四日所寄，知悉十九日四弟生了个男孩，儿子们全家聚在一起庆贺。四妹生孩子虽然困难，但晕血也是常事。既然这次能够保全，那么下次应该会容易许多。儿子我没有收到信的时候，常为这事担心；现在已经收到信知道情况，心里的重负反而放了下来。

六月底，我县有人来京捐官（王道隆）。他在宁乡界住，说四月县考时，他在城内，并且在彭兴歧（云门寺）、丁信风两处和四弟、六弟见过面，知道第一名是吴定五。儿子我十三年前在陈氏宗祠读书，定五才刚开始学如何作"起讲"，在杨畏斋那里读书。去年听吴春冈说定五很发奋，现在果然得志，可以说是成就很快了。其余前十名及每场的题目，他已忘记。以后来信，请四弟务必告诉我。

四弟和六弟考运不好，不必放在心上。俗话说："不怕进得迟，只要中得快。"从前邵丹畦前辈（甲名）四十三岁才入学，五十二岁做了学政。现任的广西藩台汪朗渠（鸣相），在道光十二年入学，十三年点的状元。阮芸台（元）前辈在乾隆五十三年的县试和府试的头场，都没有录取，但就在当年他入学并中举，五十四年点翰林，五十五年留编修馆，五十六年大考得第一名，外放任浙江学政，五十九年升任浙江巡抚。小小得失不足为患，只怕学业不精啊。两位弟弟考场里的文章如果得意，可把原卷领出来寄到京城；如果不得意，也就不必寄了。

儿子等在京平安，纪泽兄妹二人，身体结实，肤色稍黑。

逆夷在江苏滋扰，于六月十一日攻陷镇江，有大船数十只在大江游弋，江宁、扬州二府颇可危虑。然而天不降灾，圣人在上①，故京师人心镇定。

同乡王翰城（继贤，黔阳人，中书科中书）告假出京②。男与陈岱云亦拟送家眷南旋③，与郑莘田、王翰城四家同队出京（郑名世任，给事中，现放贵州贵西道）④。男与陈家本于六月底定计⑤，后于七月初一请人扶乩（另纸录出大仙示语）⑥，似可不必轻举妄动，是以中止。现在男与陈家仍不送家眷回南也。同县谢果堂先生（兴峣）来京为其次子捐盐大使⑦，男已请至寓陪席。其世兄与王道隆尚未请⑧，拟得便亦须请一次。

正月间俞岱青先生出京⑨，男寄有鹿脯一方，托找彭山屺转寄⑩，俞后托谢吉人转寄⑪，不知到否？又四月托李昴冈（荣燦）寄银寄笔⑫，托曹西垣寄参⑬，并交陈季牧处⑭，不知到否？前父亲教男养须之法，男仅留上唇须，不能用水浸透，色黄者多、黑者少；下唇拟待三十六岁始留。男每接家信，嫌其不详，嗣后更愿详示。

男谨禀。

【注释】

① 圣人：指皇帝。

② 王翰城：王继贤（1792—1850），字翰城，黔阳县黔城长坡村人。幼聪慧，12 岁应童子试，曾两度入长沙岳麓书院受业，由廪贡生赴京都入国子监。受工部侍郎何凌汉的器重，延至其家授业子孙。不久以便补导援列入任中书科中书，前后达 16 年。道

光二十三年（1843），任山西省汾州府永宁州知州。
中书：官名，中书舍人的省称。隋、唐时为中书省
的属官。明、清废中书省，于内阁设中书舍人，掌
撰拟、缮写之事。

③陈岱云：陈源兖（？—1853年），字岱云，湖南茶
陵人，与曾国藩同为道光十八年（1838）进士，改
翰林，授编修，历任江西吉安知府、安徽池州知
府。咸丰三年（1853），太平军自桐城窜扑庐州，
巡抚江忠源檄源兖赴庐协守，十二月，太平军攻克
庐州，陈源兖自缢。

④郑莘田：郑世任，号莘田，湖南长沙人，癸酉拔贡
小京官，由御史升给事中，道光二十二年（1842）
放贵西兵备道。

⑤定计：确定计划。

⑥扶乩：一种迷信活动。扶，指扶架子。乩，谓卜以
问疑。术士制丁字形木架，其直端顶部悬锥下垂。
架放在沙盘上，由两人各以食指分扶横木两端，依
法请神，木架的下垂部分即在沙上画成文字，作为
神的启示，或与人唱和，或示人吉凶，或与人处
方。旧时民间常于农历正月十五夜迎紫姑扶乩。

⑦谢果堂：谢兴峣（1779—1849），字果堂，湖南湘
乡人，嘉庆二十四年（1819）进士，选庶吉士，曾任
汉南宝丰知县，荐升陕州知州、四川叙州知府，调
成都府护盐茶道。其父谢振定以气节过人，官御史
时，曾怒烧和珅之车，有"烧车御史"之美誉。谢

兴岷有乃父遗风，素性强直，不肯阿附，以是忤上官，因事罢归。

⑧世兄：对世交晚辈的称呼。

⑨俞岱青：俞东枝，字岱青，湖南善化人，道光丙戌科进士，曾任山西道御史。

⑩彭山屺：彭山屺（1814—1879），字九峰，湖南省衡阳县人，道光二十年（1840），湖南省武科乡试解元。咸丰七年（1857），补授正四品河溪营都司。咸丰九年，署从二品两江督标副将。同治四年，署从二品长沙副将。乃曾国藩世交，曾为曾国藩湘军高级幕僚。

⑪谢吉人：谢邦鉴，字吉人，湖南湘乡人，谢振定之字。道光丁酉举人，乙巳进士，曾任江苏高淳知县。

⑫李昺冈（荣燦）：李荣燦，字昺冈，生平未详。

⑬曹西垣：曾国藩的同乡。

⑭陈季牧：陈岱云之弟，住湖南省城长沙，曾国藩寄东西回家，常寄至陈季牧处，再由家中兄弟至陈季牧处取。

【译文】

英军在江苏滋扰生事，于六月十一日攻陷镇江，有大船几十只，在大江上游弋。江宁、扬州两府情势危急，很让人担心。虽然如此，但是没有什么天灾，且有圣天子在上，所以京城人心安定。

同乡王翰城（继贤，黔阳人，中书科中书）告假出京，儿子我和陈岱云也准备送家眷回南方，与郑莘田、王翰城四家结伴同队出京（郑名世任，给事中，现放贵州贵西道）。儿子我与陈家本在六月底确定好计划，后在七月初一请人扶乩（另纸录出大仙示语），大仙批示似可不必轻举妄动，因此中止了原计划。现在儿子我与陈家不送家眷回南方了。同县谢果堂先生（兴峣）来京城为他次子捐盐大使，儿子我已请他至京城寓所吃饭。他家公子和王道隆尚未邀请，打算在方便的时候也请一次。

正月间，俞岱青先生出京，儿子我寄有鹿脯一块，让俞找彭山屺托彭转寄，之后俞托谢吉人转寄，不知家里收到没有？四月又托李昺冈（荣燦）寄银两与毛笔，托曹西垣寄人参，一并交到陈季牧那里，不知收到没有？日前父亲教儿子我养须的方法，儿子只留上唇须，不能用水浸透，黄色的多黑色的少。下唇须准备等三十六岁开始留。儿子我每次接到家信，都嫌写得不详细，以后希望详细训示。

儿子谨禀。

道光二十二年九月十八日

四位老弟足下：

九弟行程，计此时可以到家。自任邱发信之后，至今未接到第二封信，不胜悬悬①，不知道上不甚艰险否？四弟、六弟院试②，计此时应已有信，而折差久不见来，实深悬望③。

予身体较九弟在京时一样，总以耳鸣为苦。问之吴竹如④，云只有静养一法，非药物所能为力。而应酬日繁，予又素性浮躁，何能着实静养？拟搬进内城住，可省一半无谓之往还，现在尚未找得。予时时自悔终未能洗涤自新⑤。九弟归去之后，予定刚日读经、柔日读史之法⑥。读经常懒散，不沉着。读《后汉书》，现已丹笔点过八本，虽全不记忆，而较之去年读《前汉书》领会较深。九月十一日起，同课人议⑦：每课一文一诗，即于本日申刻用白折写。予文诗极为同课人所赞赏，然予于八股绝无实学，虽感诸君奖许之殷，实则自愧愈深也。待下次折差来，可付课文数篇回家。予居家懒做考差工夫⑧，即借此课以磨厉考具，或亦不至临场窘迫耳。

【注释】

①悬悬：因惦记而不安的样子。

②院试：清代由各省学政主持的考试。曾经府试录取的士子可参加院试。因学政称提督学院，故由学政

主持的考试，亦名院试，又以旧制称提学道，故亦沿称道考。录取者即为生员，送入府、县学官，曰入学，受教官的月课与考校。

③悬望：盼望，挂念。

④吴竹如：吴廷栋（1793—1873），字竹如，安徽霍山人，道光五年（1825）拔贡，历任河间知府、山东布政使、大理寺卿、刑部侍郎；同治十二年（1873），卒，年八十有一。吴廷栋服膺宋儒，为清代理学名臣，直隶、山东皆祀名宦祠

⑤洗涤自新：指除去积习。

⑥刚日：犹单日。柔日：犹双日。古以"十干"记日，甲、丙、戊、庚、壬五日居奇位，属阳刚，故称"刚日"；乙、丁、己、辛、癸五日居偶位，属阴柔，故称"柔日"。《礼记·曲礼上》："外事以刚日，内事以柔日。"孔颖达疏："刚，奇日也，十日有五奇、五偶。甲、丙、戊、庚、壬五奇为刚也……乙、丁、己、辛、癸五偶为柔也。"

⑦同课人：一起做同一功课的人。

⑧考差：科举制度中考官的考选差派制度，始于雍正三年（1725）。嘉庆五年（1800）令满、汉二品以下进士出身之侍郎、内阁学士、三品京堂，及未经考试试差之四、五品京堂，俱赴上书房考试，不愿考者听便。钦命论、诗题各一，谓之大考差。此后循例行之。

【译文】

四位老弟足下：

九弟的行程，算起来这时候应该到家了。自从在任邱发信之后，到现在没有接到第二封信，心里实在惦念不安，不晓得路上是不是不太艰难凶险。四弟、六弟参加院试，算起来这时候应该有信说起，但是很久不见邮差来，实在是太挂念了。

　　我身体和九弟在京时一个样，总是为耳鸣苦恼。向吴竹如请教，他说只有静养这一个法子，不是药物能解决的。可是应酬一天比一天繁忙，我又一向性情浮躁，哪里能实实在在地静养呢？我打算搬进内城居住，可以省掉一半没有意义的人情往来，现在还没找到地方。我常常自悔终究不能尽除积习，日新其德。九弟回老家之后，我定下刚日读经、柔日读史的方案。读经常常懒散，不够沉着。读《后汉书》，现在已经用红笔点过八本，虽然全不记得，但比去年读《前汉书》，要领会得深一些。九月十一日起，一同做功课的人商议：每次课，作一篇文写一首诗，就在当天申刻用白折子写好。我的文和诗，为一同做功课的几个人极力赞赏，但我在八股文方面绝对没有真实功夫，虽然感激诸君子殷勤赞赏，但自己内心更觉惭愧。等下次折差来，可以托付带几篇课业文章回家。我平时在家懒得做考差的工夫，就借这课业磨炼考试的本事，大概也不至于临场窘迫吧。

　　吴竹如近日往来极密，来则作竟日之谈①，所言皆身心国家大道理。渠言有窦兰泉者（墀，云南人）②，见道极精当平实。窦亦深知予者，彼此现尚未拜往。竹如必要予搬进城住③。盖城内镜海先生可以师事④，倭艮峰先生、窦兰泉可以友事⑤。师友夹持，虽懦夫亦有立志。予思朱子言"为学譬如熬肉，先须用猛火煮，然后用慢火温。"予生平工夫，全未用猛火煮过，虽略有见识，乃是从悟境得来。偶用功，亦不过优游玩索已耳。如未沸之汤，遽用慢火温之，将愈煮愈不熟矣。以是急思搬进城内，屏除一切，从事于克己之学⑥。镜海、艮峰两先生亦劝我急搬。而城外朋友，予亦有思常见者数人，如邵蕙西、吴子序、何子贞、陈岱云是也⑦。蕙西尝言："与周公瑾交，如饮醇醪。⑧"我两人颇有此风味，故每见辄长谈不舍。子序之为人，予至今不能定其品，然识见最大且精。尝教我云："用功譬若掘井，与其多掘数井而皆不及泉，何若老守一井，力求及泉而用之不竭乎？"此语正与予病相合，盖予所谓"掘井多而皆不及泉"者也。何子贞与予讲字极相合，谓我真知大源，断不可暴弃⑨。予尝谓天下万事万理皆出于乾坤二卦，即以作字论之："纯以神行，大气鼓荡，脉络周通，潜心内转，此乾道也；结构精巧，向背有法，修短合度，此坤道也。凡乾，以神气言；凡坤，以形质言。礼乐不可斯须去身⑩，即此道也。乐本于乾，礼本于坤。作字而优游自得真力弥满者⑪，即乐之意也；丝丝入扣、转折合法，即礼之意也。"偶与子贞言及此，子贞深以为然，谓渠生平得力，尽于此矣。陈岱云与吾处处痛痒相关，此九弟所知者也。

【注释】

①竟日：终日，一整天。

②窦兰泉：窦垿（1804—1865），字于坫，又字子州，号兰泉，原籍江南泰州，明代迁居云南，罗平州西区淑基村（现云南省曲靖市师宗县淑基村）人。道光五年（1825）中解元，道光九年（1829）中己丑科进士。历任吏部主事、考功司行走、文选主事、员外郎郎中、学验封司、记名道府，后擢升江西道御史，钦差办理云南团课，为云南总督吴振棫劾，罢官，闲居七年，最后以知府职分发贵州补用，逝于贵州任上，享年六十二岁。

③要：邀。

④镜海先生：指唐鉴。唐鉴，字镜海，湖南善化（今长沙市）人。嘉庆十四年（1809）进士，改翰林院庶吉士，散馆授检讨。历任浙江道御史、广西平乐知府，宁池太平道，江安粮道，山西按察使、浙江布政史、太常寺卿等。学宗程朱，为清代理学名臣，倭仁、曾国藩、吴廷栋等皆从其考问学业。著有《国朝学案小识》《朱子年谱考异》等书。

⑤倭艮峰先生：指倭仁。倭仁（1804—1871），乌齐格里氏，字艮峰，蒙古正红旗人，晚清大臣，理学家，同治帝之师。道光九年（1829）进士，选庶吉士，授编修，历中允、侍讲、侍读，任副都统、工部尚书、文渊阁大学士。同治十年，晋文华殿大学士，以疾再乞休。寻卒，赠太保，谥文端，入祀贤

良祠。所著辑为《倭文端公遗书》。

⑥克己之学：指儒家修身之学。"克己"，指克制私欲，严以律己。《论语·颜渊》："颜渊问仁。子曰：'克己复礼为仁。一日克己复礼，天下归仁焉。为仁由己，而由人乎哉？'"

⑦邵蕙西：邵懿辰（1810—1861），字位西，仁和（今杭州）人。道光十一年（1831）举人，授内阁中书，后升刑部员外郎。咸丰四年（1854）坐济宁府，以治河无功被撤职。咸丰九年（1859）由安庆引疾归，家居养亲。十一年太平军围攻杭州，助浙江巡抚王有龄对抗太平军，在战乱中身亡。长于经学，文宗"桐城派"，与曾国藩、梅曾亮等时有往来，撰有《礼经通论》、《尚书传授同异考》、《孝经通论》等，编著《四库简明目录标注》。吴子序：吴嘉宾（1803—1864），字子序，江西南丰人。道光十八年（1838）进士，改庶吉士，散馆授翰林院编修，累官至内阁中书。吴嘉宾与曾国藩是同榜进士，过从甚密，以经学和古文名世，是桐城派在江西的代表人物，一生著述甚丰，代表作有《求自得之室文钞》12卷、《尚绠庐诗存》2卷、《丧服会通说》4卷、《周易说》14卷、《书说》4卷、《诗说》4卷、《诸经说》等。何子贞：何绍基（1799—1873），晚清诗人、画家、书法家。字子贞，号东洲，别号东洲居士，晚号蝯叟。湖南道州（今道县）人。道光十六年（1836）进士。咸丰初简四川学政，曾典福建等

乡试。历主山东泺源、长沙城南书院。通经史，精小学金石碑版。据《大戴记》考证《礼经》。有《惜道味斋经说》、《东洲草堂诗文钞》、《说文段注驳正》等著。陈岱云：陈源兖（？—1853），字岱云，湖南茶陵人，与曾国藩同为道光十八年（1838）进士，改翰林，授编修，历任江西吉安知府、安徽池州知府。咸丰三年（1853），太平军自桐城窜扑庐州，巡抚江忠源檄源兖赴庐协守，庐州城破后，陈源兖自缢。

⑧与周公瑾交，如饮醇醪：是三国时期吴国将领程普赞誉周瑜的话。《三国志·吴书》："《江表传》曰：普颇以年长，数陵侮瑜。瑜折节容下，终不与校。普后自敬服而亲重之，乃告人曰：'与周公瑾交，若饮醇醪，不觉自醉。'时人以其谦让服人如此。"

⑨暴弃：不求上进，不自爱。同"自暴自弃"。

⑩斯须：须臾；片刻。《礼记·祭义》："礼乐不可斯须去身。"郑玄注："斯须，犹须臾也。"

⑪优游：形容从容自得的样子。

【译文】

吴竹如近日与我往来很密，来了便要谈一整天话，所说的都是关于修身养性和治国齐家的大道理。他说有个叫窦兰泉（名垿，云南人）的人，悟道非常精当和平实。窦对我也很了解，我和窦彼此之间还没有拜访过。吴竹如邀我搬进城里住，因为城里有镜海先生（唐鉴）可以做老师，倭艮峰先生（倭仁）和窦兰泉可以做朋友。师友两相扶持，就是一个懦夫也会立志。我想起朱子说过："做学问就好比熬肉，先要用猛火煮，然后要用慢火温。"我这辈子没下过苦功，完全没用猛火煮过，虽然有些见识，也都是从悟境中得到的，偶尔用功，也不过悠哉游哉地玩味一下罢了，就好比没有煮开的汤，立即用温火来温，只怕会越温越不熟啊。因此，我也急于想搬进城里去，排除一切杂念，从事于克己修身的学问。镜海、艮峰两位先生，也劝我快搬。城外的朋友，也有几个是我想常常见到的，如邵蕙西、吴子序、何子贞、陈岱云。蕙西曾经说过"与周公瑾交朋友，如喝美酒"这句话，我们两人交往很有这种风味，所以每次见面都会长谈，舍不得分手。吴子序的为人，我至今不能判定他的品位，但他的见识最是博大精深，他曾经教导我，说："用功好比挖井，与其挖好几口井而都不见泉水，还不如老挖一口井，努力挖到看见泉水为止，那样就能取之不尽、用之不竭了。"这几句正切合我的毛病，因为我就是一个挖井多而不见泉水的人。何子贞与我讨论书法非常相合，说我真的懂得书法的门道，决不可自暴自弃。我曾说天下万事万物的道理都是从乾、坤二卦出来的，就以书法而论吧：纯粹用神韵行笔，有一种大气鼓荡其中，脉络无不周通，聚精会神，心气流转，这就是乾卦的道理；讲究结构精细巧妙，向背有法度，长短合规矩，这就是坤卦的道理。乾是就精神气韵而言，坤是就形体质地而论，我们人类片刻都不可以离开礼和乐，也是这个道理。乐是本于乾道的，礼是本于坤道的，写字而能优游自得，真力弥满，这就是乐的境界；而丝丝入扣，转折合法，这就是礼的意味了。我偶尔与子贞谈到这些，子贞觉得很对，说他这辈子写字，得力之处全在这里。陈岱云和我处处痛痒相关，这是九弟知道的。

写至此，接得家书，知四弟、六弟未得入学①，怅怅②。然科名有无迟早，总由前定，丝毫不能勉强。吾辈读书，只有两事：一者进德之事，讲求乎诚正修齐之道，以图无忝所生③；一者修业之事④，操习乎记诵词章之术，以图自卫其身⑤。进德之事，难以尽言。至于修业以卫身，吾请言之：卫身莫大于谋食，农工商，劳力以求食者也；士，劳心以求食者也。故或食禄于朝、教授于乡，或为传食之客⑥，或为入幕之宾⑦，皆须计其所业足以得食而无愧。科名者，食禄之阶也，亦须计吾所业将来不至尸位素餐⑧，而后得科名而无愧。食之得不得，穷通⑨，由天作主；予夺，由人作主。业之精不精，则由我作主。然吾未见业果精而终不得食者也。农果力耕，虽有饥馑，必有丰年；商果积货，虽有壅滞，必有通时；士果能精其业，安见其终不得科名哉？即终不得科名，又岂无他途可以求食者哉？然则特患业之不精耳。求业之精，别无他法，曰专而已矣。谚曰："艺多不养身。"谓不专也。吾掘井多而无泉可饮，不专之咎也。诸弟总须力图专业。如九弟志在习字，亦不必尽废他业；但每日习字工夫，断不可不提起精神，随时随事皆可触悟。四弟、六弟，吾不知其心有专嗜否，若志在穷经，则须专守一经；志在作制义⑩，则须专看一家文稿；志在作古文，则须专看一家文集；作各体诗，亦然；作试帖⑪，亦然。万不可以兼营并骛。兼营则必一无所能矣。切嘱切嘱！千万千万！此后写信来，诸弟各有专守之业，务须写明，且须详问极言，长篇累牍，使我读其手书，即可知其志向识见。凡专一业之人必有心得，亦必有疑义。诸弟有心得，可以告我共赏之；有疑义，可以问我共析之。且书信既详，则四千里外之兄弟不啻晤言一室⑫，乐何如乎！予生平于伦常中，惟兄弟一伦抱愧尤深。盖父亲以其所知者尽以教我，而我不能以吾所知者尽教诸弟，是不孝之大者也。九弟在京年余，进益无多，每一念及，无地自容。嗣后我写诸弟信，总用此格纸，弟宜存留，每年装订成册。其中好处，万不可忽略看过。诸弟写信寄我，亦须用一色格纸，以便装订。

谢果堂先生出京后，来信并诗二首。先生年已六十余，名望甚重，与予见面辄彼此倾心，别后又拳拳不忘⑬，想见老辈爱才之笃⑭。兹将诗并予送诗附阅，传播里中⑮，使共知此老为大君子也。

予有大铜尺一方，屡寻不得，九弟已带归否？频年寄黄英白菜子，家中种之，好否？在省时已买漆否？漆匠果用何人？信来并祈详示。

兄国藩手具⑯。

【注释】

①入学：旧指生徒或童生经考试录取后进府、州、县学读书。

②怅怅：形容失意、内心不快乐的样子。

③无忝：不玷辱；不羞愧。《尚书·君牙》："今命尔予翼，作股肱心脊，缵乃旧服，无忝祖考。"所生：指父母。

④修业：本指研读书籍，引申为修营功业。

⑤自卫其身：谋生，养活自己。

⑥传食之客：指辗转受人供养，被达官贵人奉为上宾。《孟子·滕文公下》："后车数十乘，从者数百人，以传食于诸侯，不以泰乎？"

⑦入幕之宾：指跟上司关系亲近或参与机密的人。《晋书·郗超传》："谢安与王坦之尝诣温论事，温令超帐中卧听之。风动帐开，安笑曰：'郗生可谓入幕之宾矣。'"

⑧尸位素餐：指空占着职位，什么事也不做，白吃闲饭。

⑨穷通：困厄和显达。

⑩制义：即八股文。《明史·选举志二》："其文略仿宋经义，然代古人语气为之，体用排偶，谓之八股，通谓之制义。"

⑪试帖：即试帖诗。源于唐代，受"帖经"、"试帖"影响而产生，为科举考试所采用。其诗大都为五言六韵或八韵的排律，以古人诗句或成语为题，冠以"赋得"二字，并限韵脚。清代试帖诗，格式限制尤

严，内容大多直接或间接歌颂皇帝功德，并须切题。

⑫不啻（chì）：与……没有差别，如同。

⑬拳拳：形容诚恳、深切的样子。

⑭笃：深厚。

⑮里中：指乡里，乡亲。

⑯手具：犹亲笔。具：办理。

【译文】

接到家信，知道四弟和六弟没能录取入学，好遗憾啊。但是科名的有和无、早或迟，都是命中注定的，半点儿也勉强不得。我们这些人读书，只有两件事：一是进德，讲求诚心、正意、修身、齐家的道理，努力做到不负父母生养之德；一是修业，学习和掌握记诵词章的技巧，努力做到能够谋身。进德的事情，一言难尽，至于学习一门技术来谋身，我且来说一说：谋身没有比谋食更大的事了。农民、工人和商人，都是通过劳力来谋食的；士人，则是通过劳心来谋食的。因此士人或者在朝廷当官拿俸禄，或者在乡里教书糊口，或者在富贵人家当食客，或者给达官贵人做幕僚，都要看他所学的专业，是不是可以谋食而无愧于心。科名，是当官拿俸禄的进身之阶，也要衡量自己学业如何，将来不至于尸位素餐，然后才能得了科名而问心无愧。能不能够谋到食，穷愁和亨通都是由老天做主，给还是不给也是由他人做主；只有专业精通还是不精通，是由我们自己做主。我从没见过专业很精而最终却谋不到食物的。农夫若果真努力耕种，虽然也会遇上饥荒，但一定有大丰收；商人若果真努力积藏货物，虽然也会遇见滞销积压，但一定会有货物畅销生意亨通的时候；读书人若果真能精通学业，那怎见得他始终不会有科名呢？就算他最终得不到科名，又怎见得没有其他谋食的途径呢？因此说只怕专业不精啊。要想专业精通，没有别的办法，只是要专一罢了。谚语说"学得太杂，不能养身"，说的就是不专啊。我挖了许多井却没有泉水可喝，就是不专造成的后果。各位弟弟可要力求专业啊，比如说九弟志在书法，也不必荒废了其他，但每天下工夫写字的时候，绝不可以不提起精神。随时随地，任何一件事，都是可以触动灵感的。四弟和六弟，我不知道他们心里有什么专门的爱好没有？如果志向在搞懂经学，那么就应该专门在一种经典上用功；如果志向在科举的八股制义上头，那么就应该专门学习一家的文稿；如果志向在写作古文方面，那么就应该专门揣摩一家的文集。作各种体裁的诗也是一样的，学作试帖诗也是一样的，万万不可以什么都学，心有旁骛。样样都学，一定会一无所长。牢记牢记！千万千万！以后家里写信过来，各位弟弟有什么专攻的学业，请务必写明，并且要详细说明，尽可能多说，长篇累牍地写，使我读了你们的亲笔信之后，就可以知道你们的志趣和见识。凡是能够专一门的人，一定会有心得，也一定会有很多疑问。弟弟们有什么心得，告诉我，为兄便可以一起来欣赏；有什么疑问，告诉我，为兄便可以一起来分析。并且信写得详细了，那么弟兄们虽然远隔四千里，就好像在一间房里当面谈论一样，那是何等快乐啊！我这辈子对于伦常，只有兄弟这一伦，愧疚最深。因为父亲把他所知道的都全教给了我，而我却不能把我所知道的都全教给弟弟们，真是大大的不孝啊。九弟在京城一年多，进步实在不多。每一想起这事，我真是无地自容。以后我给弟弟们写信，总用这种格子纸，弟弟们最好留着，每年装订成一册。其中若有什么好的地方，千万不能随便看过就算了。弟弟们写信给我，也要用一色格子纸，以便于装订成册。

谢果堂先生离京之后，寄来一封信和二首诗。先生年已经六十多岁，名望很高，和我一见面就彼此很有好感，分别之后又念念不忘，可以想见老一辈爱才是何等深切。现在将先生送我的诗和我送先生的诗一起随信寄给你们看，在乡亲中传播，让大家都知道这老先生是大大的君子。

我有大铜尺一方，找了多次也找不到，是不是九弟带回老家了？年年寄黄英白菜子，家里种得可好？在省城的时候，是否已经买漆？漆匠到底用的哪一个？回信时，盼能详细告知。

哥哥国藩亲笔。

道光二十二年十月廿六日

四位老弟足下：

十月廿一，接九弟在长沙所发信，内途中日记六页，外药子一包。廿二，接九月初二日家信，欣悉以慰。

自九弟出京后，余无日不忧虑，诚恐道路变故多端，难以臆揣。及读来书，果不出吾所料，千辛万苦，始得到家，幸哉幸哉！郑伴之不足恃①，余早已知之矣。郁滋堂如此之好，余实不胜感激。在长沙时，曾未道及彭山屺，何也？又为祖母买皮袄，极好极好，可以补吾之过矣。

观四弟来信甚详，其发愤自励之志，溢于行间；然必欲找馆出外②，此何意也？不过谓家塾离家太近，容易耽搁，不如出外较清净耳。然出外从师，则无甚耽搁；若出外教书，其耽搁更甚于家塾矣。且苟能发奋自立，则家塾可读书，即旷野之地、热闹之场，亦可读书，负薪牧豕③，皆可读书。苟不能发奋自立，则家塾不宜读书，即清净之乡、神仙之境，皆不能读书。何必择地，何必择时，但自问立志之真不真耳。

六弟自怨数奇④，余亦深以为然；然屈于小试，辄发牢骚，吾窃笑其志之小而所忧之不大也。君子之立志也，有民胞物与之量⑤，有内圣外王之业⑥，而后不忝于父母之所生，不愧为天地之完人。故其为忧也，以不如舜、不如周公为忧也，以德不修、学不讲为忧也。是故顽民梗化⑦，则忧之；蛮夷猾夏⑧，则忧之；小人在位、贤人否闭⑨，则忧之；匹夫匹妇不被己泽⑩，则忧之。所谓悲天命而悯人穷，此君子之所忧也。若夫一体之屈伸、一家之饥饱，世俗之荣辱得失、贵贱毁誉，君子固不暇忧及此也。六弟屈于小试，自称数奇，余窃笑其所忧之不大也。

【注释】

①郑伴：指与曾国荃结伴回湖南的郑莘田。不足恃：不值得依靠。

②找馆：找学堂教书。

③负薪牧豕：指在背柴放猪时读书，比喻勤奋好学。西汉朱买臣负薪诵书，东汉承宫牧豕听经。《汉书·朱买臣传》："朱买臣字翁子，吴人也。家贫，好读书，不治产业，常艾薪樵，卖以给食，担束薪，行且诵书。"《后汉书·承宫传》："承宫字少子，琅邪姑幕人也。少孤，年八岁为人牧豕。乡里徐子盛者，以《春秋经》授诸生数百人，宫过息庐下，乐其业，因就听经，遂请留门下，为诸生拾薪。执苦数年，勤学不倦。经典既明，乃归家教授。"

④数奇：指命运不好，遇事不利。

⑤民胞物与：指泛爱一切人和物。宋儒张载《西铭》："民，吾同胞；物，吾与也。"意谓世人皆为我的同胞，万物俱是我的同类。

⑥内圣外王：儒家修身为政的最高理想。谓内备圣人之至德，施之于外，则为王者之政。

⑦顽民：泛指愚妄不化的人。梗化：顽固不服从教化。

⑧蛮夷猾夏：指野蛮的夷狄侵扰华夏，语出《尚书·尧典》。猾，乱。夏，华夏。

⑨否闭：运气不好，没有机会。否，运气不好。闭，闭塞，没有好的机会。

⑩不被己泽：没有受到自己的恩惠。

【译文】

四位老弟足下：

十月二十一日，接到九弟在长沙寄出的信，里头有途中日记六页，外附药子一包。二十二日，接到九月初二日家里寄的信，知道家里的情况，很欣慰。

自从九弟出京之后，我没有一天不担心，实在怕路上变故太多，难以想象。等到读弟弟的来信，果然不出我所料，历尽千辛万苦，终于到家，幸运啊幸运啊。同行的郑家不值得依靠，我早就已经知道。郁滋堂这样好，我实在是感激不尽。在长沙时，竟一句也没提到彭山屺，这是为什么呢？弟弟又为祖母买皮袄，太好了太好了，可以弥补我考虑不周的罪过。

我看四弟来信写得很详细，发奋读书、自励自强的志向，无不流露于字里行间。但一定要到外头找学堂，这究竟是什么想法呢？四弟不过是说家塾离家里太近，容易耽搁，不如外头清净。然而，如果是到外头跟老师读书，自然不会有什么耽搁。但如果是出外教书，那耽搁起来，可比在家塾里要厉害多了。况且，一个人若能发奋自立，那么，非但家塾可以读书，就是荒郊野外，或者热闹场所，也可以读书；即使打柴放牧，也都可以读书。如不能发奋自立，那么非但家塾不宜读书，就是再清净的地方，哪怕是神仙居住的环境，都不宜读书。何必要挑地方呢？何必要选时间呢？且扪心自问，自己是不是真的要立志读书！

六弟埋怨自己命不好，我也深有同感。但只是一场小考试失利，就发牢骚，我暗笑他志向太小，心中所忧虑的不够大。君子立志，要以民胞物与为器量，以内圣外王为功业，才不辜负父母双亲的生育之恩，不愧为天地之间一个大写的人。因此，君子的忧虑，是因为自己不如舜帝和周公而忧虑，是因为自己德行没有修到家、学问没有做成功而忧虑。因此，顽固的刁民难以感化，君子会忧虑；野蛮的夷狄侵扰华夏，君子会忧虑；小人在位，贤人没有机会，君子会忧虑；普通百姓没有得到自己的恩泽，君子会忧虑。通常所说的为天命无常而悲哀、因人民困苦而怜悯，这才是君子的忧虑。如果只是一己的曲折与顺利，一家的贫寒与温饱，以及世俗社会的荣耀与耻辱、所得与失落、富贵与贫贱、诋毁与赞誉，君子是没工夫去忧虑这些的。六弟因一次小考试不成功，便说自己命不好，我暗笑他所忧虑的对象太过渺小。

盖人不读书则已，亦既自名曰读书人，则必从事于《大学》。《大学》之纲领有三：明德、新民、止至善，皆我分内事也。若读书不能体贴到身上去，谓此三项与我身了不相涉^①，则读书何用？虽使能文能诗、博雅自诩，亦只算识字之牧猪奴耳，岂得谓之明理有用之人也乎？朝廷以制艺取士，亦谓其能代圣贤立言，必能明圣贤之理，行圣贤之行，可以居官莅民^②，整躬率物也^③。若以明德新民为分外事，则虽能文能诗，而于修己治人之道，实茫然不讲，朝廷用此等人做官，与用牧猪奴做官，何以异哉？

　　然则既自名为读书人，则《大学》之纲领皆己身切要之事明矣。其条目有八。自我观之，其致功之处，则仅二者而已：曰格物，曰诚意。格物，致知之事也。诚意，力行之事也。物者何？即所谓本末之物也。身、心、意、知、家、国、天下，皆物也。天地万物，皆物也。日用常行之事，皆物也。格者，即物而穷其理也。如事亲定省^④，物也。究其所以当定省之理，即格物也。事兄随行^⑤，物也。究其所以当随行之理，即格物也。吾心，物也。究其存心之理，又博究其省察涵养以存心之理^⑥，即格物也。吾身，物也。究其敬身之理^⑦，又博究其立齐坐尸以敬身之理^⑧，即格物也。每日所看之书，句句皆物也。切己体察，穷究其理，即格物也。此致知之事也。所谓诚意者，即其所知而力行之，是不欺也。知一句便行一句，此力行之事也。此二者并进，下学在此^⑨，上达亦在此^⑩。

【注释】

①了不相涉：毫无关系。

②莅民：管理百姓。

③整躬率物：整饬自身做出榜样，以为下属示范。

④定省：《礼记·曲礼上》："凡为人子之礼，冬温而夏清，昏定而晨省。"郑玄注："定，安其床衽也；省，问其安否何如。"后因称子女早晚向亲长问安为"定省"。

⑤随行：跟在后面走，以示尊重和信任。《礼记·王制》："父之齿随行。"

⑥省察：自省。涵养：用滋润熏陶的方式修身养性。

⑦敬身：谓敬重自身。《礼记·哀公问》："公曰：'敢问何谓敬身？'"《孔子家语·大婚》："是故君子无不敬。敬也者，敬身为大。"

⑧立齐坐尸：即立如齐（斋）、坐如尸，意谓立的时候要像斋戒时一样端庄，坐的时候要像为尸时一样肃穆。《礼记·曲礼上》"坐如尸，立如齐。"郑玄注"坐如尸"曰"视貌正"；注"立如齐"，曰"磬且听也。齐谓祭祀时。"齐：通"斋"，指斋戒祭祀。尸：古代祭祀时，代表死者受祭的人。

⑨下学：指学习粗浅的入门功夫，了解人情事理的基本常识。《论语·宪问》："子曰：不怨天，不尤人，下学而上达。"何晏《集解》引孔安国曰："下学人事，上知天命。"

⑩上达：指通晓学问的根本精神。

【译文】

假若有人不读书便罢了，只要自称为读书人，就一定要在《大学》上下工夫。《大学》的纲领有三条：明德、新民、止于至善，都是我们分内的事情。如果读书不能落实到自己的身上去，说这三项与我毫不相干，那读书又有什么用呢？就算他能写文章、能做诗词，以博学多闻的君子身份自居，也只算一个会认字的牧猪奴而已！这样的人，也配叫明白事理的有用人么？朝廷科举，以制艺（八股）来录取士人，也是认为他既然能代圣贤立言，必然明白圣贤所说的道理，能依圣贤的行为准则做事，有能力做官，管理民众，严以律己，为天下人做表率。如果将明德、新民当作分外之事，那么，就算他擅长诗文，但对于修己治人的道理茫然无知，朝廷用这种人做官，和用牧猪奴做官，又有什么区别呢？

既然自称读书人，那么《大学》的纲领，都是自己立身切要的事情，不言自明。《大学》应修的条目共有八个方面，但据我看来，最有用的，只有两条：一是格物，二是诚意。格物的功用是致知，诚意则是力行的根本。物是什么？就是各种大小巨细之事。《大学》里讲的"修身"的"身"、"正心"的"心"、"诚意"的"意"、"致知"的"知"、"齐家"的"家"、"治国"的"国"、"平天下"的"天下"，都是物。天地间的万事万物，都是物。日常生活中所做的各种事情，也都是物。所谓"格"，是指对具体事务进行研究，穷尽它的道理。譬如，侍奉父母，早晚请安，是物。探究为什么要早晚定时向父母请安的道理，就是格物。尊重兄长，时时追随身后，是物。探究为什么要时时追随在兄长身后的道理，就是格物。我们的心，是物。探究安放本来之心的道理，并进一步研究如何通过自省、自察、涵养等功夫来安放本来之心，就是格物。我们的身体，是物。探究敬惜身体的道理，并进一步研究如何通过庄重恭敬地站、起、坐、卧来敬惜自己的身体，就是格物。我们每天所看的书，句句都是物。将书中说的，落实到自己身上，细细体会，深究其中的道理，就是格物：这都是致知方面的事。所谓诚意，就是根据自己领悟的道理努力去做，不自欺欺人。领悟了一句的道理，便按这一句的道理去做，这是力行的事。这两个方面要齐头并进，所谓的水平低要好学（下学）的道理，在这里；所谓的学好了能向上（上达）的道理，也在这里。

吾友吴竹如格物工夫颇深，一事一物，皆求其理。倭艮峰先生则诚意工夫极严，每日有日课册。一日之中，一念之差，一事之失，一言一默，皆笔之于书，书皆楷字。三月则订一本。自乙未年起，今三十本矣。盖其慎独之严①，虽妄念偶动，必即时克治②，而著之于书。故所读之书，句句皆切身之要药。兹将艮峰先生日课，钞三叶付归，与诸弟看。

余自十月初一日起，亦照艮峰样，每日一念一事，皆写之于册，以便触目克治，亦写楷书。冯树堂与余同日记起③，亦有日课册。树堂极为虚心，爱我如兄弟，敬我如师，将来必有所成。余向来有无恒之弊，自此次写日课本子起，可保终身有恒矣。盖明师益友，重重夹持，能进不能退也。本欲抄余日课册付诸弟阅，因今日镜海先生来，要将本子带回去，故不及钞。十一月有折差，准抄几叶付回也。

余之益友，如倭艮峰之瑟僩④，令人对之肃然。吴竹如、窦兰泉之精义，一言一事，必求至是。吴子序、邵慧西之谈经，深思明辨。何子贞之谈字，其精妙处，无一不合，其谈诗尤最符契⑤。子贞深喜吾诗，故吾自十月来，已作诗十八首，兹抄二叶付回，与诸弟阅。冯树堂、陈岱云之立志，汲汲不遑，亦良友也。镜海先生，吾虽未尝执贽请业⑥，而心已师之矣。

【注释】

①慎独：在独处中谨慎不苟。语出《礼记·大学》："此谓诚于中，形于外，故君子必慎其独也。"

②克治：谓克制私欲邪念。

③冯树堂：冯卓怀，字树堂，湖南长沙人。己亥解元，榜名作槐，更名卓怀。曾官四川万县知县。冯卓怀与曾国藩交好，曾经做过曾国藩儿子曾纪泽的私塾老师。曾国藩驻兵祁门时，冯卓怀又放弃四川万县县令职位，投其麾下充任幕僚。后因事不合受曾国藩当众斥责，毅然离去。

④瑟僩：《诗经·卫风·淇奥》"瞻彼淇奥，绿竹猗猗。有匪君子，如切如磋，如琢如磨，瑟兮僩兮，赫兮咺兮。"毛传："瑟，矜庄貌。僩，宽大也。"朱子《诗集传》："瑟，矜庄貌。僩，威严貌。"

⑤符契：符和、契合，相投。

⑥贽：拜见师长时所持的礼物。

【译文】

　　我的朋友吴竹如格物功夫很深，一事一物，都要讲求它的道理。倭艮峰先生诚意功夫很严，每天都记日课册子。一天之中，无论是一个念头的差错，还是一件事情的过失，说了什么话，抑或是对某事保持沉默，都要用笔记下来，而且用正楷字记录。每三个月订成一本。从乙未年起，至今已经订了三十本。因为他在慎独方面对自己要求严格，所以虽然也有妄念偶动的时候，但一定能克服，且写在日课册上。因此，他读的书，句句都能成为切合自身的良药。现将艮峰先生的日课，抄三页寄回，给弟弟们看。

　　我从十月初一日起，也学艮峰那样，每天的一个念头、一件事情，都写在册子上，以便于自己随时看见，心有触动，并能克服改正。也用正楷字写。冯树堂也有日课册子，和我同一天开始记事。树堂非常虚心，爱护我如同兄长，敬重我如同老师，他将来一定有所成就。我向来有缺乏恒心的毛病，从这回写日课本子开始，可以保证一生有恒心了。因为有这许多良师和益友，一重又一重地挟持着我，我只能前进不能后退啊。本想抄我的日课册，寄给弟弟们看，但因为今天镜海先生过来，要将本子带回去，所以来不及抄。十一月有通信的差人，准定抄几页寄回。

　　我的益友，如倭艮峰的端庄鲜明，令人肃然起敬。吴竹如、窦兰泉的深求义理，每一句话，每一件事，必能实事求是。吴子序、邵蕙西讨论经学，可谓深思、明辨。何子贞议论书法，精彩绝伦之处，与我无一不合；谈论诗学，尤其意见一致。子贞很喜欢我的诗，所以我从十月以来，已作了十八首，现抄两页寄回，供众位弟弟一阅。冯树堂、陈岱云立志，急切紧张，一副全然无暇他顾的模样，也是我的良友。镜海先生，我虽然没有拿着礼物上门请求授业，而心里早已当他是老师了。

　　吾每作书与诸弟，不觉其言之长，想诸弟或厌烦难看矣。然诸弟苟有长信与我，我实乐之，如获至宝，人固各有性情也。

　　余自十月初一起记日课，念念欲改过自新。思从前与小珊有隙①，实是一朝之忿②，不近人情，即欲登门谢罪。恰好初九日小珊来拜寿，是夜余即至小珊家久谈。十三日与岱云合夥请小珊吃饭，从此欢笑如初，前隙尽释矣。金竺虔报满用知县③，现住小珊家。喉痛月余，现已全好。李笔峰在汤家如故。易莲舫要出门就馆，现亦甚用功，亦学倭艮峰者也。同乡李石梧已升陕西巡抚④。两大将军皆锁拿解京治罪⑤，拟斩监候⑥。英夷之事业已和抚，去银二千一百万两，又各处让他码头五处。现在英夷已全退矣。两江总督牛鉴亦锁解刑部治罪。近事大略如此，容再续书。

国藩手具。

【注释】

①小珊：指郑小珊，曾国藩的湖南老乡，同为京官，年长曾国藩近十岁。精通医术，常为曾国藩家人诊病，与曾国藩往来十分密切。

②一朝之忿：一时激发的愤恨。《论语·颜渊》："一朝之忿，忘其身，以及其亲，非惑与？"

③金竺虔：金树荣，字竺虔。

④李石梧：李星沅(1797—1851)，字子湘，号石梧，湖南湘阴（今为汨罗）人，清道光进士。曾任兵部尚书、陕西巡抚、陕甘总督、江苏巡抚、云贵总督、云南巡抚、两江总督等职，参与禁烟与鸦片战争抗英。有文才，著有《芋香山馆诗文集》、《李文恭公奏议》、《李文恭公全集》、《李星沅日记》等。

⑤两大将军：指广州将军伊里布、伊犁将军奕山。解京：押送京城。

⑥斩监候：即斩候决。明清时代刑律谓将判处斩刑的犯人暂时监禁，候秋审、朝审后再决定是否执行。

【译文】

我每次给弟弟们写信，不觉得篇幅太长，料想弟弟们或者觉得厌烦，看不下去。然而弟弟们如果写长信给我，我实在快乐，如同得到无价之宝一样。人真是性情各有不同啊。

我从十月初一起记日课，一心一意要改过自新。想起从前与小珊有误会，实在是一时气恼，不近人情，本打算登门谢罪。恰好初九这天小珊来拜寿，当天夜里我就到小珊家里长谈。十三日和岱云一起请小珊吃饭，从此欢笑如初，以前的不愉快忘得一干二净。金竺虔知县任满回京汇报，现在住在小珊家里，他喉咙痛了一个多月，现在已经全好了。李碧峰在汤家，还是老样子。易莲舫打算出门找学堂教书，现在也很用功，他也是学倭艮峰的。同乡李石梧已经升任陕西巡抚。两位大将军，已经锁拿归案，押送到京师治罪，判刑斩候决。英国鬼子的事情已经和谈安抚，耗去白银二千一百万两，又在各处一共让他五处码头通商。现在英国鬼子已经全部退兵。两江总督牛鉴也押解到刑部治罪。近来的事情大概如此，请等以后再继续写信告知。

　　国藩亲笔。

道光二十二年十一月十七日

诸位贤弟足下：

十月廿七日寄弟书一封，内信四叶、抄倭艮峰先生日课三叶、抄诗二叶，已改寄萧莘五先生处，不由庄五爷公馆矣。不知已到无误否？

十一月前八日已将日课抄与弟阅，嗣后每次家信，可抄三叶付回。日课本皆楷书，一笔不苟，惜抄回不能作楷书耳。冯树堂进功最猛，余亦教之如弟，知无不言。可惜九弟不能在京与树堂日日切磋，余无日无刻不太息也①。九弟在京年半，余懒散不努力。九弟去后，余乃稍能立志，盖余实负九弟矣。余尝语岱云曰："余欲尽孝道，更无他事，我能教诸弟进德业一分，则我之孝有一分；能教诸弟进十分，则我孝有十分；若全不能教弟成名，则我大不孝矣。"九弟之无所进，是我之大不孝也。惟愿诸弟发奋立志，念念有恒，以补我不孝之罪。幸甚幸甚。

岱云与易五近亦有日课册，惜其识不甚超越。余虽日日与之谈论，渠究不能悉心领会，颇疑我言太夸。然岱云近极勤奋，将来必有所成。

何子敬近待我甚好②，常彼此做诗唱和。盖因其兄钦佩我诗，且谈字最相合，故子敬亦改容加礼。子贞现临隶字，每日临七八叶，今年已千叶矣。近又考订《汉书》之讹，每日手不释卷。盖子贞之学长于五事：一曰《仪礼》精，二曰《汉书》

熟，三曰《说文》精，四曰各体诗好，五曰字好。此五事者，渠意皆欲有所传于后。以余观之，此三者余不甚精，不知浅深究竟何如。若字，则必传千古无疑矣。诗亦远出时手之上，不能卓然成家。近日京城诗家颇少，故余亦欲多做几首。

【注释】

①太息：叹息。

②何子敬：何绍祺，字子敬，湖南道州（今道县）人。何绍祺乃何凌汉之子，何绍基之弟。

【译文】

诸位贤弟足下：

十月二十七日寄给弟弟们一封信，里头有四页书信、手抄倭艮峰先生日课三叶、抄诗二叶，已经改寄萧莘五先生那里，不从庄五爷公馆了。不晓得是否已收无误？

十一月前八日的日课，已经抄了给弟弟一阅，以后每次写家信，可抄三叶寄回去。日课本都是用楷书写的，一笔不苟，可惜抄回去给弟弟们看的不能用楷书写。冯树堂进步最快，我教他就像教自己的弟弟一样，凡我知道的没有不说给他。可惜九弟不能在京城与树堂一起日日切磋，我无时无刻不为这个叹息。九弟在京城一年半，我懒散不努力。九弟走了之后，我才稍稍能立志，实在是对不起九弟啊。我曾经和岱云说："我想尽孝道，其实也没有别的事更重要：我能够教育弟弟们在道德和学业方面长进一分，那我便尽了一分孝；能够教育弟弟们进步十分，那我便尽了十分孝；如果全然不能教弟弟们成名，那我便是大大的不孝了。"九弟没有什么长进，于我是大不孝啊。只希望弟弟们发奋图强，立志向上，时时刻刻能有恒心，以弥补我的不孝之罪。有幸有幸！

岱云和易五近来也有日课册子，可惜他见识不太高明。我虽然天天和他谈论，他终究不能悉心领会，且还有些怀疑我说得太玄虚。但是岱云近来极其勤奋，将来必能有一番成就。

何子敬近来对我特别好，经常彼此做诗唱和。因为他哥哥钦佩我的诗才，而且谈起写字最相契合，所以子敬也对我格外礼貌。子贞现在临习隶书，每天临七八叶，今年已经有一千叶。近来又考订《汉书》的讹误，每天手不释卷。子贞的学问在五个方面有专长：一是精通《仪礼》，二是熟悉《汉书》，三是精通《说文》，四是各体诗都写得好，五是字写得好。这五个方面，他都想能留名后世。在我看来，前三样我不太在行，不晓得他造诣到底有多深。至于书法，他是一定能名传千古的。诗的水平也远远超过同时的普通人，但还不能卓然成家。近来京城写诗的人很少，所以我也想多做几首。

金竺虔在小珊家住，颇有面善心非之隙。唐诗甫亦与小珊有隙①。余现仍与小珊来往，泯然无嫌②，但心中不甚惬洽耳③。曹西垣与邹云陔十月十六起程④，现尚未到。汤海秋久与之处⑤，其人诞言太多⑥，十句之中仅一二句可信。今冬嫁女二次：

一系杜兰溪之子，一系李石梧之子入赘。黎樾翁亦有次女招赘。其婿虽未读书，远胜于冯舅矣。李笔峰尚馆海秋处，因代考供事，得银数十，衣服焕然一新。王翰城捐知州，去大钱八千串。何子敬捐知县，去大钱七千串。皆于明年可选实缺⑦。黄子寿处⑧，本日去看他，工夫甚长进，古文有才华，好买书，东翻西阅，涉猎颇多，心中已有许多古董。何世兄亦甚好，沉潜之至⑨，虽天分不高，将来必有所成。吴竹如近日未出城，余亦未去，盖每见则耽搁一天也。其世兄亦极沈潜，言动中礼，现在亦学倭艮峰先生。吾观何、吴两世兄之姿质，与诸弟相等，远不及周受珊、黄子寿。而将来成就，何、吴必更切实。此其故，诸弟能看书自知之。愿诸弟勉之而已。此数人者，皆后起不凡之人才也。安得诸弟与之联镳并驾⑩，则余之大幸也。

【译文】

①唐诗甫：唐李杜（1796—1866），字诗甫，湖南祁阳人。道光十六年（1836）年进士，任吏部主事，改陕西靖边县知县，咸丰三年（1851）升商州知州，同治初回乡，任文昌书院山长。

②泯然：看不出一点儿痕迹的样子。

③惬洽：融洽。

④邹云阶：邹振杰，字云阶，湖南浏阳人，翰林院编修，京畿道监察御使，广西浔州知府。

⑤汤海秋：汤鹏（1800—1844），字海秋，自号浮邱子，湖南益阳人。他自幼聪敏好学，22岁中举，23岁进士及第。初官礼部主事，因文章"震烁奇特"，被选入军机章京，转任贵州司员外郎，旋擢山东道监察御史，以勇于言事，触怒清室，不一月即令仍回户部供职。此外，做过陕甘正考官、记名知府等闲官，逝于道光二十四年（1844），年仅44岁。

⑥诞言：夸大虚诞的言词。

⑦实缺：清制，以额定之官职，经正式任命者为实缺，其委派署理者为署缺。

⑧黄子寿：黄彭年（1824—1890），字子寿，号陶楼，晚号更生，清朝贵州贵筑县（今贵阳市）人。世居醴陵枫林市。清道光二十七年（1847）进士，选翰林院庶吉士，授编修。咸丰初，随父黄辅辰赴贵筑办团练。同治元年（1862），四川总督骆秉章统兵防堵、围剿入川石达开所部太平军，黄彭年应聘参赞军机有功，骆拟上奏擢升，黄辞谢。同治二年，陕西巡抚刘蓉延聘主讲关中书院，黄增添经籍，严定课程，学生日增。不久，直隶总督李鸿章聘彭篆辑《畿辅通志》，历时16年，成书300卷。旧志遗缺，多有补正。修志之余，兼主讲保定莲池书院，课定学生日记，月考成绩以分高下，并选刊学生《莲池日记》。黄在陕西创博学斋，为关中书院购补书籍。在苏州建学古堂课士，设学治馆课吏。治学十余年，造就人才甚多。

⑨沉潜：性格深沉，沉稳。

⑩联镳：喻相等或同进。《北史·甄琛传》："观其状
也，则周孔联镳，伊颜接衽。"

【译文】

　　金竺虔住在小珊家里，两个人有些面和心不和。唐
诗甫也和小珊有矛盾。我现在仍旧与小珊往来，表面上没
有嫌隙，但心里还是不太融洽。曹西垣和邹云陔十月十六
起程，现在还没到。与汤海秋相处很久了，他这个人不正
经的话太多，十句话中仅一二句能信。今年冬天嫁女儿的
有二次：一是杜兰溪家，一是李石梧家女婿入赘。黎樾翁
也是二女儿招赘。他女婿虽然没读过什么书，但比冯舅要
强很多。李笔峰（碧峰）还在汤海秋家教书，因为代人考
试，挣了几十两银子，衣服焕然一新。王翰城捐知州，花
了大钱八千串。何子敬捐知县，花了大钱七千串。明年都
可以选实缺上任。我今天去看了黄子寿，他的功夫很有长
进，古文很有才华，喜欢买书，东翻翻，西看看，涉猎很
广，心里已收藏了不少掌故。何家公子也很好，沉稳得很，
虽然天分不是很高，但将来一定有所成就。吴竹如近日没
有出城，我也没有去，因为见一次面便耽搁一天时光。他
家公子也很沉稳，言行合乎礼节，现在也师事倭艮峰先生。
我看何、吴两家公子的资质，和弟弟们不相上下，远不及
周受珊、黄子寿，但将来的成就，何、吴两位一定更切实
些。这其中的缘故，弟弟们都能读书，自然懂我的意思。
希望弟弟们好自勉励。这几位，都是年轻一辈不平凡的人
才。要是什么时候弟弟们能够与他们并驾齐驱，那就是我

的大幸运！

季仙九先生到京服阕①，待我甚好，有青眼相看之意。同年会课，近皆懒散，而十日一会如故。

余今年过年，尚须借银百五十金，以五十还杜家，以百金用。李石梧到京，交出长郡馆公费，即在公项借用，免出外开口更好。不然，则尚须张罗也。

门上陈升一言不合而去②，故余作《傲奴诗》。现换一周升作门上，颇好。余读《易·旅卦》"丧其童仆"，象曰："以旅与下，其义丧也。"解之者曰："以旅与下者，谓视童仆如旅人，刻薄寡恩，漠然无情，则童仆亦将视主上如逆旅矣③。"余待下虽不刻薄，而颇有视如逆旅之意，故人不尽忠。以后，余当视之如家人手足也，分虽严明而情贵周通。贤弟待人亦宜知之。

余每闻折差到，辄望家信。不知能设法多寄几次否？若寄信，则诸弟必须详写日记数天，幸甚。余写信，亦不必代诸弟多立课程，盖恐多看则生厌，故但将余近日实在光景写示而已，伏惟诸弟细察。

【注释】

①服阕：守丧期满除服。阕，终了。

②门上：即门上人，犹今之门卫。

③逆旅：客舍，旅馆。此处指"路人"。

【译文】

季仙九先生守丧期满，到了京城，他待我特好，有另眼相看的意思。同年们相约功课，近来都比较懒散，但十天聚在一起做一次功课，依然如故。

我今年过年，还须借一百五十两银子，拿五十两还给杜家，留一百两用。李石梧到京城，交出长郡馆公费，我就在公事经费里借用，免得出外开口问人借，（这样）更好一些。不然的话，还需要张罗。

门上陈升，因为一言不合，拂袖而去，我为此做了一首《傲奴诗》，现在换了周升做门上，比较好。我读《易经·旅卦》"丧其童仆"，象辞说："以旅与下，其义丧也。"解释的人说："所谓'以旅与下'，是说将童仆看作路人一般，刻薄寡恩，漠然无情，那么童仆也就把主人看作路人了。"我对下人虽说不刻薄，但却也有将他们看作路人的嫌疑，所以他们就不能尽忠于我。今后我要把下人当家里人一样看待，对他们亲如手足。主仆身份界限虽要明白而严格地区分，但人情上还是以沟通为贵。贤弟们对特别人，也应明白这个道理。

我每次听说送信的差人到来，就巴望有家信。不晓得能想法多寄几次家信不？如果寄信来，贤弟们必须详细写出几天的日记为幸。我写信，也不必替贤弟们多立课程，因为怕看多了会厌烦，所以只将我近日的实际情况写给弟弟们看罢了。恳请诸位贤弟细心体察。

道光二十二年十二月二十日

诸位贤弟足下：

十一月十七寄第三号信，想已收到。父亲到县纳漕①，诸弟何不寄一信，交县城转寄省城也？以后凡遇有便，即须寄信，切要切要！九弟到家，遍走各亲戚家，必各有一番景况，何不详以告我？

四妹小产②，以后生育颇难。然此事最大，断不可以人力勉强，劝渠家只须听其自然，不可过于矜持③。又闻四妹起最晏④，往往其姑反服事他⑤。此反常之事，最足折福。天下未有不孝之妇而可得好处者。诸弟必须时劝导之，晓之以大义⑥。

诸弟在家读书，不审每日如何用功？余自十月初一日立志自新以来，虽懒惰如故，而每日楷书写日记，每日读史十叶，每日记"茶余偶谈"一则，此三事未尝一日间断。十月廿一日立誓永戒吃水烟，洎今已两月不吃烟⑦，已习惯成自然矣。予自立课程甚多，惟记"茶余偶谈"，读史十叶，写日记楷本，此三事者，誓终身不间断也。诸弟每人自立课程，必须有日日不断之功，虽行船走路，俱须带在身边，予除此三事外，他课程不必能有成，而此三事者，将终身以之。

前立志作《曾氏家训》一部，曾与九弟详细道及。后因采择经史，若非经史烂熟胸中，则割裂零碎，毫无线索；至于采择诸子各家之言，尤为浩繁，虽钞数百卷，犹不能尽收。然后知古人作《大学衍义》《衍义补》诸书⑧，乃胸中自有条例，自有议论，而随便引书以证明之，非翻书而遍抄之也。然后知著书之难。故暂且不作《曾氏家训》，若将来胸中道理愈多，议论愈贯串，仍当为之。

【注释】

①纳漕：缴纳漕粮。漕粮，是我国封建时代通过河运和海运由东南地区漕运至京师的税粮。因其运输方式而得名。辛亥革命后改征货币，漕粮名存实亡。

②小产：流产。

③矜持：此处意为固执。

④晏：迟，晚。

⑤姑：婆母。

⑥晓：告诉，使……明白。大义：大道理。

⑦洎今：迄今，至今。洎，到、至。

⑧《大学衍义》：书名，南宋著名理学家真德秀所作，继承朱子思想，发挥《大学》奥义。全书以"帝王为治之序"、"帝王为学之本"、"格物致知之要"、"诚意正心之要"、"修身之要"、"齐家之要"为纲目。"每条之中，首之以圣贤典训，次之以古今之迹，诸儒之释经论史有所发明者录之"。共43卷。《衍义补》：即《大学衍义补》，明儒丘濬撰。阐发《大学》经义，论述"治国平天下之道"。

【译文】

诸位贤弟足下：

　　十一月十七寄的第三号信，料想已经收到。父亲到县城缴纳漕粮，弟弟们为什么不寄一封信交由县城转寄省城呢？以后凡是遇到有便人，就应该寄信，要紧要紧！九弟到家，将各亲戚家走访一遍，各家一定有各家的情况，为什么不详细告诉我呢？

　　四妹流产，以后生育很难。但这是头等大事，决不可以人为勉强，劝她家且听其自然，不宜过于固执。又听说四妹起床最晚，往往是他的婆婆服侍她。这是反常的事情，最容易折福。天下从来没有不孝的媳妇能有好下场的。弟弟们可要时时劝导她，教给她人伦大义。

　　弟弟们在家读书，不知道每天是如何用功的？我自十月初一立志自新以来，虽然还像从前一样懒惰，但每天用楷书写日记，读史书十页，记"茶余偶谈"一则。这三件事，从没有间断过一天。我十月二十一日发誓，永远戒掉吃水烟的毛病，至今已经两个月不吃了，习惯已成自然。我自己设的课程很多，只有记"茶余偶谈"、读史书十页、用楷书写日记，这三件事，发誓终身不间断。弟弟们每天自己设立课程，必须要有天天不间断的功夫，即使行船赶路，都要带在身边。我除这三件事以外，其他课程不一定能求成功，但这三件事，将终身实行。

　　以前我立志要作一部《曾氏家训》，曾经和九弟详细说到过。后来因为采择经学、历史之书，如果不是经史烂熟胸中，就会觉得材料割裂零碎，一点儿线索也没有；至于采择诸子百家的言论，工程更是浩大繁琐，即使抄上几百卷，还是不能收罗完全。然后我才知道古人作《大学衍义》

《衍义补》这些书，真是胸中自有条例、自有议论，而后随意征引古书来证明；决不是翻遍所有的书都抄下来。此后我才知道著书有多么难。所以暂且不作《曾氏家训》。如果将来胸中明白的道理多了，议论也更能贯通圆融，仍旧还是要作的。

现在朋友愈多：讲躬行心得者，则有镜海先生、艮峰前辈、吴竹如、窦兰泉、冯树堂；穷经知道者，则有吴子序、邵惠西；讲诗文字而艺通于道者，则有何子贞；才气奔放，则有汤海秋；英气逼人，志大神静，则有黄子寿。又有王少鹤（名锡振，广西主事，年廿七岁，张筱浦之妹夫）、朱廉甫（名琦，广西乙未翰林）、吴莘畬（名尚志，广东人，吴抚台之世兄）、庞作人（名文寿，浙江人）①。此四君者，皆闻予名而先来拜，虽所造有浅深，要皆有志之士，不甘居于庸碌者也。京师为人文渊薮②，不求则无之，愈求则愈出。近来闻好友甚多，予不欲先去拜别人，恐徒标榜虚声③。盖求友以匡己之不逮④，此大益也；标榜以盗虚名，是大损也。天下有益之事，即有足损者寓乎其中，不可不辨。

黄子寿近作《选将论》一篇，共六千余字，真奇才也。子寿戊戌年始作破题⑤，而六年之中，遂成大学问。此天分独绝，万不可学而至，诸弟不必震而惊之。予不愿诸弟学他，但愿诸弟学吴世兄、何世兄。吴竹如之世兄，现亦学艮峰先生写日记，言有矩，动有法，其静气实实可爱。何子贞之世兄，每日自朝至夕，总是温书，三百六十日，除作诗文时，无一刻不温书，真可谓有恒者矣。故予从前限功课教诸弟，近来写信寄弟，从不另开课程，但教诸弟有恒而已。盖士人读书，第一要有志，第二要有识，第三要有恒。有志则断不甘为下流。有识则知学问无尽，不敢以一得自足。如河伯之观海，如井蛙之窥天⑥，皆无识者也。有恒则断无不成之事。此三者缺一不可。诸弟此时惟有识不可以骤几⑦，至于有志、有恒，则诸弟勉之而已。予身体甚弱，不能苦思，苦思则头晕；不耐久坐，久坐则倦乏。时时属望⑧，惟诸弟而已。

【注释】

①王少鹤：王拯（1815—1876），原名锡振，字少鹤，广西马平人，道光进士，官至通政使，能诗文，著有《龙壁山房文集·诗集》、《茂唆秋雨词》，《清史稿》有传。张筱浦：张芾（1814—1862），字黼侯，号筱浦，亦作小浦，陕西泾阳人。清道光十五年（1835）进士，选庶吉士，授编修，累迁庶子，值南书房。大考一等，擢少詹事。二十二年四月王鼎自缢后，张以门生至王家，与陈孚恩"共劝王沆"，同意由陈代改遗疏，得穆彰阿赏识，超迁内阁学士，督江苏学政。二十五年（1845）授工部侍郎，任

满仍值南书房，旋调吏部；二十九年(1849)督江西学政。朱廉甫：朱琦（1803—1861），字濂甫，号伯韩，松江府南汇嘴沈庄人（今上海南汇沈庄人）。道光十五年进士，官至御史，以直言敢谏与苏廷魁、陈庆镛合称"谏垣三直"。晚年总理杭州团练局，遇太平天国攻杭州被杀，赠太常寺卿。文章醇厚有味，诗格雄浑，是桐城派在广西的代表作家之一。著有《怡志堂诗文集》。抚台：明清巡抚的别称。

②人文渊薮：人文荟萃之地。渊薮，人或事物聚集的地方。

③虚声：虚名，虚誉。

④匡：纠正。不逮：不足之处；过错。

⑤破题：唐宋时应举诗赋和经义的起首处，须用几句话说破题目要义，叫破题。明清时八股文的头两句，亦沿称破题，并成为一种固定的程式。

⑥井蛙：井底之蛙。比喻见闻狭隘、目光短浅的人。

⑦骤几：指立即接近、达到某一水平。

⑧属望：殷切期望，寄予厚望。

【译文】

现在我的朋友越来越多：讲求实践心得的，有镜海先生、艮峰前辈、吴竹如、窦兰泉、冯树堂；研究经学很深并领悟大道的，有吴子序、邵蕙西；讲求诗词、文章、书法这些艺术且能上升到道的层面的，有何子贞；才气奔放的，有汤海秋；英气逼人，志向远大而精神安静的，有黄子寿。又有王少鹤（名锡振，广西主事，年二十七岁，张筱甫的妹夫）、朱廉甫（名琦，广西乙未翰林）、吴莘畬（名尚志，广东人，吴抚台的公子）、庞作人（名文寿，浙江人）。这四位，都是听说了我的名声而先来登门拜访的，虽说他们的学问造诣有深有浅，但他们都是有志之士，不甘以庸碌之辈自居。京城是人文荟萃之地，不去探求便没有；越去探求，人才就越多。近来听说值得交往的益友很多，但我不想先去拜访别人，我怕徒然标榜虚名。交朋结友，是用来匡正自己的不足的，这样大有益处。自我标榜，以盗取虚名，则是大大有损。天下的有益之事，往往便有不益的事包含其中，不可不加辨别。

　　黄子寿最近写了一篇《选将论》，共六千多字，真是奇才啊。黄子寿戊戌年才开始学作破题，而六年之中，便成就了大学问。他的天分真是世上少有，万万不是靠积累学力而能达到，弟弟们不必震惊。我不希望弟弟们学他，只希望弟弟们学吴公子、何公子。吴竹如的公子，现在也学艮峰先生记日记，一言一行，都有规矩法度，他的静气功夫，实在可爱。何子贞的公子，每天从早到晚，总是温习书本。三百六十天，除了作诗文外，没有一刻不在温习书本，真可算是有恒心的人啊。所以我从前限定功课教弟弟们治学，近来写给弟弟们的信从不另开课程，只是要弟弟们有恒心罢了。士人读书，第一要有志气，第二要有见识，第三要有恒心。有志气，就决不甘居下游。有见识，就明白学问永无止境，不敢以一得之见而自满自足。像《庄子》书中所说的河伯观海、井蛙窥天，都是缺乏见识的。有恒心，就决没有做不成的事。这三方面，缺一不可。弟弟们现在只有见识不是马上可以达到一定境界的，至于有志气、有恒心，弟弟们勉励吧！我身体很虚弱，不能用心苦思，用脑过度就头昏；也不能久坐，坐久了便倦乏。时时刻刻所期望的，只有几位弟弟罢了。

明年正月，恭逢祖父大人七十大寿，京城以进十为正庆，予本拟在戏园设寿筵，窦兰泉及艮峰先生劝止之，故不复张筵①。盖京城张筵唱戏，名为庆寿，实而打把戏。兰泉之劝止，正以此故。现作寿屏两架：一架淳化笺四大幅②，系何子贞撰文并书，字有茶碗口大；一架冷金笺八小幅③，系吴子序撰文，予自书。淳化笺系内府用纸④，纸厚如钱，光彩耀目，寻常琉璃厂无有也。昨日偶有之，因买四张。子贞字甚古雅，惜太大，万不能寄回，奈何奈何！

侄儿甲三体日胖而颇蠢，夜间小解知自报，不至于湿床褥。女儿体好，最易扶携⑤，全不劳大人费心力。

今年冬间，贺耦庚先生寄卅金⑥，李双圃先生寄廿金⑦，其余尚有小进项，汤海秋又自言借百金与我用。计还清兰溪、寄云外，尚可宽裕过年。统计今年除借会馆房钱外，仅借百五十金，岱云则略多些。岱云言在京已该账九百余金⑧，家中亦有此数，将来正不易还。寒士出身，不知何日是了也！我在京该账尚不过四百金，然苟不得差，则日见日紧矣。书不能尽言，惟诸弟鉴察。

兄国藩手草。

课程

一、主敬（整齐严肃。无时不惧。无事时心在腔子里。应事时专一不杂。）

二、静坐（每日不拘何时，静坐一会。体验静极生阳来复之仁心。正位凝命，如鼎之镇。）

三、早起（黎明即起，醒后勿沾恋。）

四、读书不二（一书未点完，断不看他书。东翻西阅，都是徇外为人。）⑨

五、读史（《廿三史》每日读十页，虽有事，不间断。）

六、写日记（须端楷。凡日间过恶，身过、心过、口过，皆记出。终身不间断。）

七、日知其所亡（每日记《茶余偶谈》一则。分德行门、学问门、经济门、艺术门。）⑩

八、月无忘所能（每月作诗文数首，以验积理之多寡、养气之盛否。）

九、谨言（刻刻留心。）

十、养气（无不可对人言之事。气藏丹田。）

十一、保身（谨遵大人手谕，节欲，节劳，节饮食。）

十二、作字（早饭后作字。凡笔墨应酬，当作自己功课。）

十三、夜不出门（旷功疲神，切戒切戒！）

【注释】

①张筵：摆酒设宴。

②淳化笺：淳化所产名贵纸张。

③冷金笺：即冷金纸。笺纸上泥金称"冷金"，分有纹、无纹两种，纹有布纹、罗纹区别。冷金笺唐时已有，宋、明以来，苏州、四川都有生产。宋米芾《书史》："王羲之《玉润帖》是唐人冷金纸上双钩摹出。"

④内府：王室仓库。清内务府简称"内府"。清代内务府主要职能是管理皇家事务，诸如皇家日膳、服饰、库贮、礼仪、工程、农庄、畜牧、警卫扈从、山泽采捕等，还把持盐政、分收榷关、收受贡品。内务府主要机构有"七司三院"，最重要的是广储司，专储皇室的金银珠宝、皮草、瓷器、绸缎、衣服、茶叶等特供品。

⑤扶携：扶植、提携，此处指养育。

⑥贺耦庚：贺长龄，字耦庚，号耐庵，湖南善化（今长沙）人。嘉庆进士。道光时历任江苏、福建等省布政使，后官至云贵总督。

⑦李双圃：李象鹍（1782—1849）字云皋，号双圃，长沙人，李象鹄弟。清嘉庆十六年（1811）进士。选庶吉士，授检讨。累官至贵州布政使。著有《棣怀堂随笔》十一卷，《双圃赋钞》一卷，《双圃诗钞》一卷，《云湖合编》一卷（与周作楫合撰）

⑧该账：欠账。

⑨徇外：顺从于身外的客观环境，内心不坚定，为外界牵着走。

⑩亡：通"无"。

【译文】

明年正月，恭逢祖父大人七十大寿。京城以十整岁做寿为正式庆典。我本准备在戏园设寿筵，窦兰泉和艮峰先生劝我不要这样做，所以不准备办了。因为京城设宴唱戏，名义上是庆寿，实际上是要把戏。兰泉之所以劝阻我，就是因为这个缘故。现已作好寿屏两架，一架是淳化笺四大幅，由何子贞撰文并书写，字有茶碗口大；一架是冷金笺八小幅，由吴子序撰文，我自己书写。淳化笺是内府用纸，纸厚如钱，光彩夺目，平常时候琉璃厂是没有的，昨天偶尔有了，因此买了四张。子贞的字很古雅，可昔太大，绝对不能寄回，真是没办法。

侄儿甲三日渐蠢胖，夜里小便知道告诉大人，不至于尿湿床褥。女儿身体好，最容易带，不需要大人费心。

今年冬天，贺耦庚先生寄给我三十两银子，李双圃先生寄给我二十两银子，此外还有些小进项，汤海秋又自己说要借一百两银子给我用。算起来，还清兰溪、寄云债务之外，还可以宽裕过年。总计今年除借会馆房钱外，仅仅借银一百五十两。岱云则比我借得多一些。岱云说在京城已经欠账九百两银子，家里欠债也有这个数，将来真是不容易还清啊。贫寒出身，苦日子不晓得何日才是尽头。我在京城欠债还不到四百两银子，但是如果得不到差事，那就一天比一天窘迫了。书不尽言，期望弟弟们鉴察。

哥哥国藩亲笔。

课程：

一、主敬（整齐严肃。无时无刻不存一畏惧之心。没有事的时候，心在腔子里。应对事情时，内心专一不杂。）

二、静坐（每天不必管什么时间，都要静坐一会儿。体验静到极点生阳来复的仁心。正襟危坐，神情凝重，如同大鼎一样镇定。）

三、早起（黎明时分就要起来，醒来之后不要恋床。）

四、读书不二（一部书没有圈点完毕，绝对不可以看别的书。东翻翻，西看看，都是徇外和为人之学。）

五、读史（《二十三史》，每天读十页，即使有事再忙，也不间断。）

六、写日记（要写正楷字。凡是一天之中的过错，无论是身过、心过，还是口过，都记下来，终身不间断。）

七、日知其所亡（每天记"茶余偶谈"一则，分德行门、学问门、经济门、艺术门。）

八、月无忘所能（每月写诗和文数篇，用以验证自己内心理学功夫积累得多还是少，正气涵养得盛还是不盛。）

九、谨言（时时刻刻都要留心。）

十、养气（内心没有不能对人讲的事。气藏丹田。）

十一、保身（谨慎遵守父亲大人的指示，节制欲望，节制劳累，节制饮食。）

十二、作字（早饭后写字。凡是笔墨应酬，当作自己做功课。）

十三、夜不出门（荒废功课，疲惫精神，千万戒除！）

道光二十三年正月十七日

男国藩跪禀父母亲大人万福金安：

正月八日恭庆祖父母双寿，男去腊作寿屏二架。今年同乡送寿对者五人①，拜寿来客四十人。早面四席，晚酒三席。未吃晚酒者，于十七日、廿日补请二席。又倩人画椿萱重荫图②，观者无不叹羡。

男身体如常。新年应酬太繁，几至日不暇给。媳妇及孙儿女俱平安。

正月十五接到四弟、六弟信。四弟欲偕季弟从汪觉庵师游③，六弟欲偕九弟至省城读书。男思大人家事日烦，必不能常在家塾照管诸弟；且四弟天分平常，断不可一日无师讲书改诗文，断不可一课耽搁。伏望堂上大人俯从男等之请，即命四弟、季弟从觉庵师。其束修银，男于八月付回，两弟自必加倍发奋矣。六弟实不羁之才，乡间孤陋寡闻，断不足以启其见识而坚其志向；且少年英锐之气不可久挫。六弟不得入学，既挫之矣；欲进京而男阻之，再挫之矣。若又不许肄业省城④，则毋乃太挫其锐气乎？伏望堂上大人俯从男等之请，即命六弟、九弟下省读书。其费用，男于二月间付银廿两至金竺虔家。

夫家和则福自生。若一家中，兄有言弟无不从，弟有请兄无不应，和气蒸蒸而家不兴者，未之有也。反是而不败者，亦未之有也。伏望大人察男

之志，即此敬禀叔父大人，恕不另具。六弟将来必
为叔父克家之子⑤，即为吾族光大门第，可喜也。
谨述一二，馀俟续禀。

【注释】

①寿对：祝寿的对联。

②椿萱重荫：比喻祖父母、父母都健在。《庄子·逍遥
　游》谓大椿长寿，后世因以"椿"称父。《诗经·卫
　风·伯兮》："焉得谖草，言树之背。"谖草，萱草。
　背，即北堂，妇人所近。后世因以"萱"称母。椿、
　萱连用，代称父母。"椿萱并茂"，比喻父母都健在；
　"椿萱重荫"，比喻祖父母、父母都健在。

③汪觉庵：湖南衡阳人，生卒年不详。曾执教于衡阳
　唐氏家塾。道光十年（1830），曾国藩二十岁，就
　读于衡阳唐氏宗祠，师从汪觉庵。

④肄（yì）业：修习课业。古人书所学之文字于方版谓
　之业，师授生曰授业，生受之于师曰受业，习之曰
　肄业。

⑤克家：指能承担家事、继承家业。《易·蒙》："纳妇
　吉，子克家。"孔颖达疏："子孙能克荷家事，故云
　子克家也。"

【译文】

儿国藩跪禀父母亲大人万福金安：

　　正月八日恭庆祖父、祖母双寿，儿子去年腊月作了二
架寿屏。今年同乡送祝寿对联的有五个人，前来拜寿的客

人有四十个。早上吃面请了四席，晚上吃酒请了三席。没有吃晚上酒席的，在十七日、二十日又补请了二席。又请人画了椿萱重荫图，来看的人无不赞叹艳羡。

儿子我身体还和往常一样。新年里应酬太多，几乎忙不过来。媳妇和孙子、孙女都平安。

正月十五接到四弟和六弟的信，四弟想和季弟一起，跟从汪觉庵老师读书，六弟想和九弟一起到省城读书。儿子我想父亲大人家里的杂事一天比一天繁琐，肯定不能经常在家塾学堂照管几位弟弟。况且四弟天分一般，绝不可以一天没有老师为他讲解课文和修改诗文，一节功课都绝不可以耽搁。殷切希望父母大人能听从儿子们的请求，马上让四弟和季弟跟从觉庵老师读书，他们两个的学费，儿子我在八月寄过来，两位弟弟想必会加倍地发奋学习。六弟实在是不羁的人才，乡下条件太差、见闻不广，绝不足以启迪他的见识，坚定他的志向。况且年轻人的锐气，不可以长久地受挫折。他未能顺利入学，已经是受挫折了；他想进京，儿子我又阻止了他，可说是再次受挫。如果又不准他去省城读书，是不是太挫他的锐气了呢？殷切希望父母大人听从儿子们的请求，马上让六弟和九弟到省城读书，他们两个的学费，儿子我在二月间交付二十两银子到金竺虔家里。

有道是家庭和睦，福泽就自然产生。如果一家之中，哥哥说了什么话，弟弟无不听从；弟弟有什么请求，哥哥总是答应，一门之中充满和气而家道不兴旺的，是从来没有的。情况相反而家道不败落的，也是从来没有的。殷切希望父母亲大人体谅儿子我的想法。还请将这封信的内容禀告叔父大人，恕我不再另写一封信了。六弟将来能承担叔父家的家事，并能为我们家族光大门第，值得欣喜。恭谨地说这些，其余的等下次再禀告。

道光二十三年正月十七日

诸位老弟足下：

　　正月十五日接到四弟、六弟、九弟十二月初五日所发家信。

　　四弟之信三叶，语语平实，责我待人不恕①，甚为切当。谓月月书信徒以空言责弟辈，却又不能实有好消息，令堂上阅兄之书，疑弟辈粗俗庸碌，使弟辈无地可容云云。此数语，兄读之不觉汗下。我去年曾与九弟闲谈，云："为人子者，若使父母见得我好些，谓诸兄弟俱不及我，这便是不孝；若使族党称道我好些②，谓诸兄弟俱不如我，这便是不弟③。"何也？盖使父母心中有贤愚之分，使族党口中有贤愚之分，则必其平日有讨好底意思，暗用机计，使自己得好名声，而使其兄弟得坏名声，必其后日之嫌隙由此而生也。刘大爷、刘三爷兄弟皆想做好人，卒至视如仇雠④。因刘三爷得好名声于父母族党之间，而刘大爷得坏名声故也。今四弟之所责我者，正是此道理，我所以读之汗下。但愿兄弟五人，各各明白这道理，彼此互相原谅。兄以弟得坏名为忧，弟以兄得好名为快。兄不能使弟尽道得令名，是兄之罪；弟不能使兄尽道得令名，是弟之罪。若各各如此存心，则亿万年无纤芥之嫌矣⑤。

　　至于家塾读书之说，我亦知其甚难，曾与九弟面谈及数十次矣。但四弟前次来书，言欲找馆出外教书。兄意教馆之荒功误事，较之家塾为尤甚。与其出而教馆，不如静坐家塾。若云一出家塾便有明师益友，则我境之所谓明师益友者我皆知之，且已夙夜熟筹之矣⑥。惟汪觉庵师及阳沧溟先生是兄意中所信为可师者⑦。然衡阳风俗，只有冬学要紧⑧，自五月以后，师弟皆奉行故事而已。同学之人，类皆庸鄙无志者，又最好讪笑人（其笑法不一，总之不离乎轻薄而已。四弟若到衡阳去，必以翰林之弟相笑。薄俗可恶）⑨。乡间无朋友，实是第一恨事⑩。不惟无益，且大有损。习俗染人，所谓与鲍鱼处亦与之俱化也⑪。兄尝与九弟道及，谓衡阳不可以读书，涟滨不可以读书，为损友太多故也⑫。

【注释】

①恕：恕道，待人宽容，体谅他人。

②族党：聚居的同族亲属。

③弟：通"悌"，指弟弟敬爱哥哥。

④仇雠：冤家，对头。雠，同"仇"。

⑤纤芥：细微。

⑥夙夜：早晚，日夜。筹：筹划，谋划。

⑦阳沧溟：欧阳沧溟（1786—1869），字凝祉。廪生，颇负才名，生性孤傲。道光四年（1824），见少年曾国藩所作八股文稿和诗作，大加赞赏，收其为徒，并将女儿许配给他。曾国藩入仕后，欧阳沧溟出任衡阳莲湖书院山长。著有诗文多卷，均佚。

⑧冬学：农村在冬闲时开办的季节性学校。陆游《冬日

郊居》诗："儿童冬学闹比邻，据案愚儒却自珍。"自
注："农家十月，乃遣子弟入学，谓之冬学。"

⑨讪笑：讥笑。

⑩恨事：遗憾的事情。

⑪鲍鱼：盐渍鱼，干鱼。其气腥臭。刘向《说苑·杂
言》："孔子曰：'不知其子，视其所友；不知其君，
视其所使。'又曰：'与善人居，如入兰芷之室，久
而不闻其香，则与之化矣。与恶人居，如入鲍鱼之
肆，久而不闻其臭，亦与之化矣。故曰：丹之所藏
者赤，乌之所藏者黑。君子慎所藏。'"

⑫损友：于修身有害的朋友。《论语·季氏》"益者三
友，损者三友：友直、友谅、友多闻，益矣；友便
辟，友善柔，友便佞，损矣。"

【译文】

诸位老弟足下：

正月十五日接到四弟、六弟、九弟十二月初五日所发
的家信。

四弟的信写了三页，句句都很平实，责备我对人不够
宽容，四弟说得很是切当。四弟说我每个月写的家信，只
是用空洞的言语责备弟弟们，却又不能有实实在在的好消
息，让父母大人看见兄长写的信，怀疑弟弟们是举止粗俗、
庸碌无为之辈，使弟弟们无地自容。四弟的这几句话，为
兄我看了，有些惶恐惭愧，不觉汗颜。我去年和九弟闲谈，
曾经说过："为人子的，如果让父母看到我一个人好些，觉
得其他兄弟都不如我，这便是不孝；如果让族人、乡党称

赞我一个人好些，觉得其他兄弟都不如我，这便不悌。"为什么这样说呢？因为让父母心里对弟兄几个有好坏之分，让族人、乡党的舆论对弟兄几个有好坏之分，想必这人平日里便有讨好的念头，在暗地里用心机和诡计，使自己得好名声，而使他的弟兄得坏名声。以后弟兄之间的嫌疑和摩擦，必定从这里滋生。刘大爷、刘三爷，兄弟两个都想做好人，最后变为仇敌，将对方看作眼中钉。这是因刘三爷在父母和族人、乡党那里得到好名声，而刘大爷得到的却是坏名声的缘故。而今四弟之所以责备我，正是因为这个道理。因此我读了之后，觉得汗颜。但愿我们兄弟五个，每个人都明白这个道理，彼此之间互相原谅。兄长因弟弟得坏名声而忧虑，弟弟因兄长得好名声而快乐。兄长不能使弟弟在道义上完善并因此得到好名声，是兄长的罪过；弟弟不能使兄长在道义上完善并因此得到好名声，是弟弟的罪过。如果弟兄们每个人都能这样想，哪怕是一万年、一亿年，彼此之间也不会有丝毫的嫌隙。

至于说到在家里的私塾读书，我也知道是很难的事情。关于这件事，我曾经和九弟当面谈及数十次。但是四弟上次来信说，准备到外面找一个书馆教书。为兄我以为在外面的书馆教书，最容易荒废学业、耽误正事，比在家里的私塾更为严重。与其到外面的书馆任教，还不如安安静静地呆在家里的私塾。如果说一走出家里的私塾，就能碰到良师益友，但我们家乡一带的所谓良师益友，我都知道，而且早就日夜考虑过，心里筹划已久。只有汪觉庵老师和欧阳沧溟先生，是为兄我心目中所确信可以做老师的人。

但是衡阳地方的风俗，只有冬学要紧。自五月以后，老师和学生都是遵循习惯敷衍了事罢了。一同念书的，基本是庸碌粗鄙、没有志向的人，又最喜欢讥笑、讽刺人（他们取笑人的方法不一而足，但总而言之，不外乎轻薄罢了。四弟如果到衡阳去，他们必定会笑你是翰林的弟弟。真是轻薄鄙俗，可恶至极）。乡间没有可以讨论学问的朋友，实在是最遗憾的事情。（在家乡一带求学），不但没有益处，并且大大的有害。习俗能熏染和改变人，这就是人们常说的"如入鲍鱼之肆，久而不闻其臭"，慢慢地就和环境同化了。为兄我曾经和九弟提到过，说衡阳不可以读书，涟滨不可以读书，便是因为不好的朋友太多的缘故。

今四弟意必从觉庵师游，则千万听兄嘱咐，但取明师之益，无受损友之损也。接到此信，立即率厚二到觉庵师处受业。其束脩①，今年谨具钱十挂。兄于八月准付回，不至累及家中。非不欲从丰，实不能耳。兄所最虑者，同学之人无志嬉游，端节以后放散不事事，恐弟与厚二效尤耳②，切戒切戒！凡从师，必久而后可以获益。四弟与季弟今年从觉庵师，若地方相安，则明年仍可从游。若一年换一处，是即无恒者见异思迁也，欲求长进难矣。

此以上答四弟信之大略也。

【注释】

①束脩：学费。古代儿童入学必用束脩（捆在一起的

十条干肉）作为拜师的礼物，后指老师的酬金。

②效尤：仿效坏的行为。

【译文】

现在四弟想一定要追随觉庵老师求学，那可千万要听为兄我的嘱咐，只学良师的好处，不受那些不好的朋友的坏影响。四弟你接到这封信，立即带着厚二，到觉庵老师处接受教育。学费今年谨准备十挂钱。为兄我在八月准定寄回，不至于给家里添麻烦。不是不想送得丰厚一点儿，但实在是做不到。为兄我最忧虑的是，一起念书的人，胸无大志，只知嬉游。端午节之后，懒散放任，不务正业，生怕弟弟你和厚二也跟着学他们的坏样子。千万牢记啊！千万牢记！凡是跟从老师读书，定然是要经历过很长一段时间，然后才可以获益。四弟与季弟，今年跟从觉庵老师，如果觉得那地方不错，那么明年还可以跟着觉庵老师读书。如果一年换一个地方，那便是没有恒心、见异思迁，想要进步，可就难了。

（这以上是对四弟来信的大致答复。）

六弟之信，乃一篇绝妙古文。排戛似昌黎①，拗很似半山②。予论古文，总须有倔强不驯之气、愈拗愈深之意，故于太史公外，独取昌黎、半山两家。论诗亦取傲兀不群者③，论字亦然。每蓄此意而不轻谈，近得何子贞，意见极相合，偶谈一二句，两人相视而笑。不知六弟乃生成有此一枝妙笔。往时见弟文，亦无大奇特者。今观此信，然后知吾弟真不羁才也④。欢喜无极！欢喜无极！凡兄所有志而力不能为者，吾弟皆可为之矣。

信中言兄与诸君子讲学，恐其渐成朋党⑤，所见甚是。然弟尽可放心。兄最怕标榜，常存暗然尚䌹之意⑥，断不至有所谓门户自表者也⑦。信中言四弟浮躁不虚心，亦切中四弟之病。四弟当视为良友药石之言⑧。

信中又有"荒芜已久，甚无纪律"二语。此甚不是。臣子于君亲，但当称扬善美，不可道及过错；但当谕亲于道，不可疵议细节⑨。兄从前常犯此大恶，但尚是腹诽⑩，未曾形之笔墨，如今思之，不孝孰大乎是？常与阳牧云并九弟言及之，以后愿与诸弟痛惩此大罪。六弟接到此信，立即至父亲前磕头，并代我磕头请罪。

信中又言"弟之牢骚，非小人之热中⑪，乃志士之惜阴"。读至此，不胜惘然，恨不得生两翅忽飞到家，将老弟劝慰一番，纵谈数日乃快。然向使诸弟已入学，则谣言必谓学院做情⑫。众口铄金⑬，何从辨起？所谓塞翁失马⑭，安知非福。科名迟早，实有前定，虽惜阴念切，正不必以虚名萦怀耳。

【注释】

①排奡：形容文章风格沉雄、矫健。昌黎：指唐人韩愈。韩愈世居颍川，常据先世郡望自称昌黎（今河北省昌黎县）人。宋熙宁年间诏封其为昌黎伯，后

世因尊称他为"昌黎先生"。

② 拗很：形容文风深沉变幻。半山：指王安石。王安石在钟山的故宅称"半山"，故别号"半山"。宋·陆游《入蜀记》卷二："归途过半山，少留。半山者，王文公旧宅，所谓报宁禅院也。自城中上钟山，此为中途，故曰'半山'。"

③ 傲兀不群：高傲而不流于俗。

④ 不羁：谓才行高远，不可拘限。《文选·邹阳〈狱中上书自明〉》："使不羁之士，与牛骥同皂。"李善注："不羁，谓才行高远，不可羁系也。"

⑤ 朋党：指同类的人以恶相济而结成的集团。后指因政见不同而形成的相互倾轧的宗派。

⑥ 暗然尚䌹：指君子深沉隐晦，不显山露水。《礼记·中庸》："《诗》曰：'衣锦尚䌹'，恶其文之著也。故君子之道，暗然而日章；小人之道，的然而日亡。"郑玄注："言君子深远难知，小人浅近易知。人所以不知孔子，以其深远。䌹为䌹。锦衣之美而君子以䌹表之，为其文章露见，似小人也。"

⑦ 门户：指派别、朋党。

⑧ 药石：古时指治病的药物和砭石，后比喻规劝别人改过向善。

⑨ 疵议：非议，指责。

⑩ 腹诽：亦作"腹非"。口里不言，心中讥笑。

⑪ 热中：原谓内心躁急。后多指急切追逐名利权势。

⑫ 学院：学政。

⑬众口铄金：众人的言论能够熔化金属。比喻舆论影响的强大。亦喻众口同声可混淆视听。

⑭塞翁失马：《淮南子·人间训》："夫祸福之转而相生，其变难见也。近塞上之人，有善术者，马无故亡而入胡，人皆吊之。其父曰：'此何遽不为福乎？'居数月，其马将骏马而归，人皆贺之。其父曰：'此何遽不为祸乎？'家富良马，其子好骑，堕而折其髀，人皆吊之。其父曰：'此何遽不为福乎？'居一年，胡人大入塞，丁壮者引弦而战，近塞之人，死者十九，此独以跛之故，父子相保。故福之为祸，祸之为福，化不可极，深不可测也。"后因以"塞翁失马"比喻祸福相倚，坏事变成好事。

【译文】

六弟的来信，真是一篇绝妙的古文啊，沉雄矫健如同韩昌黎（韩愈），深沉变换如同王半山（王安石）。我论及古文，总是说要有倔强张扬、桀骜不驯的气象，越是转折越是深邃的意味，所以在太史公马迁以外，只取韩昌黎、王半山两家。我论诗也是推举傲兀不群的；论书法也一样。我常常这么认为，却不轻易谈论。近来得了何子贞这位朋友，两人意见非常相合，偶尔谈一两句，两个人往往相对会心而笑。没想到六弟竟然天生有这样一枝妙笔。从前看弟弟你的文章，也没觉得有什么出奇的地方，而今看这封信，才知道我弟弟真是有不羁的才华。真是欢喜得不行，欢喜得不行啊！凡是为兄我有志向而力不从心的，弟弟都可以做。

信中说到兄长我与诸位君子一起切磋学问，恐怕渐渐会形成朋党，这个意见很有道理。但是弟弟你尽可放心，为兄我最怕的就是自我标榜了，内心始终有圣人教导的"暗然""尚䌹"的念头，悄然自谦，不敢自我表露，绝对不会出现有所谓以门户自我标榜的情况。

　　（六弟）你信中又有"荒芜已久，甚无纪律"这两句话。这太不对了。臣对君，子对父，只应当称颂赞言好的方面，而不能提不对的地方；只应当跟父亲讲明大道，但不可非议细节。为兄我从前常犯这大罪恶，但还只是内心有看法而已，并没有用笔墨写出来。现在想起来，还有比这更不孝的么？我常和欧阳牧云以及九弟说到这个，以后希望和弟弟们一起对这个大罪过痛加惩戒。六弟接到这封信，立即到父亲面前磕头，并且代我磕头请罪。

　　（六弟）你信中又说："弟弟我的牢骚，不同于小人的热衷名利，而是出于志士仁人的爱惜光阴之心啊。"读到这里，为兄我无比惘然！恨不得肋生双翅，飞到家里，好好劝慰老弟一番，兄弟二人长谈几天才快活。但是，假使弟弟们都已经被录取入学，那么一定会有谣言说学政徇私情。众口铄金，又如何去辩解呢？正所谓"塞翁失马，安知非福？"科名的迟与早，实在是命中注定。虽说是爱惜光阴，念头急切，但实在不必为了那个虚名而耿耿于怀啊。

　　来信言"看《礼记》疏一本半，浩浩茫茫，苦无所得，今已尽弃，不敢复阅。现读朱子《纲目》[①]，日十余叶"云云。说到此处，兄不胜悔恨。恨早岁不曾用功，如今虽欲教弟，譬盲者而欲导人之迷途也。求其不误，难矣。然兄最好苦思，又得诸益友相质证，于读书之道，有必不可易者数端：

穷经必专一经，不可泛骛。读经以研寻义理为本，考据名物为末。读经有一“耐”字诀：一句不通，不看下句；今日不通，明日再读；今年不精，明年再读。此所谓“耐“也。

读史之法，莫妙于设身处地，每看一处，如我便与当时之人酬酢笑语于其间。不必人人皆能记也，但记一人，则恍如接其人；不必事事皆能记也，但记一事，则恍如亲其事。经以穷理，史以考事。舍此二者，更别无学矣。

盖自西汉以至于今，识字之儒约有三途：曰义理之学，曰考据之学，曰词章之学。各执一途，互相诋毁。兄之私意，以为义理之学最大。义理明，则躬行有要而经济有本②。词章之学，亦所以发挥义理者也。考据之学，吾无取焉矣。此三途者，皆从事经史，各有门径。吾以为欲读经史，但当研究义理，则心一而不纷。是故经则专守一经，史则专熟一代，读经史则专主义理。此皆守约之道，确乎不可易者也。

【注释】

①《纲目》:《资治通鉴纲目》的简称，朱子所撰。

②经济：经世济民。

【译文】

六弟你来信说"《礼记疏》看了一本半，只觉得茫茫然，苦于全无心得，现在已经放弃，不敢再往下读。眼下在读朱子《纲目》，每天十多页"。说到这里，为兄我万分悔恨，恨自己早年不曾好好用功，如今虽然想教弟弟，也好比瞎子想给迷路的人指道，想要不错，真是太难了。但为兄我最喜欢苦思，又有几位良师益友相互质问证实，对于读书的道理，我觉得有几桩事是亘古不变的：

想要精通经学，一定要专心搞懂一经，不能贪多。读经，以研究探寻义理为本，考据名物为末。读经有一个诀窍，便是"耐"字：一句读不通，不看下一句；今天读不通，明天继续读；今年读不熟，明年继续读。这便是"耐"字功夫。

读史书的方法，最妙的法子是能设身处地，每看一处，仿佛我便和那时的人应酬往来，谈笑于其中。不必人人都能记得，但记得其中一人，便好像和他有接触一样；不必事事都能记得，但记得其中一桩事，就好像自己亲身经历过一样。经是用来讲求道理的，史是用来考实事情。除了这两方面，再没有什么别的学问了。

自从西汉以来，直到今天，识字的读书人，大约有三种路线：一是义理之学，一是考据之学，一是词章之学，往往各执一偏，相互攻击诋毁。为兄我的个人意见，认为义理之学最大，义理明白了，那身体力行就可抓住要害，经世致用也就有了根本。词章之学，其实也是用以发挥义理的。考据之学，我觉得没有可取之处。这三种路线，都从经史入手，各有各的路子而已。我觉得想读经史，便应研究义理，那样内心才专一而不芜杂。所以读经要专守一经，治史要专熟一史，读经书史书，要以义理为主。这都是守约的道理，的的确确，决不可改。

若夫经史而外，诸子百家，汗牛充栋①。或欲阅之，但当读一人之专集，不当东翻西阅。如读昌黎集，则目之所见，耳之所闻，无非昌黎。以为天地间除昌黎集而外更别无书也。此一集未读完，断断不换他集，亦"专"字诀也。六弟谨记之。

读经、读史、读专集，讲义理之学，此有志者万不可易者也。圣人复起，必从吾言矣。然此亦仅为有大志者言之，若夫为科名之学②，则要读四书文，读试帖律赋，头绪甚多。四弟、九弟、厚二弟天质较低，必须为科名之学。六弟既有大志，虽不科名可也，但当守一耐字诀耳。观来信言读《礼记》疏似不能耐者，勉之勉之。

兄少时天分不甚低，厥后日与庸鄙者处，全无所闻，窃被茅塞久矣③。及乙未到京后，始有志学诗、古文并作字之法，亦洎无良友。近年得一二良友，知有所谓经学者、经济者、有所谓躬行实践者，始知范、韩可学而至也④，马迁、韩愈亦可学而至也，程、朱亦可学而至也⑤。慨然思尽涤前日之污，以为更生之人，以为父母之肖子⑥，以为诸弟之先导。无如体气本弱⑦，耳鸣不止，稍稍用心，便觉劳顿。每自思念，天既限我以不能苦思，是天不欲成我之学问也，故近日以来，意颇疏散。计今年若可得一差，能还一切旧债，则将归田养亲，不复恋恋于利禄矣。粗识几字，不敢为非以蹈大戾已耳，不复有志于先哲矣。吾人第一以保身为要，我所以无大志愿者，恐用心太过，足以疲神也。诸弟亦须时时以保身为念，无忽无忽！

来信又驳我前书，谓必须博雅有才而后可明理有用，所见极是。兄前书之意，盖以躬行为重，即子夏"贤贤易色"章之意。以为博雅者不足贵，惟明理者乃有用，特其立论过激耳。六弟信中之意，以为不博雅多闻，安能明理有用？立论极精。但弟须力行之，不可徒与兄辩驳见长耳。

【注释】

①汗牛充栋：唐·柳宗元《文通先生陆给事墓表》："其为书，处则充栋宇，出则汗牛马"。谓书籍存放时可堆至屋顶，运输时可使牛马累得出汗。后用"汗牛充栋"形容著作或藏书极多。

②科名：科举功名。

③茅塞：为茅草所堵塞。《孟子·尽心下》："山径之蹊间，介然用之而成路；为闲不用，则茅塞之矣。今茅塞子之心矣！"后人用《孟子》语意以比喻思路闭塞，或愚昧无知；且多作为自谦之词。

④范、韩：指范仲淹，韩琦。二人皆为北宋杰出政治

家，又同率军防御西夏，享有很高威望，人称"韩范"，边疆传颂："军中有一韩，西贼闻之心骨寒；军中有一范，西贼闻之惊破胆。"

⑤程、朱：宋代理学大师程子和朱子，并称"程朱"。

⑥肖子：在为人、志趣等方面像其父的儿子。

⑦无如：无奈，奈何。

【译文】

至于说到经、史以外的，诸子百家，汗牛充栋。如果想读的话，应当只读一家的专集，不能东翻翻、西看看。比如说读韩昌黎（韩愈）的集子，那眼睛看的、耳朵听的，没有一样不是韩昌黎，觉得天地之间，除了韩昌黎的集子之外，再没有其他书。这一部集子没有读完，决不换其他的集子，这也是"专"字诀窍。

六弟你要谨记啊：读经，读史，读一家的专集，都要以义理为主，这对有志读书的人来说，是万万不可改易的道理。就算圣人重新活过来，也一定认同我的话。然而，这也仅仅只是为有大志的人说的。至于说到科名考试之学，就要读《四书》文，读试帖律赋，头绪很多。四弟、九弟和厚二弟天资较低，必须做科名的学问。六弟既然胸有大志，即使不走科名路线也是可以的，但要谨守一"耐"字诀。看六弟你来信说到读《礼记疏》的情形，似乎做不到一个"耐"字，勉力啊勉力！

为兄我自幼天分不低，后来天天和庸碌鄙俗之人相处，一点儿见闻也没有，心窍被茅草塞住很久了。自乙未年到京城之后，才开始有志学诗、古文和书法，只可惜没有良师益友。近年有了一两个良师益友，才知道有所谓的经学和经世济用之学，有所谓的身体力行，才知道范仲淹、韩琦的境界，是可以通过学习达到的；司马迁、韩愈的才华，也是可以通过学习达到；程子、朱子的修养和学问，也是可以通过学习达到的。感慨之余，便想将过去的污秽洗涤干净，做一个新生之人，做父母的有出息的孝子，做弟弟们的先行榜样。无奈体质太弱，耳鸣不止，稍稍用心，就觉得累。我每天都想，老天爷既然用不能苦思来限制我，那是天不要我成就大学问。所以最近意志很懒散。计划今年如果能得一差事，能将所有的旧债还清，便准备回乡侍奉双亲，不再依恋功名利禄了。我也就认得几个字，不敢做坏事以招致大罪罢了，不再以向前贤看齐自许。我们第一要看重的就是保养好身体。我所以没有很大志向，是怕太过用心，容易让精神衰老疲惫。弟弟们也要常常想着保养好身体，千万不要掉以轻心。

　　来信又批驳我前一封信的意见，说必须知识渊博、富有才干，然后才能明白道理、对社会有用，这个意见好极了。为兄我前一封信的意思，是说身体力行最重要，也就是《论语》里"子夏曰：'贤贤易色；事父母，能竭其力；事君，能致其身；与朋友交，言而有信。虽曰未学，吾必谓之学矣'"一章书的意思。认为知识渊博并不可贵，只有明白大道理才有用，只是立论有些偏激。六弟来信的意思，认为如果不能知识渊博，如何能明白道理、对社会有用？立论极其精当。只是弟弟你要身体力行，不能停留在只和为兄我在言语上争论是非长短。

来信又言四弟与季弟从游觉庵师，六弟、九弟仍来京中，或肄业城南云云①。兄之欲得老弟共住京中也，其情如孤雁之求曹也②。自九弟辛丑秋思归，兄百计挽留，九弟当能言之。及至去秋决计南归，兄实无可如何，只得听其自便。若九弟今年复来，则一岁之内忽去忽来，不特堂上诸大人不肯，即旁观亦且笑我兄弟轻举妄动。且两弟同来，途费须得八十金，此时实难措办。弟云能自为计，则兄窃不信。曹西垣去冬已到京，郭云仙明年始起程③，目下亦无好伴。惟城南肄业之说，则甚为得计。兄于二月间准付银廿两至金竺虔家，以为六弟、九弟省城读书之用。竺虔于二月起身南旋，其银四月初可到。弟接到此信，立即下省肄业。

省城中兄相好的④，如郭云仙、凌笛舟、孙芝房⑤，皆在别处坐书院。贺蔗农、俞岱青、陈尧农、陈庆覃诸先生皆官场中人⑥，不能伏案用功矣。惟闻有丁君者（名叙忠，号秩臣，长沙廪生）学问切实⑦，践履笃诚⑧，兄虽未曾见面，而稔知其可师⑨。凡与我相好者，皆极力称道丁君。两弟到省，先到城南住斋，立即去拜丁君（托陈季牧为介绍），执贽受业。凡人必有师，若无师，则严惮之心不生⑩。既以丁君为师，此外择友则慎之又慎。昌黎曰："善不吾与，吾强与之附；不善不吾恶，吾强与之拒。"一生之成败，皆关乎朋友之贤否，不可不慎也。

【注释】

①城南：长沙城南书院。城南书院原是南宋大儒张栻
之父张浚在潭州的居所，绍兴三十一年（1161）建
于南门外妙高峰，张栻和朱熹曾在此讲学论道。后
废为寺。明正德二年（1507），湖广行省参议吴世
忠、湖南提学道陈凤梧曾谋求在妙高峰恢复城南
书院，但此地已被吉藩府所据而未果，直到嘉靖
四十二年（1563），长沙府推官翟台才在妙高峰寺下
建得学堂5间，万历中复圮。1903年，长沙城南书
院改制为湖南师范馆，即为今湖南第一师范。

②曹：等、辈，同伴。

③郭云仙：郭嵩焘（1818—1891），学名先杞，后改
名嵩焘。字伯琛，号筠仙、云仙、筠轩，别号玉池
山农、玉池老人，湖南湘阴城西人。道光二十七
年（1847）进士，咸丰四年（1854）至六年（1856）
佐曾国藩幕。咸丰八年（1858）入值上书房。同治
元年（1862）任苏松粮储道，两淮盐运使，同治二
年（1863）任广东巡抚，同治五年（1866）罢官回
籍，在长沙城南书院及思贤讲舍讲学。光绪元年
（1875）经军机大臣文祥举荐进入总理衙门，旋即出
任驻英公使，光绪四年（1878）兼任驻法使臣，次
年迫于压力称病辞归。郭嵩焘是我国首位驻外使
节，是"洋务运动"时期重要思想家。

④相好：关系处得好的。

⑤孙芝房：孙鼎臣（1819—1859），字子余，号芝房，

湖南善化人。道光二十五年（1845）进士，改翰林院庶吉士。少聪颖，年十一，作《西王母赋》，惊其长老。后与梅曾亮游，乃变骈体为古文。

⑥贺蔗农：贺熙龄（1788—1846），字光甫，号庶农，湖南善化（今长沙）人。嘉庆十九年（1814）进士，选庶吉士，授编修。迁河南道御史，提督湖北学政。复补山东道监察御史。以自疾乞归。在御史任内，请缉滨湖盗贼，查禁私垸，端士习，惩诬告，严究讼师胥役作奸；陈盐务河工积弊，条上苗疆九事等，皆奉旨可行。辞官后，前后主讲长沙城南书院八载，并倡立湘水校经堂。晚年筑室东城，布衣蔬食，名其居曰"菜根香"。有《寒香馆诗文钞》传世。陈尧农：陈本钦，号尧农，曾主讲长沙城南书院。陈庆覃：陈岱霖，字庆覃，嘉庆二十五年（1820）进士，历官工部主事、兵部郎中、监察御史等职。

⑦丁叙忠：号秩臣，长沙廪生。廪生：明清两代称由公家给以膳食的生员。又称廪膳生。明初生员有定额，皆食廪。其后名额增多，因谓初设食廪者为廪膳生员，省称"廪生"，增多者谓之"增广生员"，省称"增生"。又于额外增取，附于诸生之末，谓之"附学生员"，省称"附生"。后凡初入学者皆谓之附生，其岁、科两试等第高者可补为增生、廪生。廪生中食廪年深者可充岁贡。清制略同。参阅《明史·选举志一》、《清史稿·选举志一》。

⑧践履：实践，履行，为儒家修身功夫。

⑨稔知：素知，熟知。

⑩严惮：敬畏，害怕。

【译文】

来信又说四弟与季弟跟从觉庵老师受业，六弟、九弟仍然来京，或到城南书院读书，等等。为兄我想和弟弟们共住京城，这种感情好比孤雁求群。自从九弟辛丑年秋天想回家，为兄我百计挽留，九弟可以证明这一点。等到去年秋天九弟下定决心南归，为兄我实在无可奈何，只得听他自便。如果九弟今年再来，便是一年之内忽去忽来，不仅堂上父母亲大人不肯，就是旁人看了也会笑话我兄弟轻举妄动。况且，两位弟弟一同来，路费要花八十两银子，现在实在难以筹办。六弟说能够自己解决，我私下里表示不信。曹西垣去年冬天到京，郭筠仙明年才能起程，眼下也没有好的同伴。只有在城南书院学习这事，算是实际。为兄我打算在二月里寄二十两银子到金竺虔家，以供六弟、九弟在省城读书之用。竺虔在二月起程回南方，这笔银子四月初可收到。弟弟接到这封信，立即出发到省城读书。

为兄我在省城中的好友，如郭筠仙、凌笛舟、孙芝房，都在别处的书院教书。贺蔗农、俞岱青、陈尧农、陈庆覃几位先生都是官场中人，不能够埋头用功。只听说有位丁君（名叙忠，号秩臣，长沙廪生），学问扎实，笃信儒家修身大道并能践行。为兄我虽然未曾见过他，但却熟知他可以作老师。凡是与我交好的人，都极力称赞丁君。两位弟弟到了省城，先在城南书院安顿下来，而后立即去拜见丁君，行弟子之礼，跟他学习。凡是人，一定要有老师。如果没有老师，就缺乏敬畏之心。拜了丁君作老师之外，选择朋友，也一定要慎之又慎。韩昌黎说："善不和我在一起，我努力与善在一起；不善不嫌弃我（要和我一起），我努力拒绝它。"一生的成败，都与朋友的好坏息息相关，不可以不谨慎啊！

来信以进京为上策，以肄业城南为次策。兄非不欲从上策，因九弟去来太速，不好写信禀堂上。不特九弟形迹矛盾，即我禀堂上，亦必自相矛盾也。又目下实难办途费。六弟言能自为计，亦未历甘苦之言耳。若我今年能得一差，则两弟今冬与朱啸山同来甚好。目前且从次策。如六弟不以为然，则再写信来商议可也。

此答六弟信之大略也。

九弟之信，写家事详细，惜话说太短。兄则每每太长，以后截长补短为妙。尧阶若有大事，诸弟随去一人帮他几天。牧云接我长信，何以全无回信？毋乃嫌我话太直乎？扶乩之事，全不足信。九弟总须立志读书，不必想及此等事。季弟一切皆须听诸兄话。

此次折弁走甚急，不暇抄日记本。余容后告。冯树堂闻弟将到省城，写一荐条，荐两朋友。弟留心访之可也。

【译文】

来信把进京读书视为上策，把在省城城南书院读书列为次策。为兄我并不是不想取上策，实在是因为九弟来去太过匆匆，不好写信向父母亲大人禀告。不仅九弟的做法前后矛盾，就是我向父母亲大人禀告此事，也必定会自相矛盾。况且眼下旅费难以筹措。六弟说自己可以想办法，也不过是未经历甘苦的人所说的话而已。如果今年我能得到差事，那么两位弟弟今年冬天和朱啸山一同过来蛮好。目前暂且采取次策。假若六弟不同意，再写信来与我商议也行。

（以上是对六弟来信的大致回复。）

九弟的信，写家事很详细，只可惜话说得太短。为兄我写信常常太长，以后截长补短才好。朱尧阶如果有什么大事（需要帮手），弟弟们随便去一个人，帮他几天。欧阳牧云接到我的长信，为何完全没有回音？该不会是嫌我的话说得太直吧？扶乩这种事，完全不可信。九弟终归要立志读书，不要想这些事。季弟一切都要听几位哥哥的话。

这次信差走得太急，来不及抄日记本。其余的，容我以后再写信告知。冯树堂听说弟弟们要到省城，写有推荐条，推荐了两位朋友。弟弟不妨留心寻访。

道光二十三年二月十九日

男国藩跪禀父母大人万福金安：

正月十七日，男发第一号家信，内呈堂上信三页，复诸弟信九页，教四弟与厚二从汪觉庵师，六弟、九弟到省从丁秩臣，谅已收到。二月十六日，接到家信第一号，系新正初三交彭山屺者，敬悉一切。

去年十二月十一，祖父大人忽患肠风，赖神灵默佑，得以速痊。然游子闻之，尚觉心悸。六弟生女，自是大喜。初八日恭逢寿筵，男不克在家庆祝，心尤依依①。

诸弟在家不听教训，不甚发奋。男观诸弟来信，即已知之。盖诸弟之意，总不愿在家塾读书。自己亥年男在家时，诸弟即有此意，牢不可破。六弟欲从男进京，男因散馆去留未定②，故比时未许。

庚子年接家眷，即请弟等送，意欲弟等来京读书也，特以祖父母、父母在上，男不敢专擅③，故但写诸弟，而不指定何人。迨九弟来京，其意颇遂，而四弟、六弟之意尚未遂也。年年株守家园，时有耽阁，大人又不能常在家教之，近地又无良友，考试又不利。兼此数者，怫郁难申④，故四弟、六弟不免怨男。

其可以怨男者有故：丁酉在家，教弟威克厥爱⑤，可怨一矣；己亥在家，未曾教弟一字，可怨二矣；临进京不肯带六弟，可怨三矣；不为弟另择外傅，仅延丹阁叔教之，拂厥本意，可怨四矣；明知两弟不愿家居，而屡次信回，劝弟寂守家塾，可怨五矣。

惟男有可怨者五端，故四弟、六弟难免内怀隐衷⑥，前次含意不申，故从不写信与男；去腊来信甚长，则尽情吐露矣。男接信时，又喜又惧。喜者，喜弟志气勃勃不可遏也；惧者，惧男再拂弟意，将伤和气矣。兄弟和，虽穷氓小户必兴；兄弟不和，虽世家宦族必败。男深知此理，故禀堂上各位大人俯从男等兄弟之请。

男之意，实以和睦兄弟为第一。九弟前年欲归，男百般苦留，至去年则不复强留，亦恐拂弟意也。临别时，彼此恋恋，情深似海。故男自九弟去后，思之尤切，信之尤深。谓九弟纵不为科目中人，亦当为孝弟中人。兄弟人人如此，可以终身互相依倚，则虽不得禄位，亦何伤哉！

恐堂上大人接到男正月信必且惊而怪之，谓两弟到衡阳，两弟到省，何其不知艰苦，擅自专命。殊不知男为兄弟和好起见，故复缕陈一切⑦，并恐大人未见四弟、六弟来信，故封还附呈。总愿堂上六位大人俯从男等三人之请而已。

伏读手谕，谓男教弟宜明言责之，不宜琐琐告以阅历工夫。男自忆连年教弟之信不下数万字，或明责，或婉劝，或博称，或约指，知无不言，总之尽心竭力而已。

男妇、孙男女身体皆平安，伏乞放心。

男谨禀。

【注释】

①依依：形容思慕怀念的心情。

②散馆：明清时翰林院设庶常馆，新进士朝考得庶吉士资格者入馆学习，三年期满举行考试后，成绩优良者留馆，授以编修、检讨之职，其馀分发各部为给事中、御史、主事，或出为州县官，谓之"散馆"。

③专擅：不请示或不经上级批准而擅自行动。

④怫郁难伸：忧郁之情难以舒展。

⑤威克厥爱：威严超过慈爱。厥：其。

⑥隐衷：内心深处难以对人说的或不愿告诉人的苦衷。

⑦缕陈：详细地陈述；缕述（多指下级向上级陈述意见）。

【译文】

儿国藩跪着禀告父母大人万福金安：

正月十七日，儿子寄出第一封家信，里面有寄给父母亲大人的信三页，给弟弟们的信九页，教四弟和厚二随汪觉庵老师学习，六弟、九弟跟从丁秩臣学习，想必已经收到了。二月十六日，接到第一号家信，是新年正月初三交彭山屺的那封，已知道一切情况。

去年十二月十一日，祖父大人忽然患肠风，幸亏神灵保佑，很快痊愈了。但在外的游子听了，还是心有余悸。六弟生了一个女儿，这自然是大喜事。初八日恭逢寿筵，儿子我不能在家里庆祝，心里特别挂怀。

几位弟弟在家不听教训，不很发奋，儿子我看弟弟们的来信就已经知道了。看来几位弟弟的心意，还是不愿意在家塾学堂读书。己亥年儿子我在家里时，几位弟弟就有这个意思，真切牢不可破。六弟想跟儿子我进京，儿子我因翰林院庶吉士期满而去向尚未确定，所以当时没有答应。庚子年儿子我接家眷进京，就请求由弟弟们护送，便是想让弟弟们来京读书，只是因为祖父母、父母大人在上，儿子我不敢擅作主张，所以只写明由弟弟们护送，而没有具体指定由谁送。等到九弟来京，他的心意可以说是如愿以偿了，可是四弟和六弟的心愿却没有满足。年年呆在家里，学问难免有时耽搁，父亲大人又不能总是呆在家里教育他们，附近又没有良师益友，进学考试又失利。几方面不顺加在一起，内心郁闷无处诉苦，因此四弟和六弟难免要埋怨我。

四弟和六弟埋怨我是有原因的：丁酉年儿子我在家教他们时，威严太过，慈爱不足，这是可以埋怨的第一个原因；己亥年在家，儿子我连一个字都没有教弟弟们，这是可以埋怨的第二个原因；临到进京了，又不肯带六弟，这是可以埋怨的第三个原因；不为弟弟们从外头选择老师，而只请了丹阁叔来教他们，违背了他们的心意，这是可以埋怨的第四个原因；明明知道两位弟弟不愿在家，却每次回信都劝他们守在家塾读书，这是可以埋怨的第五个原因。

想想正因为儿子我有可被埋怨的五个原因，因此四弟和六弟难免将隐情藏在心里，以前一直闷在肚子里不能申述，所以从不给儿子我写信。去年腊月写了一封长信，才把这一肚子苦水都吐出来。儿子接到信的时候，真是又高兴又担心：高兴的是弟弟们有不可遏止的勃勃志气；担心的是儿子我若再次违背他们的意愿，恐将伤了兄弟之间的和气。有道是，兄弟和睦，即使是穷困的小户人家，也必将兴旺；兄弟不和，即使是世代的官宦人家，也必将败落。儿子我深深懂得这个道理，所以禀告堂上各位大人，恳请听从儿子我兄弟几人的要求。

儿子我的念头，实在是把兄弟和睦放在第一位。九弟前年想回去，儿子我想尽办法苦苦挽留，到去年则不再强留，也是怕违背了九弟的意愿。临分别的时候，我和九弟彼此依依不舍，情比海深。因此儿子我从九弟走后，非常地想念他，也更加相信，觉得九弟即使不是科场中人，也会是孝悌中人。兄弟们如果能个个如此，可以终身互相依靠，就算不当官，又有什么关系呢？

有些担心父母亲大人读到儿子我正月写的信，必然会惊讶并要责怪我，说让两个弟弟到衡阳读书，两个弟弟到省城读书，怎么这样不晓得其中艰苦，怎么就擅自做主了呢？要知道儿子我实在是为了兄弟和睦友好起见，才反复向双亲大人申诉这一切；儿子我又担心双亲大人没有见到四弟和六弟的来信，所以一并附在后头寄回呈阅，只希望堂上六位大人能听从儿子我兄弟三人的请求。

恭读父母亲大人的亲笔书信教诲，说儿子我教育弟弟们应该把话说明，明白责备为好，不应唠唠叨叨地给他们讲太多阅历。儿子我回忆这么多年来为教育弟弟们而写的信，不少于几万字，或是明白地责备他们，或是委婉地规劝他们，或是广泛论述引导他们，或是细细指点帮助他们，凡是我所知道的，没有不说给他们听的，总而言之，尽我的一切努力吧。

您二老的媳妇和孙子孙女都平安，请放心。

儿谨禀。

道光二十三年六月初六日

温甫六弟左右：

五月廿九、六月初一，连接弟三月初一、四月廿五、五月初一三次所发之信，并四书文二首，笔仗实实可爱①。信中有云："于兄弟则直达其隐②，父子祖孙间不得不曲致其情③。"此数语有大道理。余之行事，每自以为至诚可质天地，何妨直情径行。昨接四弟信，始知家人天亲之地，亦有时须委曲以行之者。吾过矣！吾过矣！

香海为人最好，吾虽未与久居，而相知颇深，尔以兄事之可也。丁秩臣、王衡臣两君，吾皆未见，大约可为尔之师。或师之，或友之，在弟自为审择。若果威仪可则，淳实宏通，师之可也。若仅博雅能文，友之可也。或师或友，皆宜常存敬畏之心，不宜视为等夷，渐至慢亵，则不复能受其益矣。

尔三月之信，所定功课太多。多则必不能专，万万不可。后信言已向陈季牧借《史记》，此不可不熟看之书。尔既看《史记》，则断不可看他书。功课无一定呆法，但须专耳。余从前教诸弟，常限以功课，近来觉限人以课程，往往强人以所难，苟其不愿，虽日日遵照限程，亦复无益。故近来教弟，但有一"专"字耳。"专"字之外，又有数语教弟。兹特将冷金笺写出，弟可贴之座右，时时省览；并抄一付，寄家中三弟。

香海言时文须学《东莱博议》④，甚是。尔先须用笔圈点一遍，然后自选几篇读熟。即不读亦可。无论何书，总须从首至尾通看一遍。不然，乱翻几页，摘抄几篇，而此书之大局精处，茫然不知也。

学诗，从《中州集》入亦好⑤。然吾意读总集，不如读专集。此事人人意见各殊，嗜好不同。吾之嗜好，于五古，则喜读《文选》；于七古，则喜读《昌黎集》；于五律，则喜读《杜集》；七律，亦最喜杜诗，而苦不能步趋，故兼读《元遗山集》。吾作诗，最短于七律，他体皆有心得。惜京都无人可与畅语者。尔要学诗，先须看一家集，不要东翻西阅；先须学一体，不可各体同学，盖明一体则皆明也。凌笛舟最善为律诗，若在省，尔可就之求教。

习字，临《千字文》亦可，但须有恒。每日临帖一百字，万万无间断，则数年必成书家矣。陈季牧最喜谈字，且深思善悟。吾见其寄岱云信，实能知写字之法，可爱可畏！尔可从之切磋。此等好学之友，愈多愈好。

来信要我寄诗回南。余今年身体不甚壮健，不能用心，故作诗绝少，仅作《感春诗》七古五章。慷慨悲歌⑥，自谓不让陈卧子⑦；而语太激烈，不敢示人。馀则仅作应酬诗数首，了无可观。顷作寄贤弟诗二首，弟观之以为何如？京笔现在无便可寄，总在秋间寄回。若无笔写，暂向陈季牧借一支，后日还他可也。

兄国藩手草。

【注释】

①笔仗：指书画诗文的风格。

②隐：隐衷、隐情，不便告诉别人的想法。

③曲致：委婉、曲折地表达。

④《东莱博议》：宋代大儒吕祖谦所撰，全书共4卷，选《左传》文66篇，分析阐发，又称《左氏博议》。吕祖谦自称该书"为诸生课试之作"，封建时代读书人多奉为教科书。吕祖谦的曾祖吕好问（1064—1131），南宋初年，以恩封东莱郡侯。宋人称吕祖谦的伯祖吕本中（1084—1145）为"东莱先生"，称吕祖谦"小东莱先生"。后世，则称吕祖谦为"东莱先生"。

⑤《中州集》：金人元好问编定的金朝诗歌总集。共10卷，辑录作家251人，作品2062首。

⑥慷慨悲歌：情绪激昂地放歌，以抒发悲壮的胸怀。晋·陶潜《怨诗楚调示庞主簿邓治中》："慷慨独悲歌，钟期信为贤。"

⑦陈卧子：陈子龙（1608—1647），字卧子，明末南直隶松江华亭（今上海松江）人，著名文人、抗清英雄。

【译文】

温甫六弟左右：

五月二十九、六月初一，我接连收到弟弟你三月初一、四月二十五、五月初一三次所发的信，以及四书文两篇，文风真是可爱！你信中说，"在兄弟面前，只须直截了当陈述自己内心的真实想法；父子、祖孙之间，有些想法则不得不委婉曲折地表达。"这几句话有大道理。我做事，常常自以为出自至诚之心，有天地作证，直来直去也没有什么妨碍。昨天接到四弟你的信，（读后）才知道即使是家人天伦至亲之间，有些事，也要委婉曲折地处理。我以前真是错了，真是错了！

香海为人最好，我虽然和他相处时间不长，但相互之间了解很深，你可以把他当兄长一样对待。丁秩臣、王衡臣两位，我都没有见过，大约可以做弟弟你的老师。是拜他们做老师，还是认他们做朋友，弟弟你自己拿主意。如果他们的威仪值得效法，为人淳厚实在，学问宏博通达，可以拜他们做老师。如果他们只是知识渊博能写文章，认作朋友就可以了。不论是拜作老师或者是认作朋友，（和他们交往），都应时时抱有敬畏的心理，不应将他们看轻了，以至于渐渐地生出怠慢、亵渎之心。那样的话，便不能从他们那里受到教益了。

弟弟你三月的来信中所定的功课太多，多了就必然不能专，万万不行。后一封信里说已经向陈季牧借《史记》，这是不可不熟读的书。你既然看《史记》，便绝不能看其他书了。功课没有一定的呆办法，只是要专。我从前教弟弟们，常常限定功课。最近觉得限定课程，往往是强人所难。假使他不情愿，即使天天遵照限定的课程，也还是没有益处。所以我近来教弟弟们，只强调一个"专"字。"专"字以外，又有几句话要教弟弟，现特地用冷金笺写出来，弟弟你可以贴在书桌的右边，时时看看。并且另抄一副，寄给家中的三位弟弟。

香海说学时文要学《东莱博议》，说得很对。弟弟你先要用笔圈点一遍，然后自选几篇，读得烂熟；就是不读也可以。无论什么书，总要从头到尾通读一遍。不然的话，乱翻几页，摘抄几篇，而对这书的整体布局、精华之处，却茫茫然一无所知。

学诗，从《中州集》入手也很好。但是我总以为读总集，不如读专集。说到这事，每个人的看法都不同，嗜好也不同。我的嗜好，若说五古，则喜欢《文选》；若说七古，则喜欢读韩昌黎（韩愈）的诗集；若说五律，则喜欢读杜甫的诗集；若论七律，也最喜欢杜甫的诗。只是苦于不能做到亦步亦趋，所以有时候也一并读元遗山（元好问）的集子。我作诗最不擅长七律，其他体裁都有心得，可惜京城里没有人可以一起畅谈。弟弟你要学诗，先要看一家的集子，不要东翻西看。先要学一体，不能各种体裁同时学。因为只要明白了一体，各体便都明白了。凌笛舟最擅长写律诗，如果在省内，弟弟可以找他请教。

习字，临《千字文》也可以，但要有恒心。每天临帖一百字，万万不要间断，那么几年坚持下来，便成书法家了。陈季牧最喜欢谈论书法，而且思考很深又善于领悟。我见过他寄给岱云的信，实在是真懂书法之道的，成就可喜可敬！弟弟你可以跟他切磋学习。这样好学的朋友，越多越好。

你来信要我寄诗回家。哥哥我今年身体不太壮健，不能用心，所以很少写诗，只写有《感春诗》七古五章。慷慨悲歌，自以为不输于陈卧子；但用词太激烈，不敢拿出来给人看。剩下的就只写了几首应酬的诗，一无可看。前不久写的寄贤弟诗二首，弟弟你看了之后，认为写得怎样呢？京笔，现在没有便人可以寄，横竖会在秋天寄回。如果弟弟你没有笔写字，可以暂时向陈季牧借一支，以后再还他就是了。

　　哥哥国藩亲笔。

道光二十三年六月初六日

澄侯、叔淳、季洪三弟左右：

五月底连接三月一日、四月十八两次所发家信。

四弟之信，具见真性情，有困心横虑、郁积思通之象①。此事断不可求速效。求速效必助长②，非徒无益，而又害之。只要日积月累，如愚公之移山，终久必有豁然贯通之候③。愈欲速，则愈锢蔽矣。来书往往词不达意，我能深谅其苦。

今人都将学字看错了。若细读"贤贤易色"一章④，则绝大学问即在家庭日用之间。于"孝弟"两字上尽一分，便是一分学；尽十分，便是十分学。今人读书，皆为科名起见；于孝弟伦纪之大⑤，反似与书不相关。殊不知书上所载的、作文时所代圣贤说的，无非要明白这个道理。若果事事做得，即笔下说不出，何妨？若事事不能做，并有亏于伦纪之大，即文章说得好，亦只算个名教中之罪人⑥。贤弟性情真挚，而短于诗文，何不日日在"孝弟"两字上用功？《曲礼》《内则》所说的⑦，句句依他做出，务使祖父母、父母、叔父母无一时不安乐，无一时不顺适；下而兄弟妻子皆蔼然有恩⑧、秩然有序，此真大学问也。若诗文不好，此小事，不足计。即好极，亦不值一钱。不知贤弟肯听此语否？

【注释】

①困心横虑：亦作"困心衡虑"。谓心意困苦，忧虑

满胸。亦指费尽心思。语出《孟子·告子下》："困
于心，衡于虑，而后作。"朱子集注："事势穷蹙，
以至困于心，横于虑，然后能奋发而兴起。"焦循
正义："苏秦夜发书伏诵，引锥自刺其股，可谓困心
横虑矣。"

②助长：人为促使增长。《孟子·公孙丑上》："必有事
焉而勿正，心勿忘，勿助长也。"

③豁然贯通：顿时晓悟。朱子《大学章句》："至于用
力之久，而一旦豁然贯通焉。"

④贤贤易色：语出《论语·学而》："子夏曰：'贤贤易
色，事父母能竭其力，事君能致其身，与朋友交言
而有信。虽曰未学，吾必谓之学矣。'"

⑤伦纪：伦常纲纪，指处理君臣、父子、兄弟、夫妇
关系所应遵守的基本准则。

⑥名教：指以正名定分为主的封建礼教。晋人袁宏
《后汉纪·献帝纪》："夫君臣父子，名教之本也。"
曹魏嵇康《释私论》："矜尚不存乎心，故能越名教
而任自然。"

⑦《曲礼》《内则》：皆为《礼记》篇名。

⑧蔼然：温和、和善貌。

【译文】

澄侯、叔淳、季洪三弟左右：

五月底接连收到三月一日、四月十八两次所发的家信。

四弟的来信，可以看出真性情，有满腔忧虑郁积太
久而需要发泄疏通的迹象。这事万万不可以追求速效。追

求速效，就一定会拔苗助长，非但没有益处，反而有害。只要日积月累，像愚公移山一样，最终一定会有豁然贯通的时候。越是想快，内心反而越发愈禁锢闭塞，想不开。来信往往词不达意，为兄我能深深体谅贤弟内心的苦闷。

现在的人都把学字看错了。如果仔细读过《论语》"贤贤易色"一章书，就知道绝大的学问，就在家庭日用之中：在"孝悌"二字上尽了一分力，便是一分学；尽了十分力，便是十分学。现在的人读书，都是为了科名，对于孝悌、伦常这样的大道，反觉与读书毫不相干。殊不知书上所写的，写文章时代圣贤说的，无非是要明白这个道理。如果真的事事都能做到，那么就是笔下写不出来，又有什么关系呢？如果事事都不能做到，并且有亏于伦常纲纪这些大义，就算文章说得再好，也只能算得一个名教中的罪人。贤弟性情真挚，而不善于诗文，何不天天在"孝悌"两字上下工夫？《曲礼》《内则》里所说的，句句依它去做，务必使祖父母、父母、叔父母六位老人没有一时不安乐，没有一刻不舒适；往下对待兄弟、妻子、儿女都和蔼有恩，家庭井然有序，这才是大学问啊。如果诗文写不好，这是小事，不必计较，就是写得好得不得了，也不值一钱。不知道贤弟们肯听这话不？

科名之所以可贵者，谓其足以承堂上之欢也，谓禄仕可以养亲也①。今吾已得之矣，即使诸弟不得，亦可以承欢②，可以养亲。何必兄弟尽得哉？

贤弟若细思此理，但于孝弟上用功，不于诗文上用功，则诗文不期进而自进矣。

凡作字，总须得势，务使一笔可以走千里。三弟之字，笔笔无势，是以局促，不能远纵。去年曾与九弟说及，想近来已忘之矣。

九弟欲看余白折。余所写折子甚少，故不付。大铜尺已经寻得。付笔回南，目前实无妙便，俟秋间定当付还。

去年所寄牧云信未寄去，但其信前半劝牧云用功，后半劝凌云莫看地③，实有道理。九弟可将其信抄一遍，仍交与他，但将纺棉花一段删去可也。地仙为人主葬，害人一家，丧良心不少，未有不家败人亡者，不可不力阻凌云也。至于纺棉花之说，如直隶之三河县、灵寿县，无论贫富男妇，人人纺布为生，如我境之耕田为生也。江南之妇人耕田，犹三河之男人纺布也。湖南如浏阳之夏布、祁阳之葛布、宜昌之棉布，皆无论贫富男妇，人人依以为业。此并不足为骇异也。第风俗难以遽变，必至骇人听闻，不如删去一段为妙。书不尽言。

兄国藩手草。

【注释】

①养亲：奉养父母双亲。

②承欢：指侍奉父母。

③看地：旧时给人察看宅基、坟地以定吉凶的迷信活

动。又称看风水。

【译文】

科举功名之所以可贵，是因为它足以令堂上大人内心欢喜，是因为拿了俸禄可以侍奉双亲。现在我已得到科名，即使弟弟们不得，也可以让堂上老人欢欣，也可以侍奉高堂，何必要兄弟都能得科名呢？贤弟如果细想这个道理，只在孝、悌上用功，不在诗文上用功，那么诗文也会不指望它进步却自然进步的。

凡是写字，总要有气势，使一笔可以走千里。三位弟弟的字，笔笔没有气势，所以局促而不能远纵。去年曾经和九弟说过，想是近来忘记了吧。

九弟想看我写的白折。我所写的折子太少，所以就不付回。大铜尺，已经找到。托人带笔回南边，目前实在没有好的便人，等秋天一定推人带回去。

去年要寄给牧云的信没有寄去，但这封信前半截劝牧云用功，后半截劝凌云莫找地仙看风水，却是大有道理。九弟可将这封信抄一遍，仍然交给他，但是可以将纺棉花一段删去。地仙为人主持葬礼，祸害人家，简直丧尽天良。（凡是迷信地仙的），没有不家败人亡的，不可不极力劝阻凌云啊。至于用棉花纺线这事，譬如直隶的三河县、灵寿县，无论贫富男女，人人纺线织布为生，就像我们家乡人人耕田为生一样。江南的女人耕田，和三河的男人织布一样。湖南如浏阳的夏布、祁阳的葛布、宜昌的棉布，都是无论贫富男女，人人以此为业、依此为生。这并不值得大惊小怪。只是当地风俗难以短时间内快速改变，一定会骇人听闻，还不如删去这一段为好。文字难以一一表达我内心的想法。

　　哥哥国藩亲笔。

道光二十四年三月初十日

孙国藩跪禀祖父母大人万福金安：

二月十四日孙发第二号信，不知已收到否？

孙身体平安，孙妇及曾孙男女皆好。孙去年腊月十八曾寄信到家，言：寄家银一千两，以六百为家中还债之用，以四百为馈赠亲族之用。其分赠数目，另载寄弟信中，以明不敢自专之义也。后接家信，知兑啸山百三十千，则此银已亏空一百矣。顷闻曾受恬丁艰，其借银恐难遽完①，则又亏空一百矣。所存仅八百，而家中旧债尚多。馈赠亲族之银，系孙一人愚见，不知祖父母、父亲、叔父以为可行否？伏乞裁夺。

孙所以汲汲馈赠者②，盖有二故：一则我家气运太盛，不可不格外小心，以为持盈保泰之道。旧债尽清，则好处太全，恐盈极生亏。留债不清，则好中不足，亦处乐之法也。二则各亲戚家皆贫而年老者，今不略为资助，则他日不知何如。自孙入都后，如彭满舅曾祖、彭王姑母、欧阳岳祖母、江通十舅，已死数人矣。再过数年，则意中所欲馈赠之人，正不保何若矣。家中之债，今虽不还，后尚可还。赠人之举，今若不为，后必悔之。此二者，孙之愚见如此。然孙少不更事，未能远谋，一切求祖、父、叔父作主，孙断不敢擅自专权。其银待欧阳小岑南归③，孙寄一大箱，衣物、银两概寄渠处，孙认一半车钱。彼时再有信回。孙谨禀。

【注释】

①遽：急速，迅速。

②汲汲：通"急急"。

③欧阳小岑：欧阳兆熊，字晓岑，号鲍叟。湖南湘潭人，清道光十七年（1837）举人。家富庶而性豪爽，仗义疏财，与曾国藩、左宗棠、江忠源、李续宾等交谊颇深。

【译文】

孙儿国藩跪禀祖父母大人万福金安：

二月十四日孙儿我寄出第二封信，不知已经收到没有？

孙儿我身体平安，孙媳妇及您的曾孙子曾孙女都好。孙儿我去年十二月十八日，曾经寄信到家，说：寄给家里银子一千两，其中六百两用来还债，四百两用来赠送亲戚族人。分送数目另写在给弟弟的信中，表明我不敢自行专断。后来接到家信，知道兑给了朱啸山百三十千，那这笔银子便少一百两了。刚刚听说曾受恬堂上有丧事，他借的银子恐怕难以迅速归还，是又亏空一百两。所以仅仅剩下八百两，二我家旧债还多。送亲戚族人钱，是孙儿我一个人的愚蠢见解，不晓得祖父母大人、父亲大人、叔父大人以为可行不可行？恳请裁决定夺。

孙儿我所以急于送赠，有两个缘故：一是我家气运太盛了，不可以不格外小心，要注意持盈保泰的道理。旧账还尽，好处最全，恐怕圆满到极点便转向亏损了。留点债不还清，那虽美中不足，也是自处顺境的办法；二是各亲戚家都处于既穷而又年老的状况，现在不略加资助，以后可真不知是啥样。自从孙儿我进入京城后，像彭满舅曾祖、彭王姑母、欧阳岳祖母、江通十舅，已经死了好几个。再过几年，那我们心里想要馈赠的人中，真是保不齐是个啥样子。家里欠的债，现在即使不还，以后还可以还。馈赠亲戚的事，现在不做，以后一定会后悔（再没有机会）。这两个说法，是孙儿我一己之愚见。但是孙儿我年轻不懂事，没有什么远见，一切事宜求祖父、父亲、叔父做主，孙儿我决不敢自己擅作主张。这笔银子等欧阳小岑回湖南时，孙儿我托寄一个大箱子，衣物，银两一概交他手里，孙儿我负担一半路费。那时，还会有信寄回。

孙儿谨禀。

道光二十四年三月初十日

六弟、九弟左右：

　　三月八日接到两弟二月十五所发信，信面载第二号，则知第一号信未到。比去提塘追索①，渠云并未到京，恐尚在省未发也。以后信宜交提塘挂号，不宜交折差手，反致差错。来书言自去年五月至十二月，计共发信七八次。兄到京后，家人仅检出二次：一系五月二十二日发，一系十月十六日发，其余皆不见。远信难达，往往似此。

　　腊月信有"糊涂"字样，亦情之不能禁者。盖望眼欲穿之时，疑信杂生，怨怒交至。惟骨肉之情愈挚，则望之愈殷；望之愈殷，则责之愈切。度日如年，居室如圜墙②，望好音如万金之获，闻谣言如风声鹤唳③；又加以堂上之悬思④，重以严寒之逼人，其不能不出怨言以相詈者⑤，情之至也。然为兄者观此二字，则虽曲谅其情⑥，亦不能不责之。非责其情，责其字句之不检点耳。何芥蒂之有哉⑦？至于回京时有折弁南还，则兄实不知。当到家之际，门几如市⑧，诸务繁剧。吾弟可想而知。兄意谓家中接榜后所发一信，则万事可以放心矣，岂尚有悬挂者哉？来书辨论详明，兄今不复辨。盖彼此之心虽隔万里，而赤诚不啻目见⑨，本无纤毫之疑，何必因二字而多费唇舌？以后来信，万万不必提起可也。

【注释】

①提塘：清代官名。清各省督、抚选派本省武进士及候补、修选守备等，送请兵部充补，驻于京城，三年一代，称提塘官。掌投递本省与京师各官署往来文书。

②圜墙：牢狱。《汉书·司马迁传》："今交手足，受木索，暴肌肤，受榜箠，幽于圜墙之中。"颜师古注："圜墙，狱也，《周礼》谓之圜土。"

③风声鹤唳：《晋书·谢玄传》记载，东晋时，秦主苻坚率众攻晋，列阵淝水，谢玄等率精兵击破秦军，秦军在败逃途中极度惊慌疑惧或自相惊扰。"闻风声鹤唳，皆以为王师已至"。形容非常慌张，到了自惊自扰的程度。唳：鹤叫声。

④悬思：挂念，想念。

⑤詈：骂；辱骂。

⑥曲谅：垂谅；特加原谅。

⑦芥蒂：细小的梗塞物。比喻积在心中的怨恨、不满或不快。

⑧门几如市：门庭如同闹市。形容登门求见者甚多。《战国策·齐策一》："群臣进谏，门庭若市。"

⑨不啻：和……没有区别。

【译文】

六弟、九弟左右：

三月初八收到两位弟弟二月十五寄出的信，信面上写着第二号，可知第一号信未曾寄到。等到去提塘那边追问索要，回答说信件并未到京城，恐怕还在省内没有发出。以后信件最好送到提塘挂号；不要送到邮差手里，这样反而容易导致差错。来信说自去年五月到十二月，算起来共发信七、八次。为兄我到京城后，家人只翻出两次来信：一是五月二十日所发，一是十月十六日所发，其余的都没有看见。远程的信件很难收到，往往如此。

腊月的来信里有"糊涂"字样，也是出于情不自禁。因为望眼欲穿之际，怀疑和信赖同生，怨恨和恼怒齐至。骨肉之情越是真挚，盼望的心情就越殷切；盼望的心情越殷切，责备的言词就越尖锐。（那种心情，真是）度日如年，居家好比坐牢，盼望好消息如同想得到黄金万两，听到谣言好比风声鹤唳。又加上堂上大人很挂念，况且还严寒逼人。之所以不能不发出怨言责骂，也是因为感情达到极点。然而，为兄我看见这两个字，虽然可以特意原谅，但也不能不责备你们。不是责备你们的情感，是责备你们遣词造句不检点。这有什么必要耿耿于怀呢？至于回京时就有邮差回湖南，为兄我实不知情。我到京城家里的时候。几乎门庭若市，各种事情繁杂紧迫。我弟应可想而知。为兄我心想家里接到我在发榜（出任四川学政）后所寄的一封信，就可以万事放心了，哪里还会有许多牵挂呢？来信辩论详细明白，为兄我现在不再辩了。因为我们彼此的心虽隔万里，但赤诚之情何异于当面看见，本没有丝毫的疑虑，何必为了这两字再多费口舌！以后来信，万万不要再提这事了。

所寄银两，以四百为馈赠族戚之用。来书云：

"非有未经审量之处，即似稍有近名之心。"此二语推勘入微①，兄不能不内省者也。又云，"所识穷乏得我而为之，抑逆知家中必不为此慷慨，而姑为是言。"斯二语者，毋亦拟阿兄不伦乎②？兄虽不肖③，亦何至鄙且奸至于如此之甚！所以为此者，盖族戚中有断不可不一援手之人④，而其余则牵连而及。

兄己亥年至外家，见大舅陶穴而居⑤，种菜而食，为恻然者久之⑥。通十舅送我，谓曰："外甥做外官，则阿舅来作烧火夫也。"南五舅送至长沙，握手曰："明年送外甥妇来京。"余曰："京城苦，舅勿来。"舅曰："然，然吾终寻汝任所也。"言已泣下。兄念母舅皆已年高，饥寒之况可想，而十舅且死矣。及今不一援手，则大舅、五舅者，又能沾我辈之余润乎⑦？十舅虽死，兄意犹当恤其妻子，且从俗为之延僧，如所谓道场者⑧，以慰逝者之魂而尽吾不忍死其舅之心。我弟我弟，以为可乎？

【注释】

①推勘：考察，推求。

②不伦：即不伦不类，形容不成样子或不规范。

③不肖：谦辞。不才，不贤。

④援手：伸手拉人一把以解救其困厄。泛指援助。语出《孟子·离娄上》："天下溺，援之以道；嫂溺，援之以手。"

⑤陶穴：古代凿地而成的土室。此处形容屋子极简陋。

《诗经·大雅·绵》："古公亶父，陶复陶穴，未有家室。"毛传："陶其壤而穴之。"郑玄笺："凿地曰穴，皆如陶然。"

⑥恻然：哀怜貌；悲伤貌。

⑦余润：比喻旁及的德泽、利益。

⑧道场：指和尚或道士做法事的场所。亦指所做的法事。

【译文】

我寄回家的银两，其中四百两用来赠送亲族。弟弟来信说："若不是不曾慎重考虑，便似乎稍有好名的心理。"这两句话推测人心细致深微，为兄我不能不自我反省。信中又说："那些穷困的熟悉人可以得到我的帮助，恐怕是猜到家里一定不会如此慷慨，才姑且这样说的。"这两句，不是把为兄我看成不伦不类的人了么？为兄我即使再没出息，又何至于卑鄙、奸猾到这种地步？之所以这样做，是因亲族中绝对不可以没有一个能助他们一臂之力的人，其余的事是牵连到一起的。

为兄我己亥年到外婆家，看见大舅住在土窑里，靠种菜为生，心里难过许久。通十舅送我时说："外甥一旦外放做官，舅舅我去做伙夫。"南五舅送我到长沙，握着我的手说："明年送外甥媳妇到京城。"我说："京城太苦，舅舅不要来。"舅舅说："好，但我还是要找到你做官的衙门的。"说完这话，泪流满面。为兄我挂念几位母舅岁数都很大了，饥寒的情况可以想见，而且十舅还去世了，到现在不去助他们一臂之力，那大舅、五舅又能沾我们的什么光呢？十舅虽然过世，为兄我觉得应当抚恤他的妻子儿女，还要随风俗习惯为他请和尚，比如做道场之类的，以安慰死者的灵魂，尽我们不忍心十舅去世的心意。弟弟啊弟弟，你们觉得怎么样呢？

兰姊、蕙妹，家运皆舛①。兄好为识微之妄谈②，谓姊犹可支撑，蕙妹再过数年则不能自存活矣。同胞之爱，纵彼无觖望③，吾能不视如一家一身乎？

欧阳沧溟先生夙债甚多，其家之苦况，又有非吾家可比者，故其母丧，不能稍隆厥礼。岳母送余时，亦涕泣而道。兄赠之独丰，则犹徇世俗之见也。

楚善叔为债主逼迫，抢地无门④，二伯祖母尝为余泣言之。又泣告子植曰："八儿夜来泪注地，湿围径五尺也。"而田货于我家，价既不昂，事又多磨。尝贻书于我，备陈吞声饮泣之状⑤。此子植所亲见，兄弟尝唏嘘久之。

丹阁叔与宝田表叔昔与同砚席十年⑥，岂意今日云泥隔绝至此⑦！知其窘迫难堪之时，必有饮恨于实命之不犹者矣⑧。丹阁戊戌年曾以钱八千贺我，贤弟谅其景况，岂易办八千者乎？以为喜极，固可感也。以为钓饵，则亦可怜也。任尊叔见我得官，其欢喜出于至诚，亦可思也。

【注释】

①舛：命途多舛，命运不好。

②识微:《易·系辞下》:"君子知微知彰,知柔知刚,万物之望。"后以"识微"指看到事物的苗头而能察知它的本质和发展趋向。

③觖(jué)望:此处指过分的希望和企图。亦有因不满而怨恨之意。

④抢地无门:比喻无处申诉、无处求援。抢地,以头触地。

⑤吞声饮泣:流泪入口,不敢哭出声音。形容无声地悲泣。

⑥同砚席:同一砚台和坐席。指在一起研讨诗文或同学。

⑦云泥:云在天而泥在地,比喻彼此之间境况天差地别。

⑧实命之不犹:感叹彼此之间命运贵贱不同。语出《诗经·召南·小星》"嘒彼小星,维参与昴。肃肃宵征,抱衾与裯。寔命不犹"

【译文】

兰姐和蕙妹两家都已家运败落,为兄我喜欢妄谈一些将来的运势,说兰姐家还可支撑下去,而蕙妹再过几年日子恐怕过不下去。同胞姐妹,即使她们没有奢望,但我们能不把她们看作一家人吗?

欧阳沧溟先生旧债太多,他家的困苦情形,不是我家所能比的,所以他母亲过世,因丧礼不能稍微办得隆重一点儿,而缺了礼数。岳母送我时,也一边哭一边跟我说这些苦情,为兄我送他的特别丰厚一些,也是跟从世俗的人情世故罢了。

楚善叔被债主逼债,求告无门,二伯祖母常对我哭诉,又哭着对子植说："八儿晚上哭得眼泪汪汪，地上湿了足有五尺见方。"而田卖给我家，价钱又不贵，事又费周折，又曾写信给我，详细诉说他吞声饮泣的惨况。这是子植亲眼看见的，我们兄弟曾为此叹息良久。

丹阁叔与宝田表叔过去与我同窗十年，哪料到如今是一个在天上一个在地下，境遇相差那么远，想必他们在窘迫难堪的时候，一定会流泪痛恨自己的命运太差。丹阁叔戊戌年，曾经用八千钱祝贺我高中。贤弟估量他的光景，拿出八千钱是容易的事吗？当他这样做是因为高兴过头，真是令人感动；当他这样做是为了放长线钓大鱼，那也很可怜。任尊叔看见我得了官，发自内心地欢喜，也是难以忘却的。

竟希公一项，当甲午年抽公项三十二千为贺礼，渠两房颇不悦，祖父曰："待藩孙得官，第一件先复竟希公项。"此语言之已熟，特各堂叔不敢反唇相稽耳。同为竟希公之嗣，而菀枯悬殊若此①，设造物者一旦移其菀于彼二房，而移其枯于我房，则无论六百，即六两亦安可得耶？

六弟、九弟之岳家，皆寡妇孤儿，槁饿无策②。我家不拯之，则孰拯之者？我家少八两，未必遂为债户逼取；渠得八两，则举室回春。贤弟试设身处地，而知其如救水火也。

彭王姑待我甚厚，晚年家贫，见我辄泣。兹王姑已没，故赠宜仁王姑丈，亦不忍以死视王姑之意也。腾七，则姑之子，与我同孩提长养。各舅祖，则推祖母之爱而及也。彭舅曾祖，则推祖父之爱而及也。陈本七、郑升六二先生，则因觉庵师而牵连及之者也。

【注释】

①菀（yù）枯：语本《国语·晋语二》："〔优施〕乃歌曰：'暇豫之吾吾，不如鸟乌。人皆集于菀，己独集于枯。'里克笑曰：'何谓菀？何谓枯？'优施曰：'其母为夫人，其子为君，可不谓菀乎？其母既死，其子又有谤，可不谓枯乎？枯且有伤。'"后以"菀枯"指荣枯。亦喻指荣辱、优劣等。

②槁饿：穷困饥饿。

【译文】

竟希公义钱款项，当甲午年抽公事经费三十二千作为我高中的贺礼时，他们两房很不高兴，祖父说："等国藩孙儿做了官，第一件事是先还竟希公款。"这话已讲过很久了，只是各堂叔不敢反唇追问罢了。同是竟希公的后人，而荣、枯悬殊如此，假设老天爷有一天把荣福转移到他们两房，把败落转移到我房，那不要说六百两，就是六两银子又哪里能得到？

六弟和九弟的岳家，都是寡妇孤儿，饥饿憔悴而束手无策，我家不救济他们，那谁来救济呢？我家少八两银子，未必就受债主逼迫；他们有了八两银子，则全家如沐春风。贤弟试着设身处地为他们着想，便知道这好比是救人于水深火热之中啊！

彭王姑对我很好，晚年她家穷了，看见我就哭。现在她老人家已经过世，所以我要赠送宜仁王姑丈，也是不忍因王姑死了不念旧情的缘故啊。赠送腾七，因为他是姑母的儿子，与我从小一起长大。赠送各舅祖，是因为将对祖母的爱推及他们；赠送彭舅曾祖，是因为将对祖父的爱推及到他。赠送陈本七、邓升六两位先生，是因为觉庵老师的关系而延及到他们。

其余馈赠之人，非实有不忍于心者，则皆因人而及。非敢有意讨好沽名钓誉，又安敢以己之豪爽形祖父之刻啬，为此奸鄙之心之行也哉？

诸弟生我十年以后，见诸戚族家皆穷，而我家尚好，以为本分如此耳，而不知其初皆与我家同盛者也。兄悉见其盛时气象，而今日零落如此，则大难为情矣。凡盛衰在气象：气象盛，则虽饥亦乐；气象衰，则虽饱亦忧。今我家方全盛之时，而贤弟以区区数百金为极少，不足比数。设以贤弟处楚善、宽五之地，或处葛、熊二家之地，贤弟能一日以安乎？

凡遇之丰啬顺舛，有数存焉，虽圣人不能自为主张。天可使吾今日处丰亨之境，即可使吾明日处楚善、宽五之境。君子之处顺境，兢兢焉常觉天之过厚于我，我当以所余补人之不足。君子之处啬境，亦兢兢焉常觉天之厚于我：非果厚也，以为较之尤嗇者，而我固已厚矣。古人所谓境地须看不如我者，此之谓也。

【译文】

其他要赠送的人，若非确实不忍心看他们贫困的，便是因为一些人事关系牵扯到他们。不敢做有意讨好、沽名钓誉的事，又哪里胆敢用自己的豪爽来对比、突出祖父的吝嗇，做这种奸猾卑鄙的事呢？

弟弟们比我晚生十年，看见亲戚家都穷，而我家还不错，以为这是本来如此，而不知道起初他们都和我家一样兴盛。为兄我见过他们家道兴盛时的气象，可是现在零落成这样，心里很不是滋味。家道的盛与衰，全看气象。气象盛，即使饥寒也快乐；气象衰，即使温饱也忧愁。现在我家正在全盛时期，而贤弟认为这几百两银子太少，不算什么。假设贤弟处在楚善、宽五的境地，或者处在葛、熊两家的境地，贤弟能过一天安心的日子么？

凡是一个人的境遇，丰盛顺遂还是艰涩多难，都有天意在，即使圣人也不能自己安排。老天爷可以让我们今天处于丰盛顺通的境遇，也可以使我们明天处于楚善、宽五的境地。君子处于顺境的时候，战战兢兢，时时觉得老天爷对自己太过宽厚了，我应该拿自己有余的，去补他人的不足。君子处于逆境，也战战兢兢，时时觉得老天对我宽厚；并不是说真的有多宽厚，但比那些境况更不如的人，对我就还算宽厚了。古人常说的境遇要跟不如自己的人比，就是这个道理。

来书有"区区千金"四字，其毋乃不知天之已厚于我兄弟乎？兄尝观《易》之道，察盈虚消息之理，而知人不可无缺陷也。日中则昃，月盈则亏，天有孤虚①，地阙东南，"未有常全而不缺者。"剥"也者②，"复"之几也，君子以为可喜也。"夬"也者，"姤"之渐也，君子以为可危也。是故既吉矣，则由吝以趋于凶；既凶矣，则由悔以趋于吉。君子但知有悔耳。悔者，所以守其缺而不敢求全也。小人则时时求全。全者既得，而吝与凶随之矣。众人常缺，而一人常全，天道屈伸之故，岂若是不公乎？

今吾家椿萱重庆③，兄弟无故，京师无比美者，亦可谓至万全者矣。故兄但求缺陷，名所居曰"求缺斋"。盖求缺于他事，而求全于堂上。此则区区之至愿也。家中旧债不能悉清，堂上衣服不能多办，诸弟所需不能一给，亦求缺陷之义也。内人不明此意，时时欲置办衣物，兄亦时时教之："今幸未全备。待其全时，则吝与凶随之矣。此最可畏者也。"贤弟夫妇诉怨于房闼之间④，此是缺陷。吾弟当思所以弥其缺而不可尽给其求，盖尽给则渐几于全矣。吾弟聪明绝人，将来见道有得，必且韪余之言也⑤。

【注释】

①孤虚：古代方术用语。即计日时，以十天干顺次与十二地支相配为一旬，所余的两地支称之为"孤"，

与孤相对者为"虚"。古时常用以推算吉凶祸福及事之成败。《史记·龟策列传》："日辰不全，故有孤虚。"裴骃集解："甲乙谓之日，子丑谓之辰。《六甲孤虚法》：甲子旬中无戌亥，戌亥即为孤，辰巳即为虚。甲戌旬中无申酉，申酉为孤，寅卯即为虚。甲申旬中无午未，午未为孤，子丑即为虚。甲午旬中无辰巳，辰巳为孤，戌亥即为虚。甲辰旬中无寅卯，寅卯为孤，申酉即为虚。甲寅旬中无子丑，子丑为孤，午未即为虚。刘歆《七略》有《风后孤虚》二十卷。"

②剥：与下文"复"、"夬"、"姤"，同为《易经》卦名。

③椿萱重庆：指祖父母、父母都健在。

④房闼：闺房，卧房。

⑤题：是，认可，认同。

【译文】

　　来信里有"区区千金"四个字，难道不晓得老天爷已经是待我们兄弟过于宽厚了么？为兄我曾经研究《易经》的大道，体察圆缺消长的道理，从而懂得人不可以没有缺陷。太阳走到天的正中便会向西偏，月亮圆了便会缺，天有孤虚时日，地有东南缺口，没有始终圆满而不缺的。《剥》（卦）预示了《复》（卦）的可能，君子觉得可喜；《夬》（卦）意味着《姤》（卦）的开始，君子认为暗藏危机。所以说，既然已经处于吉利了，便由艰难逐渐走向凶险；既然已经处于凶险了，则由悔又可转化为吉，君子只知道悔而已。所谓"悔"，是要固守有缺陷而不敢十全十美。小人则时时刻刻求全，全既然获得了，而艰难与凶险也就随之而来。众人经常处于缺的境地，而一个人独独常处于全的境地，天道能屈能伸的规律，哪能如此不公平呢？

现在我家堂上两代老人健在，兄弟没有变故，在京城是没有人可相媲美的，也可说是万分完美了。所以为兄我只求有所缺陷，把住的房子取名叫"求阙斋"，是想在其他事情上有所缺陷，而求全求美于堂上老人，这是我小小的一点儿心愿。家里旧债，不能全都还清；堂上大人的衣服，不能多置办；弟弟们所要的东西，不能全都供给。这也都是求缺的道理。我妻子不明白这个道理，时刻要添置衣物，为兄我也时刻教导她："如今幸好没有全备，等到全备的时候，那吝德与凶德便随之而来，这是最可怕的。"贤弟夫妇在家里互相埋怨，这是缺陷，贤弟应当想法弥补这个缺陷，但不能满足所有的要求，因为如果全都满足便渐渐逼近求全的境地了。贤弟聪明过人，将来领悟大道理，一定会认同我这番话的。

至于家中欠债，则兄实有不尽知者。去年二月十六接父亲正月四日手谕，中云："年事一切银钱敷用有余。上年所借头息钱均已完清。家中极为顺遂，故不窘迫。"父亲所言如此，兄亦不甚了了。不知所完究系何项，未完尚有何项。兄所知者，仅江孝八外祖百两、朱岚暄五十两而已。其余如耒阳本家之帐，则兄由京寄还，不与家中相干。甲午冬借添梓坪钱五十千，尚不知作何还法，正拟此次禀问祖父。此外帐目，兄实不知。下次信来，务望详开一单，使兄得渐次筹画。如弟所云家中欠债千余金，若兄早知之，亦断不肯以四百赠人矣。如今信去已阅三月，馈赠族戚之语，不知乡党已传播否？若已传播而实不至，则祖父受啬吝之名；我加一信，亦难免二三其德之诮。此兄读两弟来书，所为踌躇而无策者也。兹特呈堂上一禀，依九弟之言书之，谓朱啸山、曾受恬处二百落空非初意所料；其馈赠之项，听祖、父、叔父裁夺。或以二百为赠，每人减半亦可；或家中十分窘迫，即不赠亦可。戚族来者，家中即以此信示之，庶不悖于过则归己之义。贤弟观之，以为何如也？

若祖父、叔父以前信为是，慨然赠之，则此禀不必付归，兄另有安信付去，恐堂上慷慨持赠，反因接吾书而尼沮。凡仁心之发，必一鼓作气，尽吾力之所能为。稍有转念，则疑心生，私心亦生。疑心生，则计较多而出纳吝矣；私心生，则好恶偏而轻重乖矣。使家中慷慨乐与，则慎无以吾书生堂上之转念也。使堂上无转念，则此举也，阿兄发之，堂上成之，无论其为是为非，诸弟置之不论可耳。向使去年得云贵、广西等省苦差，并无一钱寄家，家中亦不能责我也。

九弟来书，楷法佳妙，余爱之不忍释手。起笔收笔皆藏锋，无一笔撒手乱丢，所谓有往皆复也。想与陈季牧讲究，彼此各有心得，可喜可喜。然吾所教尔者，尚有二事焉：一曰换笔。古人每笔中间必有一换，如绳索然。第一股在上，一换，则第二股在上；再换，则第三股在上也。笔尖之着纸者仅少许耳。此少许者，吾当作四方铁笔用，起处东方在左、西方向右，一换，则东方向右矣。笔尖无所谓方也，我心中常觉其方。一换而东，再换而北，三换而西，则笔尖四面有锋，不仅一面相向矣。二曰结字有法。结字之法无穷，但求胸有成竹耳。

【译文】

至于家里欠的账，为兄我实在不完全知道。去年二月十六日接到父亲正月四日的亲笔信，信中说："一年之内的各种事情，银钱足够开支，上年所借的头息钱都已还清，家里很顺遂，因此不窘迫。"父亲是这样说的，为兄我也不很清楚，不晓得还的究竟是哪些款项？没有还的又是哪些款项？为兄我所知道的，只有江孝八外祖一百两、朱岚暄五十两而已。其余的比如耒阳本家的账，由为兄我从京城寄还，和家里不相干。甲午年冬天借的添梓坪钱五十千，还不知道是怎样的还法，正准备这次写信请示祖父。此外的账目，为兄我实在不清楚。下次来信，务请开列一个详细的单子，让为兄我可以逐渐筹划还钱。像弟弟所说那样家里欠债一千多两，如果为兄我早知内情，也绝不肯拿四百两出来送人。现在信寄回去已经有三个月了，赠送亲族的话，不晓得已经在乡间传播出去没有？如果已经传播出去而实际又没有做到，那祖父便要背咨啬的恶名，我又加一封信，也难免被人指责是二三其德。这是为兄读完两位弟弟的来信后，感到很犹豫、不知道怎么办的地方。现在特地呈堂上大人一封信，依九弟的意思写，就说朱啸山、曾受恬两处的二百两银子落空，非始料所及，赠送亲族银钱数目多少，听凭祖父、父亲、叔父几位大人裁决定夺，或者拿二百两出来作为赠金，每个人家减半也可以；或者家里过于窘迫，不送亲族银钱也可以。亲族有人上门，家里就把这封信拿给他们看，这样或许可以不违背"有过错揽到自己头上"的古训。贤弟你们看，这样如何呢？

　　如果祖父、父亲、叔父几位大人认为我上封信说得对，很慷慨地赠送亲族，那这封信不必寄回，为兄我另外有信寄去，怕堂上大人本要慷慨赠钱，反而因为接了我的这封信而打消念头。凡是行仁义的念头一产生，一定要一鼓作气，尽我的力量去做，稍微有点儿转念，那疑心就会产生，私心杂念也跟着产生。一有疑心，计较就多了，钱财出手就会很吝啬；一有私心，那爱与憎就会发生偏差，轻与重也将失去标准了。假使家里慷慨乐施，那请千万不要因为我的信而使堂上大人转变念头。假使堂上大人不转变馈赠亲族钱财的念头，那这个举措，便是由为兄我发起，由堂上大人最终成全；不管是对是错，弟弟们可以放在一边不去管它。假使去年我得的是云南、贵州、广西等省的苦差，并没有一分钱寄回家，家里也是不能责怪我的。

　　九弟来信，楷体字写得真好，我看了爱不释手，起笔、收笔都能藏锋，没有一笔撒手乱丢，真所谓有往皆有复。想必是与陈季牧一起探讨交流，彼此各有心得，真让人高兴。但是我教你写字方面的，还有两件事：一是换笔，古人每笔中间必定会换，好比绳索，本来第一股在上；换一次，第二股就在上了；再换一次，第三股又在上了。笔尖和纸接触的只有一小点儿地方，这一小点儿地方，我把它当作四方铁笔去用，起笔的时候，东方在左，西方向右，一换笔，东方就向右了。笔尖是无所谓方位的，我心中常常觉得它有方位，一换笔向东，再换笔向北，三换笔向西，那笔尖就四面有锋，不仅仅是一面相向了。二是字的间架结构有方法，字的间架结构的方法无穷无尽，只求胸有成竹便好。

六弟之信，文笔拗而劲；九弟文笔婉而达。将来皆必有成。但目下不知各看何书？万不可徒看考墨卷①，汩没性灵②。每日习字不必多，作百字可耳。读背诵之书不必多，十叶可耳。看涉猎之书不必多，亦十叶可耳。但一部未完，不可换他部。此万万不易之道。阿兄数千里外教尔，仅此一语耳。

罗罗山兄读书明大义，极所钦仰，惜不能会面畅谈。余近来读书无所得，酬应之繁，日不暇给，实实可厌。惟古文各体诗，自觉有进境，将来此事当有成就；恨当世无韩愈、王安石一流人与我相质证耳。贤弟亦宜趁此时学为诗古文，无论是否，且试拈笔为之。及今不作，将来年长，愈怕丑而不为矣。每月六课，不必其定作时文也。古文、诗、赋、四六，无所不作，行之有常，将来百川分流，同归于海。则通一艺即通众艺，通于艺即通于道，初不分而二之也。

此论虽太高，然不能不为诸弟言之。使知大本大原，则心有定向，而不至于摇摇无着。虽当其应试之时，全无得失之见乱其意中；即其用力举业之时，亦于正业不相妨碍。诸弟试静心领略，亦可徐徐会悟也。

【注释】

①墨卷：指八股范文。宋以来，称取中士人的文章为程文。清代刻录程文，试官往往按题自作一篇，亦称程文；为区别起见，而把刻录的取中试卷（士子所作）改称墨卷。清·顾炎武《日知录·程文》："至本朝，先亦用士子程文刻录，后多主司所作，遂又分士子所作之文，别谓之墨卷。"

②汩没：埋没，湮灭。

【译文】

六弟的信，文笔拗倔而刚劲，九弟的文笔委婉而通达，将来都一定能有成就。但眼下不知道两位弟弟各在读什么书？万万不能只看那些考试样卷，埋没了自己的性灵。每天写字不一定要很多，写一百个字就可以了。背书也不必贪多，十页就可以了。泛泛翻阅也不必多，十页就够了。但是一部书没有读完，不可以换其他，这是万万不能改变的道理。为兄我在几千里之外教你的，只有这一句话而已。

罗罗山兄读书能探求大义，我十分钦佩敬仰他，可惜不能见面畅谈。我近来读书没有什么收获，各种应酬，一天到晚忙不过来，实在讨厌。只是古文及各体诗，自己觉得有进步，将来这方面应当有些成就；遗憾的是当今之世遇不到韩愈、王安石一流人，可以相互质疑求证。贤弟也应趁现在学习作诗和写古文，无论写得好不好，姑且提笔去写。现在不写，将来年纪大了，越怕丑越不写了。每月六课，不一定都要练习时文。古文、诗、赋、四六，没有一样不写，长期坚持，将来定能"百川分流，同归于海"。那便是精通一门技艺通就能通各种技艺；精通技艺便能精通大道。这本就不是要截然分成不同门类的。

这个见解虽然太高深，但却不能不对弟弟们说，使弟弟们知道什么是大根本、大原则，便能心里有底、有方向，不至于摇摆不定；即便是正当考试的时候，完全没有患得患失的心态来扰乱本心。即便是在用力科举考试的时候，也与正业不相妨碍。弟弟们试着平心静气弟来领略，也可慢慢领悟。

外附录《五箴》一首、《养身要言》一纸、《求缺斋课程》一纸。诗文不暇录，惟谅之。兄国藩手草。

五箴（并序，甲辰春作）

少不自立，荏苒遂洎今兹，盖古人学成之年，而吾碌碌尚如斯也，不其戚矣！继是以往，人事日纷，德慧日损，下流之赴，抑又可知。夫疢疾所以益智①，逸豫所以亡身②，仆以中材而履安顺，将欲刻苦而自振拔，谅哉其难之欤！因作《五箴》以自创云。

立志箴

煌煌先哲，彼不犹人？藐焉小子，亦父母之身。聪明福禄，予我者厚哉！弃天而佚，是及凶灾。积悔累千，其终也已。往者不可追，请从今始。荷道以躬，舆之以言。一息尚活，永矢弗谖③。

居敬箴

天地定位，二五胚胎④。鼎焉作配，实曰三才⑤。俨恪斋明，以凝女命⑥。女之不庄，伐生戕性。谁人可慢⑦？何事可弛⑧？弛事者无成，慢人者反尔。纵彼不反，亦长吾骄。人则下女，天罚昭昭。

主静箴

斋宿日观，天鸡一鸣。万籁俱息，但闻钟声。后有毒蛇，前有猛虎。神定不慑，谁敢余侮？岂伊避人，日对三军。我虑则一，彼纷不纷。驰骛半生，曾不自主。今其老矣，殆扰扰以终古。

谨言箴

巧语悦人，自扰其身。闲言送日，亦搅女神。解人不夸，夸者不解。道听途说，智笑愚骇。骇者终明，谓女实欺。笑者鄙女，虽矢犹疑。尤悔既丛，铭以自攻。铭而复蹈，嗟女既耄。

有恒箴

自吾识字，百历洎兹。二十有八载，则无一知。曩之所忻，阅时而鄙。故者既抛，新者旋徙。

德业之不当，曰为物牵。尔之再食，曾未闻或愆。黍黍之增，久乃盈斗。天君司命，敢告马走。

养身要言（癸卯入蜀道中作）

一阳初动处，万物始生时。不藏怒焉，不宿怨焉⑨。（右仁，所以养肝也。）

内有整齐思虑，外而敬慎威仪。泰而不骄，威而不猛。（右礼，所以养心也。）

饮食有节，起居有常。作事有恒，容止有定。（右信，所以养脾也。）

扩然而大公，物来而顺应。裁之吾心而安，揆之天理而顺⑩。（右义，所以养肺也。）

心欲其定，气欲其定，神欲其定，体欲其定。（右智，所以养肾也。）

求阙斋课程（癸卯孟夏立）

读熟读书十页。看应看书十页。习字一百。数息百八。记《过隙影》（即日记）。记《茶余偶谈》一则。（右每日课。）

逢三日写回信。逢八日作诗、古文一艺。（右月课。）

熟读书：《易经》、《诗经》、《史记》、《明史》、《屈子》、《庄子》、《杜诗》、《韩文》。

应看书：不具载。

【注释】

①疢（chèn）疾：忧患，灾患。《孟子·尽心上》："人

之有德慧术知者，恒存乎疢疾。"朱子注："疢疾，
犹灾患也。言人必有疢疾，则能动心忍性，增益其
所不能也。"

②逸豫：安乐。宋·欧阳修《新五代史·伶官
传·序》："忧劳可以兴国，逸豫可以亡身，自然之
理也。"

③永矢弗谖：决心永远牢记着。语出《诗经·卫
风·考盘》："独寐寤言，永矢弗谖。"

④二五胚胎：指阴阳五行为万物之始。二，指阴阳二
气；五，指金木水火土五行。

⑤三才：天地人谓之三才。

⑥女：通"汝"，你。

⑦慢：怠慢。

⑧弛：松弛，懈怠，漫不经心。

⑨不藏怒焉，不宿怨焉：指不怀恨在心。语出《孟
子·万章上》"仁人之于弟也，不藏怒焉，不宿怨
焉，亲爱之而已矣。"朱注："藏怒，谓藏匿其怒。
宿怨，谓留蓄其怨。"

⑩揆：衡量。

【译文】

附录《五箴》一首，《养身要言》一张，《求缺斋课程》
一张。诗文没有时间抄录，请原谅。

哥哥国藩亲笔。

《五箴》（并序，甲辰春作）

年少时不求自立，任光阴流逝，直到而今。在古人已

经学有所成的年纪，我却仍是这样碌碌无为，太让人伤感了！从此以后，要忙的俗事越来越多，德行和智慧却一天天减少，渐趋下流，这是可预知的。忧患能让人增长智慧，安逸能让人丧亡。我只有中等天赋，处境又平安顺利，想要痛下苦功奋发向上，这有多困难，可以相见。因此写这《五箴》以鞭策自己。

《立志箴》

光辉伟大的先哲们，他们不也和我一样是普通人么？我虽然藐小，但也和先哲一样是父母所生。耳聪目明，享有福禄，老天赐予我的已经太丰厚。违背天道，贪图安逸，必然招来凶灾。积累的悔恨何止上千，该是终止的时候了！已经逝去的岁月已无法挽回，那就从今天开始做个新人吧。亲身承担道义，并用语言加以发扬。只要一息尚存，就牢记誓言，永不违背。

《居敬箴》

天地既定，阴阳二气与金木水火土五行化生万物。天地人鼎足而配，称为"三才"。肃穆庄严，最终诞生了你这生命。你若内心不端庄，便会残害与生俱来的天性。哪个人都不可以轻易怠慢，哪一件事都不可以随意懈怠。做事懈怠的人终将一事无成；怠慢他人，也会被他人怠慢。即使他们不像我怠慢他们一样怠慢我，也会助长我们的骄傲。人们最终会看不起你，老天对你的惩罚绝不含糊。

《主静箴》

静心住在日观，听见天鸡鸣叫。万籁俱寂，只听得见晨钟的声音。后面有毒蛇，前头有猛虎，但只要我气定神闲，谁又敢欺侮我？哪里要避开众人？每天都面对三军。我的内心精诚专一，不因他们的纷扰而动摇。心猿意马了大半辈子，从不曾作过自己内心的主人。现在年纪大了，只怕要纷乱浮躁地度过一生。

《谨言箴》

用花言巧语取悦别人，最终只会自取其辱。整天闲言碎语，也会搅乱你的心神。懂的人绝不夸夸其谈，夸夸其谈的人绝不真懂。那些道听途说的东西，只会让智者发笑、愚者惊骇。那些惊骇的人最终会弄清原委，会认为你其实是在欺骗。那些笑话你的人会鄙视你，即便你发誓也会怀疑你。过错与悔恨交集丛生，铭记在心以求自我改正。铭记在心却仍然重蹈覆辙，可叹你已白发苍苍一事无成。

《有恒箴》

自从我识字以来，经历许多直到而今。二十八年，可怜没有一点真知。从前自以为是的地方，过了一段时间后自己都很鄙夷。以前的东西既已抛弃，新学的东西很快改正。德行和学业一无是处，是因为被外物所左右。你这新的一年，还没听说有什么过错。一粒黍一粒黍地积累，时间久了就能装满一斗。主管命运的老天爷啊，我今天这样告诫自己。

《养身要言》（癸卯入蜀道中作）

阳气萌动之初，万物生长之始。不怀恨于心，不长久怨恨。（右仁，所以养肝也。）

内心坚定安静，外表恭敬谨慎具备威仪。安泰而不骄傲，威严而不严厉。（右礼，所以养心也。）

饮食有节制，起居有规律。做事有恒心，仪容举止合乎规矩。（右信，所以养脾也。）

心胸宽阔而大公无私，遇到什么都能适应。扪心自问则心安，用天理衡量而理顺。（右义，所以养肺也。）

心要安定，气要安定，神要安定，身体也要安定。（右智，所以养肾也。）

《求阙斋课程》（癸卯孟夏立）

读熟读的书十页。看应看的书十页。习字一百个。默数呼吸一百零八下。记《过隙影》（即日记）。记《茶余偶谈》一则。（右每日课。）

逢三日写回信。逢八日作诗、古文一艺。（右月课。）

熟读书：《易经》、《诗经》、《史记》、《明史》、《屈子》、《庄子》、《杜诗》、《韩文》。

应看书：不一一罗列。

道光二十四年五月十二日

四位老弟足下：

　　自三月十三日发信后，至今未寄一信。余于三月廿四日移寓前门内西边碾儿胡同，与城外消息不通。四月间到折差一次，余竟不知。迨既知，而折差已去矣。惟四月十九欧阳小岑南归①，余寄衣箱银物并信一件。四月廿四梁萝庄南归②，余寄书卷零物并信一件。两信皆仅数语，至今想尚未到。四月十三黄仙垣南归，余寄闱墨并无书信③，想亦未到。兹将三次所寄各物另开清单付回，待三人到时，家中照单查收可也。

　　内城现住房共廿八间，每月房租京钱叁拾串，极为宽敞。冯树堂、郭筠仙所住房屋皆清洁。甲三于三月廿四日上学，天分不高不低，现已读四十天，读至自修齐至平治矣④。因其年太小，故不加严。已读者字皆能认。两女皆平安。陈岱云之子在余家亦甚好。内人身子如常，现又有喜，大约九月可生。

　　余体气较去年略好，近因应酬太繁，天气渐热，又有耳鸣之病。今年应酬较往年更增数倍。第一为人写对联条幅，合四川、湖南两省求书者几日不暇给。第二公车来借钱者甚多⑤，无论有借无借，多借少借，皆须婉言款待。第三则请酒拜客及会馆公事。第四则接见门生⑥。颇费精神。又加以散馆⑦，殿试则代人料理⑧，考差则自己料理⑨。诸事冗杂，遂无暇读书矣。

【注释】

①欧阳小岑：欧阳兆熊，字晓岑，号匏叟。湖南湘潭人，清道光十七年（1837）举人。

②梁菉庄：梁献廷，字菉庄，湖南涟源常安乡人，道光甲午科举人。与曾国藩友善。后于四川金沙与太平天国军石达开部交战战死。

③闱墨：科举制度，自明以来，乡试、会试后，主考挑选试卷中文字符合程式的，编刻成书，明称"小录"，清称"闱墨"。

④修齐、平治：《大学》纲目之名，即修身、齐家、治国、平天下。

⑤公车：指应试的举子。汉代以公家车马递送应征的人，后因以"公车"为举人应试的代称。

⑥门生：科举考试及第者对主考官自称"门生"。

⑦散馆：明清时翰林院设庶常馆，新进士朝考得庶吉士资格者入馆学习，三年期满举行考试后，成绩优良者留馆，授以编修、检讨之职，其馀分发各部为给事中、御史、主事，或出为州县官，谓之"散馆"。

⑧殿试：科举考试中最高一级。皇帝亲临殿廷策试。也称廷试。源于西汉时皇帝亲策贤良文学之士。始于唐武则天时期于洛阳殿前亲策贡举人，但尚未成定制。宋开宝年间，太祖于讲武殿策试贡院合格举人，并颁定名次，自此始为常制。太平兴国八

年（983），将殿试后进士分为五甲。元无殿试。明清殿试后分为三甲：一甲三名赐进士及第，通称状元、榜眼、探花；二甲赐进士出身，第一名通称传胪；三甲赐同进士出身。参阅清赵翼《陔馀丛考·殿试》。

⑨考差：科举制度中考官的考选差派制度，始于雍正三年（1725）。嘉庆五年（1800）令满、汉二品以下进士出身之侍郎、内阁学士、三品京堂，及未经考试试差之四、五品京堂，俱赴上书房考试，不愿考者听便。钦命论、诗题各一，谓之大考差。此后循例行之。

【译文】

四位老弟足下：

自三月十三日发信之后，至今未寄一信。我于三月二十四日移居到前门内西边碾儿胡同，与城外不通音信。四月间送公文的差人来一次，我竟然不知道。等到知道，公差已经走了。只有四月十九日，欧阳小岑回湖南，我托他带衣箱银物和信一件；四月二十四日，梁箓庄回南边，我托他带书卷杂物和信一件。两封信都只有几句话，至今想必还没有寄到。四月十三日，黄仙垣回南边，我托他带闱墨，并没有寄信，想必也还没有到。现在将三次所寄各种东西，另开一份清单付回，等他们三人到时，家里照单查收即可。

内城的现住房一共二十八间，每月房租京钱三十串，极宽敞。冯树堂、郭筠仙所住房屋，都很清洁。甲三在三月二十四日上学，天分不高不低，现在已读了四十天，读到"自修齐到至治平"了。因他年龄大小，所以管得不严。已读的字，他都认得。两个女儿都平安。陈岱云的儿子，在我家也很好。我妻子身体如常，现在又有身孕，大约九月间可以生产。

我身体气色比去年略好一些，近来因为应酬太忙，天气渐渐热起来，又发了耳鸣的病。今年的应酬，比往年又多了好些倍：第一，是为别人写对联和条幅，四川、湖南两省来求字的人太多，合在一起，简直日不暇给。第二，入京应试的举人，来借钱的很多，不管有钱借还是没钱借，多借些还是少借些，都要以委婉的言辞接待。第三，是宴请和拜会客人，以及忙会馆的公事。第四，是接见门生。真是很费精神。又加上赶上散馆，殿试是代人料理，考差则是自己忙碌。各种事情千头万绪，便没有空闲时间读书了。

三月廿八大挑甲午科①，共挑知县四人，教官十九人。其全单已于梁菉庄所带信内寄回。四月初八日发会试榜②，湖南中七人，四川中八人，去年门生中二人。另有题名录附寄。十二日新进士复试，十四发，一等廿一名，另有单附寄。十六日考差，余在场，二文一诗，皆妥当无弊病，写亦无错落。兹将诗稿寄回。十八日散馆，一等十九名。本家心斋取一等十二名，陈启迈取二等第三名③，二人俱留馆④。徐菜因诗内皴字误写皱字⑤，改做知县，良可惜也。廿二日散馆者引见，廿六七两日考差者引见，廿八日新进士朝考⑥，三十日发，全单附回。廿一日新进士殿试，廿四日点状元，全榜附回。五月初四五两日新进士引见。初一日放云贵试差，初二日钦派大教习二人⑦，初六日奏派小教习六人，余亦与焉。

初十日奉上谕，翰林侍读以下⑧，詹事府洗马以下⑨，自十六日起每日召见二员。余名次第六，大约十八日可以召见。从前无逐日分见翰詹之例⑩，自道光十五年始一举行，足征圣上勤政求才之意。十八年亦如之，今年又如之。此次召见，则今年放差大半，奏对称旨者居其半，诗文高取者居其半也。

【注释】

①大挑：清乾隆以后定制，三科以上会试不中的举人，挑取其中一等的以知县用，二等的以教职用。六年举行一次，意在使举人出身的有较宽的出路，名为大挑。

②会试：明清科举制度，每三年会集各省举人于京城考试为"会试"。

③陈启迈：陈启迈（1796—1862），清湖南武陵（今常德）人，字子皋，号竹伯。道光十八年（1838）进士。道光二十九年（1849）由江西左江道迁按察使，擢直隶布政使。咸丰三年（1853）调任江宁布政使。太平军攻占南京后，奉命赴徐州办理粮台事宜。咸

丰四年（1854）任江西巡抚，因筹办军饷之事与曾国藩不和，次年被革职。

④留馆：清制，进士之中在一甲里一二三名的分别为状元、榜眼、探花。在二甲、三甲里的，再应朝考，成绩优者到翰林院学习三年，称"庶吉士"。学习期满，举行"散馆"考试，优等的授翰林院正式官职，原为二甲进士授编修，原为三甲进士授检讨，称为"留馆"。未留馆的，可为给事中御史主事，或出为州县官。《官场现形记》第五八回："乡试三场，会试三场；取中之后，还要复试，又是殿试、朝考、留馆。诸君都是过来人，那一层门槛可以越得过。"参阅《清会典事例·翰林院·散馆》。

⑤徐棻：道光二十一年（1841）进士。皴（cūn）：与"皲"字形近。

⑥朝考：清代科举制度。凡新科进士引见前，由皇帝再考试一次，称朝考。朝考后授官，前列者为庶吉士，次者分别为主事、中书、知县等。清平步青《霞外攟屑·掌故·沉筠钱金甫》："以雍正癸卯科，新进士引见前，先行考试，是为朝考之始。"参阅《清文献通考·选举三》。

⑦教习：学官名。掌课试之事。明代选进士入翰林院学习，称"庶吉士"，命学士一人（后改为礼、吏两部侍郎二人）任教，称为"教习"。清代沿用此制，翰林院设庶常馆，由满汉大臣各一人任教习，选侍讲、侍读以下官任小教习。

⑧翰林侍读：古代官名。为帝王、皇子讲学之官。其职务与侍读学士略同，然级别较其为低。宋有翰林侍读之官，明清沿置翰林院侍读。

⑨詹事府：官署名。秦始置，职掌皇后、太子家事。东汉废。魏晋复置。唐建詹事府，辽、金、元置詹事院。明清皆置詹事府，设詹事及少詹事，为三、四品官，其下有左右春坊及司经局等，备翰林官的升迁，无实职。清末废。洗马：官名。本作"先马"。汉沿秦置，为东宫官属，职如谒者，太子出则为前导。晋时改掌图籍。隋改司经局洗马。至清末废。

⑩翰詹：清代对翰林和詹事的合称。

【译文】

　　三月二十八，对甲午科不中的举人进行大选，共挑选出知县四人、教官十九人。其所有名单已在梁菉庄所带的信中寄回。四月初八日发布会试榜，湖南中七人，四川中八人，我去年的门生中二人。另外有题名录附寄回家。十二日新进士复试，十四日发布，一等共二十一名，另有名单附信寄回。十六日考核外派官差，我在场应考，两篇文章一首诗，都很妥当，没有毛病，书写也没有错乱。现将诗稿寄回。十八日在翰林院学习的庶吉士结业考试，一等共十九名，本家心斋取一等十二名，陈启迈取二等第三名，二人一起留馆任职。徐棻因诗内"皴"字误写成"皱"字，改做知县，十分可惜。二十二日皇上接见在翰林院学习期满的人；二十六、七两日接见考差的人，二十八日新进士朝考；三十日发布，全部名单附信寄回家里。二十一日新进士殿试；二十四日点状元，中榜的全部名单附信寄回家里。五月初四、初五两日皇上接见新进士。初一日任命赴云贵负责乡试的考官，初二日钦派大教习二人，初六日奏派小教习六人，我也名列其中。

初十日奉上谕：翰林侍读以下，詹事府洗马以下，自十六日起，每日召见两名。我排在第六，大约十八日可以被皇上召见。从前没有逐日分别召见翰林院、詹事府官员的成例，自道光十五年才开始第一次举行，足以证明圣上勤政求才的心意。十八年也这样，今年又如此。这次召见，则是今年派出去做官差的占一大半，其中奏对合皇上心意的占一半，诗文获好评的占一半。

五月十一日接到四月十三家信，内四弟、六弟各文二首，九弟、季弟各文一首。四弟东皋课文甚洁净，诗亦稳妥。"则何以哉"一篇亦清顺有法，第词句多不圆足，笔亦平沓不超脱。平沓最为文家所忌，宜力求痛改此病。六弟笔气爽利，近亦渐就范围。然词意平庸，无才气峥嵘之处，非吾意中之温甫也。如六弟之天姿不凡，此时作文，当求议论纵横，才气奔放，作为如火如荼之文，将来庶有成就。不然一挑半剔，意浅调卑，即使获售，亦当自惭其文之浅薄不堪。若其不售，则又两失之矣。今年从罗罗山游，不知罗山意见如何？吾谓六弟今年入泮固妙，万一不入，则当尽弃前功，一志从事于先辈大家之文。年过二十，不为少矣。若再扶墙摩壁，役役于考卷截搭小题之中①，将来时过而业仍不精，必有悔恨于失计者，不可不早图也。余当日实见不到此，幸而早得科名，未受其害。向使至今未尝入泮，则数十年从事于吊渡映带之间，仍然一无所得，岂不腼颜也哉！此中误人终身多矣。温甫以世家之子弟，负过人之姿质，即使终不入泮②，尚不至于饥饿，奈何亦以考卷误终身也？九弟要余改文详批，余实不善改小考文③，当请曹西垣代改，下次折弁付回。季弟文气清爽异常，喜出望外，意亦层出不穷。以后务求才情横溢，气势充畅，切不可挑剔敷衍，安于庸陋。勉之勉之！初基不可不大也。书法亦有褚字笔意，尤为可喜。总之，吾所望于诸弟者，不在科名之有无，第一则孝弟为瑞，其次则文章不朽。诸弟若果能自立，当务其大者远者，毋徒汲汲于进学也。

　　冯树堂、郭筠仙在寓看书作文，功无间断。陈季牧日日习字，亦可畏也。四川门生留京约二十人，用功者颇多。余不尽书。

　　兄国藩草。

【注释】

①役役：奔走钻营貌。小题：明清科举考试时以"四书"文句命题为小题。

②入泮：古代学宫前有泮水，故称学校为泮宫。科举

时代学童入学为生员称为"入泮"。

③小考：旧时童生应县试、生员应学政府考的俗称。

【译文】

五月十一日接到弟弟们四月十三日寄的家信，其中有四弟和六弟的文章各二篇，九弟和季弟的文章各一篇。四弟的东皋课文，写得很干净，诗也下笔稳妥。"则何以哉"一篇，也清通流畅，有法度，只是词句多不够圆足，行文也嫌平软拖沓，不够超脱。行文平软拖沓，是写文章的人最忌讳的，应当努力改掉这个毛病。六弟行文，下笔文气爽利，近来也渐渐能守规矩，但是词意平庸，没有一处能让人看到才气峥嵘，不是我想象中的那个温甫。像六弟这样非同寻常的天姿，这个年纪写文章，应当讲求纵横议论，才气奔放，写如火如荼的文章，这样将来才会有所成就。不然的话，在细枝末节上发表点儿小见解，立意浅俗，格调卑下，就算得志，能中科名，也当因文章浅薄不堪入目而自觉形秽；万一不得志，不能中科名，那可就是两方面都有很大的损失了。六弟今年跟罗罗山读书，不知罗山兄是什么意见？依我看，六弟今年若能入学，自然很好；万一不能入学，就应当放弃前一段日子的努力，全心全意地学习前辈大家的文章。年过二十，不算年轻了，如果如同（黑暗中）扶着墙摸着壁似的一点点儿地探索，还限于应对科举考试那种剪刀浆糊式的考题，等将来青春年华过去了，而学业仍然不够精良，一定会有悔恨自己失策的一天。不可以不早些考虑啊。我当年也确实没有看到这点，幸亏早早地得了科名，没有被它祸害。假使我到今天还没有入学，几十年的光阴都浪费在考虑应考作文那点儿过渡照应的小伎俩上，对文章的大道仍然一无所知，那岂不是很汗颜吗？科举考试里头，误人终身的，太多太多。温甫你以世家子弟的出身，又有过人的天资，就算不能入学，还不至于没饭吃，如何可以在考卷上头贻误终身呢！九弟要我帮修改文章并详细批注，我实在不擅长改小考文章，当请曹西垣代改，下次由信差付回。季弟文气清爽异常，真是喜出望外，文思也层出不穷。以后务必讲求才情横溢，气势充沛畅达，万万不可挑剔敷衍，安于平庸鄙陋，勉励啊！勉励啊！初始的根基不可不大。书法也有褚遂良的笔意，尤其可喜。总之，我所希望于弟弟们的，不在科名的有无，第一是以孝、悌为宝，其次便是文章不朽。弟弟们如果真能立志，应当致力于讲求宏大和长远，不要只汲汲于功名升学这一件事。

冯树堂、郭筠仙在京城寓所用功看书作文，学业从不间断。陈季牧天天练字，也可令人敬畏。四川门生留京的大约二十人，用功的很多。其他的事不一一说了。

哥哥国藩亲笔。

道光二十四年八月廿九日

四位老弟左右：

昨廿七日接信，畅快之至，以信多而处处详明也。四弟七夕诗甚佳，已详批诗后。从此多作诗亦甚好，但须有志有恒，乃有成就耳。余于诗亦有工夫，恨当世无韩昌黎及苏、黄一辈人可与发吾狂言者①。但人事太多，故不常作诗；用心思索，则无时敢忘之耳。

吾人只有进德、修业两事靠得住。进德，则孝弟仁义是也；修业，则诗文作字是也。此二者由我作主，得尺则我之尺也，得寸则我之寸也。今日进一分德，便算积了一升谷；明日修一分业，又算馀了一文钱；德业并增，则家私日起②。至于功名富贵，悉由命定，丝毫不能自主。昔某官有一门生为本省学政，托以两孙，当面拜为门生。后其两孙岁考临场大病③，科考丁艰④，竟不入学。数年后两孙乃皆入，其长者仍得两榜。此可见早迟之际，时刻皆有前定，尽其在我，听其在天，万不可稍生妄想。六弟天分较诸弟更高，今年受黜，未免愤怨，然及此正可困心横虑⑤，大加卧薪尝胆之功，切不可因愤废学。

九弟劝我治家之法，甚有道理，喜甚慰甚！自荆七遣去之后，家中亦甚整齐，问率五归家便知。《书》曰："非知之艰，行之维艰⑥。"九弟所言之理，亦我所深知者，但不能庄严威厉，使人望若神明耳。自此后当以九弟言书诸绅，而刻刻警省。季弟天性笃厚，诚如四弟所云，乐何如之！求我示读书之法，及进德之道。另纸开示。馀不具。

国藩手草。

【注释】

①苏、黄：苏轼、黄庭坚。

②家私：家财；家产。

③岁考：明代提学官和清代学政，每年对所属府、州、县生员、廪生举行的考试。分别优劣，酌定赏罚。凡府、州、县的生员、增生、廪生皆须应岁考。《明史·选举志一》："提学官在任三岁，两试诸生。先以六等试诸生优劣，谓之岁考。一等前列者，视廪膳生有缺，依次充补，其次补增广生。一二等皆给赏；三等如常；四等挞责；五等则廪、增递降一等，附生降为青衣；六等黜革。"

④科考：明清科举，乡试前由学官举行的甄别性考试。生员达一定等第，方准送乡试。《明史·选举志一》："提学官在任三岁，两试诸生。先以六等试诸生优劣，谓之岁考……继取一二等为科举生员，俾应乡试，谓之科考……其等第仍分为六，而大抵多置三等。三等不得应乡试。"丁艰：即丁忧。亦称丁家艰。指遭逢父母丧事。旧制，父母死后，子女要守丧，三年内不做官，不婚娶，不赴宴，不应考。

⑤困心横虑：谓心意困苦，忧虑满胸。亦指费尽心思。

语出《孟子·告子下》："困于心，衡于虑，而后作。"朱子集注："事势穷蹙，以至困于心，横于虑，然后能奋发而兴起。"焦循正义："苏秦夜发书伏诵，引锥自刺其股，可谓困心横虑矣。"

⑥非知之艰，行之维艰：语出《尚书·说命》篇。

【译文】

四位老弟左右：

昨天二十七日接到来信，真是畅快之至，因为信多而且所写之事处处详细明白的缘故。四弟的七夕诗写得很好，我已将意见详细批在诗后。若四弟从此多作诗，也是很好的，但须有志向有恒心，才能有所成就。我对于写诗，也下过工夫，只恨当世没有韩昌黎（韩愈）和苏东坡、黄庭坚一辈人，能赞许我对诗的口出狂言之论。只因俗事应酬大多，所以我不常作诗。至于用心思索写诗之道，那还是时刻不敢忘记的。

对于我们这些人来说，只有进德、修业两件事靠得住。进德，指的便是孝悌仁义这些品德；修业，指的是吟诗作文和写字这方面的本事。这两件事，都是可以由我们自己做主的，有一尺的进步，便是我们自己的一尺；有一寸的进步，便是我们自己的一寸。今天进了一分德，便可算是积了一升谷子；明天修了一分业，又算攒了一分钱。品德和技能都有所增进，那么家业也就一天天兴旺了。至于功名富贵，这些都是由命运决定的，我们自己一点儿也不能做主。从前某位官员有一个门生做本省的学政，便将两个孙儿托他帮忙，当面拜做了门生。但后来那两个孙儿在临近年考时大病一场，到了科考时，又因父母故去而必须在家里守孝，结果竟不能录取。几年之后两人才都入学，年长的那一个还两度金榜题名。由此可见，入学的早晚，具体时间都是命中注定的。我们且尽人力所及努力学习，至于能否录取且听天由命好了，万万不可有些许异想天开的想法。六弟的天分，比其他几位弟弟更高一些，今年没有考取，难免气愤埋怨，但这时候正应该在困境中发愤有为，狠下一番卧薪尝胆的功夫，万万不能因气愤而废弃学业。

九弟劝我治家的方法，很有道理，我很高兴，也深感欣慰。自从荆七走了以后，家里也还很整齐，等率五回来便知道。《尚书》里说："认识事物并不难，实践才是最难的。"九弟所说的道理，也是我深深知道的，只可惜我做不到庄严威厉，让人看见，如同见了神明一样敬重。从此以后，我要把九弟的批评写在腰带上，牢记在心，时时刻刻警惕反省。

季弟天性诚笃厚实，正像四弟所说的，是何等的快乐哦！要求我指示读书方法，以及进德的途径，我另外找张纸，一一开列。

其余的不多写。

国藩亲笔。

道光二十四年十二月十八日

诸位老弟足下：

十四日发十四号家信，因折弁行急，未作书与诸弟。十六早接到十一月十二所发信，内父亲一信、四位老弟各一件。是日午刻又接九月十二所寄信，内父亲及四、六、九弟各一件。具悉一切，不胜欣幸。

曹石樵明府待我家甚为有礼①，可感之至。兹寄一信去。西冲四位因送项太简致生嫌隙，今虽不复形之口角②，而其心究不免有觖望③。故特作信寄丹阁叔，使知我家光景亦非甚裕者。贤弟将此信呈堂上诸大人，以为开诚布公否？如堂上诸大人执意不肯送去，则不送亦可也。

四弟之诗，又有长进，第命意不甚高超④，声调不甚响亮。命意之高，须要透过一层。如说考试，则须说科名是身外物，不足介怀，则诗意高矣。若说必以得科名为荣，则意浅矣。举此一端，馀可类推。腔调则以多读诗为主，熟则响矣。去年树堂所寄之笔，亦我亲手买者。"春光醉"目前每支大钱五百文，实不能再寄。"汉璧"尚可寄。然必须明年会试后乃有便人回南，春间不能寄也。五十读书固好，然不宜以此耽搁自己功课。女子无才便是德，此语不诬也⑤。

【注释】

①曹石樵：道光年间曾为湘乡县令。明府：县令的美
称。"明府"，本是汉魏以来对郡守牧尹的尊称，又
称明府君。汉亦有以"明府"称县令之例，唐以后
多用以专称县令。

②形之口角：言语争吵。

③觖（jué）望：不满，因不满意而怨恨。

④第：只是。

⑤不诬：不假。

【译文】

诸位老弟：

十四日发第十四号信，因为事情紧急，没有写信给弟
弟。十六日早上接到十一月十二所发的信，里边有父亲一
封信、四位老弟信各一封。当天中午又接到九月十二所寄
的信，里边有父亲及四、六、九弟信各一封。我知道一切
情况，不胜欣幸。

曹石樵县令对我家很有礼貌，真是感谢之至。（我）现
在寄一封信给他。西冲那边四位因为所送钱财太薄而产生
矛盾，现在虽然不再言语争吵，但他们内心终究不免有些
埋怨。所以（我）特意写信寄给丹阁叔，让他们知道我家的
情形也不是很宽裕。弟弟将这封信呈给堂上大人看，看看
是否开诚布公？如果堂上大人坚决不肯送去，就不送也可
以的。

四弟的诗，又有进步，只是立意不太高远，声调不很
响亮。立意高，要透过一层意思说。如果说考试，便应该

说科名是身外之物，不必介意，诗意也就高了。如果说一定要得科名方以为荣，那意思就浅了。单举这一个例子，其他的可以类推。腔调则以多读诗为主，诗读得熟，腔调也就响亮。去年托树堂寄的笔，也是我亲自买的。"春光醉"目前每支值大钱五百文，实在不能再寄。"汉璧"，还可以寄。但必须明年会试以后才可托人顺便带回南方，春季不可能寄了。五十读书，固然是好，但是不应因此耽搁了自己的功课。女子无才便是德，这话是不会错的。

　　常家欲与我结婚，我所以不愿者，因闻常世兄最好恃父势作威福，衣服鲜明，仆从烜赫①，恐其家女子有宦家骄奢习气，乱我家规，诱我子弟好佚耳②。今渠再三要结婚，发甲五八字去。恐渠家是要与我为亲家，非欲与弟为亲家，此语不可不明告之。贤弟婚事，我不敢作主，但亲家为人何如，亦须向汪三处查明。若吃鸦片烟，则万不可对；若无此事，则听堂上各大人与弟自主之可也。所谓翰堂秀才者，其父子皆不宜亲近。我曾见过，想衡阳人亦有知之者。若要对亲，或另请媒人亦可。

　　六弟九月之信，于自己近来弊病颇能自知，正好用功自医，而犹曰"终日泄泄③"，此则我所不解者也。家中之事，弟不必管。天破了自有女娲管，洪水大了自有禹王管，家事有堂上大人管，外事有我管，弟只安心自管功课而已，何必问其他哉？

　　至于宗族姻党，无论他与我家有隙无隙④，在弟辈只宜一概爱之敬之。孔子曰"泛爱众而亲仁⑤"，孟子曰"爱人不亲反其仁；礼人不答反其敬⑥"。此刻未理家事，若便多生嫌怨，将来当家立业，岂不个个都是仇人？古来无与宗族乡党为仇之圣贤，弟辈万不可专责他人也。

十一月信言现看《庄子》并《史记》，甚善。但作事必须有恒，不可谓考试在即，便将未看完之书丢下。必须从首至尾，句句看完。若能明年将《史记》看完，则以后看书不可限量，不必问进学与否也⑦。贤弟论袁诗、论作字亦皆有所见，然空言无益，须多做诗多临帖乃可谈耳。譬如人欲进京，一步不行，而在家空言进京程途，亦何益哉？即言之津津，人谁得而信之哉？

【注释】

①烜（xuān）赫：显赫、气焰嚣张

②好佚：贪图享受，好逸恶劳。

③泄泄：弛缓；懈怠。《诗经·大雅·板》："天之方蹶，无然泄泄。"朱子集传："泄泄，犹沓沓也；盖弛缓之意。"

④隙：嫌隙，矛盾。

⑤泛爱众而亲仁：语出《论语·学而》。朱子集注："泛，广也。众，谓众人。亲，近也。仁，谓仁者。"

⑥爱人不亲反其仁，礼人不答反其敬：语出《孟

子·离娄上》"孟子曰:'爱人不亲反其仁,治人不治反其智,礼人不答反其敬。行有不得者,皆反求诸己,其身正而天下归之。'"朱子集注:"我爱人而人不亲我,则反求诸己,恐我之仁未至也。智敬放此。"

⑦进学:明清两代指童生考取生员,进入府、县学读书。

【译文】

常家想要和我家结儿女亲家,我之所以不愿意,是因为听说常家的公子最喜欢依仗他父亲的权势,作威作福,穿衣总是过于华丽,仆人前呼后拥,过于张扬,我怕他家的女子也有做官人家的骄傲奢靡习气,将来破坏了我家的家规,引诱我家子弟走向奢侈浪费、好逸恶劳的路子。现在他再三要结亲,把甲五的八字发过去,恐怕他家是要与我结亲家,而不是想与弟弟结为亲家,这话我不能不事先明白相告。贤弟结亲的事,我不敢做主,但是亲家为人怎么样,也要先到汪三那边查问清楚。如果吃鸦片烟,那万万不可结亲。如果没有这件事,那就听堂上各位大人与贤弟自主好了。那个所谓的翰堂秀才,他们父子两人都不宜亲近,我曾经见过他们,衡阳当地人也有知道他们底细的。如果要对亲,或者可以另外请媒人。

六弟九月的信,对自己近来的毛病颇有自知之明,正好趁此机会自己用功克治,还说什么"终日浑噩无所事事",这便是我所不能明白的了。家里的事情,弟弟们不必去管。天破了,自有女娲娘娘去补;洪水大了,自有禹王爷去治。家里的事,有堂上父母亲大人管;外边的事,有我管。弟弟们只应安心管好自己的功课就好，何必要过问其他事情呢？

至于宗族和有婚姻关系方面的人，不管他和我们家有嫌隙，还是没有嫌隙，对于弟弟们来说，你们都应一概地敬爱他们。孔子说："广泛地爱众人，亲近有仁德的人。"孟子说："我爱别人，别人却不亲近我，我当反躬自省，是不是自己的仁爱还不够；我以礼待人，别人却不理睬我，我当反躬自省，是不是自己还不够恭敬。"现在还没有管理家事，如果便生出嫌怨来，那将来当家立业，岂不个个都要成仇人？自古以来就没有和宗族、乡党结仇的圣贤之人，弟弟们千万不要总是指责别人啊。

十一月的来信中说眼下正在看《庄子》和《史记》，真好。但做事必须持之以恒，不能因为马上要考试了，便把没有看完的书丢下。必须从头到尾，一句一句地看完。如果明年能够把《史记》看完，那么以后看书，便是不可限量了，犯不着去问是否能入学。贤弟你讨论袁枚的诗和书法，也都有见解；但是说空话全无益处，必须自己多作诗、多临帖，才可以谈心得体会。比方说有人要进京城，却一步路也不走，只在家里呆着，空口说进京的旅程如何如何，这又有什么用呢？即使说得唾沫横飞，又有谁会相信呢？

九弟之信，所以规劝我者甚切，余览之不觉毛骨悚然。然我用功，实脚踏实地，不敢一毫欺人。若如此做去，不作外官，将来道德文章必粗有成就。上不敢欺天地祖父，下不敢欺诸弟与儿子也。

而省城之闻望日隆，即我亦不知其所自来。我在京师，惟恐名浮于实，故不先拜一人，不自诩一言，深以过情之闻为耻耳。

　　来书写大场题及榜信①，此间九月早已知之。惟县考案首前列及进学之人②，则至今不知。诸弟以后写信，于此等小事及近处族戚家光景，务必一一详载。季弟信亦谦虚可爱，然徒谦亦不好，总要努力前进。此全在为兄者倡率之③。余他无可取，惟近来日日有恒，可为诸弟倡率。四弟、六弟纵不欲以有恒自立，独不怕坏季弟之样子乎？

　　昨十六日卓秉恬拜大学士④，陈官俊得协办大学士⑤。自王中堂死后，隔三年，大学士始放人，亦一奇也。

　　书不宣尽。

　　兄国藩手具。

【注释】

① 大场：明清时称乡试试场；亦指乡试。

② 案首：明清时科举考试，县、府试及院试的第一名，称为案首。

③ 倡率：率先从事；引导。

④ 卓秉恬：卓秉恬（1782—1855），字静远，四川华阳人，清朝大臣。嘉庆七年（1802）进士，选庶吉士，授检讨，典陕西乡试。十八年，改御史，给事中，章疏凡数十上。道光十五年（1835），迁礼部侍郎，

调吏部，督浙江学政，擢左都御史，召还京，兼管顺天府尹事。历兵部、户部、吏部尚书、协办大学士。二十四年，拜文渊阁大学士，转武英殿大学士分管兵部、户部、工部，赐花翎。咸丰五年卒，年七十四，赠太子太保，予谥文端。

⑤陈官俊：陈官俊（？—1849）字伟堂，山东潍县人，嘉庆十三年（1808）进士，选庶吉士，授编修，迁赞善。二十一年，入直上书房。大考二等，擢洗马，累迁右庶子。典陕西乡试，督山西学政。道光年间连典贵州、江西乡试，历中允、祭酒、侍讲学士、内阁学士。十六年，授礼部侍郎，调吏部。十九年，擢工部尚书。道光二十一年（1841），为通政使。历户部、吏部侍郎，管理三库。擢礼部尚书，调工部。二十四年，以吏部尚书协办大学士。道光二十九年卒，优诏赐恤，称其心田坦白，赠太子太保，入祀贤良祠，谥文悫。

【译文】

九弟在来信中对我的规劝，都很切中要害，我看了之后，不觉为之毛骨悚然。但我用功，实在是脚踏实地，一丝一毫都不敢欺骗别人。如果这样做下去，即使不做外官，将来在道德文章方面，想必也能小有成就，上不敢欺骗天地神灵和祖宗、祖父、父亲，下不敢欺骗各位兄弟与家中晚辈。而我在省城的声望一天比一天高，就连我自己也不知道这究竟是怎么回事。我在京城，只怕名过于实，所以不先拜访一个人，不自吹一句话，实在是以超过实际情况的称许为可耻。

来信写大场题目和榜信，这里九月就早已经知道了。至于县考案首前列和进学的人都是谁，到现在还不知道。弟弟们以后写信，在这些小事情以及附近本家亲戚的情况，务必一一详细写明。季弟的信也谦虚可爱，然而只是谦虚也不好，总要努力前进才行。这全在做哥哥的倡导和以身作则。我，别的方面没有可取的，只有近来天天坚持一项，可以作弟弟们的表率。四弟、六弟即使不想以持之以恒自立，难道不怕季弟跟着样子学坏吗？

昨天十六日卓秉恬官拜大学士，陈官俊得任协办大学士。从王中堂死后，隔三年，大学士才任命人选，也是一大怪事。

纸短情长，写不尽写。

哥哥国藩亲笔。

道光二十五年乙巳二月初一日

四位老弟足下：

去年十二月廿二日寄去书函谅已收到。顷接四弟信，谓前信小注中误写二字，其诗比即付还，今亦忘其所误谓何矣。

诸弟写信总云仓忙，六弟去年曾言城南寄信之难①，每次至抚院赍奏厅打听云云②，是何其蠢也！静坐书院，三百六十日，日日皆可写信，何必打听折差行期而后动笔哉？或送至提塘，或送至岱云家，皆万无一失，何必问了无关涉之赍奏厅哉？若弟等仓忙，则兄之仓忙殆过十倍，将终岁无一字寄家矣。

送王率五诗第二首③，弟不能解，数千里致书来问，此极虚心，余得信甚喜。若事事勤思善问，何患不一日千里？兹另纸写明寄回。

家塾读书，余明知非诸弟所甚愿，然近处实无名师可从。省城如陈尧农、罗罗山皆可谓明师，而六弟、九弟又不善求益。且住省二年，诗文与字皆无大长进。如今我虽欲再言，堂上大人亦必不肯听。不如安分耐烦，寂处里闬④，无师无友，挺然特立，作第一等人物，此则我之所期于诸弟者也。昔婺源汪双池先生一贫如洗⑤，三十以前以在窑上为人佣工画碗，三十以后读书，训蒙到老，终身不应科举，卒著书百馀卷，为本朝有数名儒，彼何尝有师友哉？又何尝出里闬哉？余所望于诸弟者，如是而已，然总不出乎立志有恒四字之外也。

买笔付回，刻下实无妙便，须公车归乃可带回，大约府试院试可得用⑥，县试则赶不到也⑦。诸弟在家作文，若能按月付至京，则余请树堂看，随到随改，不过两月，家中又可收到。

书不详尽，馀俟续具。

兄国藩手草。

【注释】

①城南：指城南书院。

②抚院：指巡抚衙门。明清时巡抚例兼都察院右副都御史或右佥都御史衔，故称。赍奏厅：其职责是负责把基层的奏章整理归档，然后送达朝廷。

③王率五：曾国藩妹夫。曾国蕙之夫。

④里间：里巷，乡里。

⑤汪双池：汪绂（1692—1759），初名烜，字灿人，号双池、重生，安徽婺源人。清乾隆年初诸生，少时家贫，佣于江西景德镇为画碗之役。苦学成名，著述颇富。

⑥府试：科举时代府一级考试。院试：清代由各省学政主持的考试。曾经府试录取的士子可参加院试。因学政称提督学院，故由学政主持的考试，亦名院试，又以旧制称提学道，故亦沿称道考。录取者即为生员，送入府、县学官，曰入学，受教官的月课与考校。

⑦县试：清代由县官主持的考试。取得出身的童生，由本县廪生保结后才能报名赴考。约考五场，试八股文、试帖诗、经论、律赋等。事实上第一场录取后即有参加上一级府试资格。

【译文】

四位老弟足下：

去年十二月二十二日寄出书信一封，想必已经收到。刚接到四弟的信，说前信小注中写错了二字，那首诗马上寄回，但现在也忘了到底是哪里写错了。

弟弟们写信，总说太过忙碌。六弟去年曾说及在城南书院寄信的困难，每次要到巡抚衙门赍奏厅打听，这是有多愚蠢啊！静坐书院，三百六十天，天天都可写信啊，何必打听通信兵的行期再动笔呢？或者送到主管寄信的提塘那里，或者送到陈岱云家，都万无一失，何必去问半点儿关系也没有的的赍奏厅呢？如果说弟弟们很忙碌，那为兄我的忙碌，比你们又何止十倍，那岂不是要整年没有一个字寄给家里？

送给王率五的第二首诗，弟弟看不明白，几千里外写信来问，这是极其虚心之事，我见到信很开心。如果每一件事都能勤于思考善于发问，就不怕没有一日千里的进步了。现在我专门找张纸写明白寄回去。

在家塾读书，我明知弟弟们不很愿意，但附近实在没有名师可以追随。省城如陈尧农、罗罗山（罗泽南），都可说是名师，而六弟、九弟又不大善于求学。况且住省城两年，诗文和字，都没有多大长进。如今即使我想再帮着说话，堂上大人也一定不肯听。不如稍安勿躁，寂处乡间，没有老师也没有朋友，坚定地独立于世间，做第一等人物，这是我所期待于弟弟们的。过去婺源的汪双池先生，家贫如洗，三十岁以前，在窑上为别人帮工画碗。三十岁以后，一边读书，一边教几个蒙童，一直到老，终身不参加科举考试，最终写了一百多卷书，为本朝数得着的名儒。他何尝有良师益友呢？又何尝走出过家乡一步？我所期待于弟弟们的，也是如此而已，不外乎"立志"、"有恒"四字。

买笔寄回家，眼下实在没有方便的人可以托付，要等进京应试的举人回去才能带回，大约府试和院试可以用上，县试估计赶不上。弟弟们在家写文章，如能按月寄到京城，那我便请冯树堂随到随改，不过两个月，家中就可收到（改过的文章）了。

信写得不详尽，其余等以后再写。

哥哥国藩亲笔。

道光二十五年三月初五日

四位老弟足下：

　　二月有折差到京，余因眼蒙，故未写信。三月初三接到正月廿四所发家信，无事不详悉，忻喜之至。此次眼尚微红，不敢多作字，故未另禀堂上，一切详此书中，烦弟等代禀告焉。

　　去年所寄银，余有分馈亲族之意。厥后屡次信问，总未详明示悉。顷奉父亲示谕①，云皆已周到，酌量减半。然以余所闻，亦有过于半者，亦有不及一半者。下次信来，务求九弟开一单告我为幸。

　　受恬之钱，既专使去取，余又有京信去，想必可以取回，则可以还江岷山、东海之项矣。岷山、东海之银，本有利息，余拟送他高丽参共半斤，挂屏、对联各一付，或者可少减利钱，待公车归时带回②。

【注释】

①示谕：此处指父亲的亲笔信。

②公车：指应试的举子。汉代以公家车马递送应征的人，后因以"公车"为举人应试的代称。

【译文】

四位老弟足下：

　　二月有邮差到京城，我因为眼蒙，所以没有写信。三月初三接到正月二十四所发家信，没有一件事不详细知悉，高兴得很。这次眼睛还微微发红，不敢多写字，所以没有另外写信禀呈父母亲。一切都详细写在这封信里，麻烦弟弟们代为禀告双亲。

去年寄回家的银钱，我有分别馈赠亲戚族人的意思。后来多次写信询问，总是没有详细告知。刚刚接到父亲亲笔信，说都已经处理周到，酌量减少一半。但据我所听说，也有超过一半的，也有不到一半的。下次来信，恳求九弟列一个单子告诉我为好。

受恬的钱，既已专门派人去取，我又从京城寄信去，想必可以拿回。这样就可以还江岷山、东海的钱了。问眠山、东海借的钱，本是有利息的，我打算送他们半斤高丽参，挂屏、对联各一付，或许可以稍稍减少一些利息钱，等进京赶考的举人回家时带回。

父亲手谕要寄银百两回家，亦待公车带回。有此一项，则可以还率五之钱矣。率五想已到家，渠是好体面之人，不必时时责备他，惟以体面待他，渠亦自然学好。

兰姊买田，可喜之至。惟与人同居，小事要看松些，不可在在讨人恼①。

欧阳牧云要与我重订婚姻，我非不愿，但渠与其妹是同胞所生。兄妹之子女，犹然骨肉也。古者婚姻之道，所以厚别也，故同姓不婚。中表为婚，此俗礼之大失。譬如嫁女而号泣，奠礼而三献②，丧事而用乐，此皆俗礼之失，我辈不可不力辨之。四弟以此义告牧云，吾徐当作信覆告也。

①在在：处处，方方面面。

②三献：古代祭祀时献酒三次，即初献爵、亚献爵、
　　终献爵，合称"三献"。

【译文】

　　父亲来信要寄一百两银子回家，也等进京赶考的举子带回去。有了这一笔，就可以还率五的钱了。率五想必已经到家，他是好体面的人，不必时时责备他，且以体面对待他，他也自然会学好。

　　兰姐买田，真是太好了。只是和人住一起，小事情要看轻一点儿，不能处处讨人嫌。

　　欧阳牧云要和我做儿女亲家，亲上加亲，我不是不愿意，但他和他妹妹是同胞所生，兄妹的子女，好比亲骨肉。古人的婚姻大道，是看重区别的，所以同姓之间不通婚。表兄妹结婚，是俗礼的大错。其他，如嫁女时哭泣，祭礼用三献，办丧事奏乐，都是俗礼的大错。我们不能不力辩其非。四弟且将这个意思告诉牧云，我过些时候也会再写信答复他。

　　罗芸皋于二月十八日到京①，路上备尝辛苦，为从来进京者所未有，于廿七日在圆明园正大光明殿补行复试。湖南补复试者四人。余在园送考，四人皆平安，感余之情。今年新科复试，正场取一等三十七人，二三等人数甚多。四等十三人，罚停会试二科。补复者一等十人，二三等共百六十人。四

等五人，亦罚停二科。立法之初，无革职者，可谓宽大。湘乡共到十人。邓铁松因病不能进场②。渠吐血是老病，或者可保无虞③。

芸皋所带小菜、布匹、茶叶俱已收到，但不知付物甚多，何以并无家信？四弟去年所寄诗已圈批寄还，不知收到否？汪觉庵师寿文，大约在八月前付到。五十已纳征礼成④，可贺可贺。朱家气象甚好，但劝其少学官款，我家亦然。

啸山接到咨文⑤，上有祖母已殁字样⑥，甚为哀痛，归思极迫。余再三劝解，场后即来余寓同住。我家共住三人。郭二于二月初八到京，复试二等第八。上下合家皆清吉。余耳仍鸣，无他恙。内人及子女皆平安。树堂榜后要南归，将来择师尚未定。

【注释】

①罗芸皋：罗天闾，字开九，别字云皋，号西塘。湖南湘潭人。有《周易补注》、《学古初稿》、《西堂草》等著作传世。

②邓铁松：湖南湘乡人。

③无虞：平安无事。

④纳征：即纳币。古代婚礼六礼之一。《仪礼·士昏礼》："纳征，玄纁、束帛、俪皮，如纳吉礼。"郑玄注："征，成也，使使者纳币以成昏礼。"贾公彦疏："纳此，则昏礼成，故云征也。"

⑤咨文：旧时公文的一种。多用于同级官署或同级官

阶之间。

⑥殁：死亡。

【译文】

罗芸皋于二月十八日到京，路上尝尽了辛苦，是从来进京城的人所没有遭遇过的。二十七日在圆明园正大光明殿举行复试补考。湖南参加复试补考的共四人。我到园送考，四个人都平安，对我有感激之情。今年新科复试，正场取一等三十七人，二三等人数很多。四等十三人，罚停会试二科。复试补考，一等十人，二三等共一百六十人。四等五人，也罚停二科。立法之初，没有革职一项，可以说是宽大了。湘乡一共到了十个人。邓铁松因生病不能进场。他吐鲜血是老毛病，或者并没有什么危险。

家里托芸皋带的小菜、布匹、茶叶，都已收到。只是不明白托寄许多东西，怎么却没有家信？四弟去年寄来的诗，我已圈批寄回，不晓得收到了没？汪觉庵老师的祝寿文，大约在八月前寄到。五十侄女已行纳征之礼，可喜可贺。朱家气象很好，只是劝他少学官样，我们家也一样。

朱啸山接到咨文，上面有祖母已经去世字样，极为哀痛，思归心切。我再三劝解，出考场后就来我家一起住。我家一共住了三人。郭二在二月初八到京城，复试成绩二等第八。上下全家都很好。我还是耳鸣，没有别的毛病。我妻子和儿女都平安。冯树堂发榜后要回南方去。将来选择谁作（纪泽的）老师还没确定。

六弟信中言功课在廉让之间，此语殊不可解。

所需书籍，惟《子史精华》家中现有①，准托公车带归。《汉魏百三家》京城甚贵②，余已托人在扬州买，尚未接到。《稗海》及《绥寇纪略》亦贵③，且寄此书与人，则必帮人车价，因此书尚非吾弟所宜急务者，故不买寄。元明名古文尚无选本，近来邵蕙西已选元文，渠劝我选明文，我因无暇，尚未选。古文选本，惟姚姬传先生所选本最好。吾近来圈过一遍，可于公车带回。六弟用墨笔加圈一遍可也。

九弟诗大进，读之为之距跃三百④，即和四章寄回。树堂、筠仙、意诚三君，皆各有和章。诗之为道，各人门径不同，难执一己之成见以概论。吾前教四弟学袁简斋，以四弟笔情与袁相近也。今观九弟笔情，则与元遗山相近。吾教诸弟学诗无别法，但须看一家之专集，不可读选本以汩没性灵。至要至要。吾于五七古学杜韩，五七律学杜，此二家无一字不细看，外此则古诗学苏、黄，律诗学义山，此三家亦无一字不看。五家之外，则用功浅矣。我之门径如此，诸弟或从我行，或别寻门径，随人性之所近而为之可耳。

余近来事极繁，然无日不看书。今年已批韩诗一部，正月十八批毕。现在批《史记》，已三分之二，大约四月可批完。诸弟所看书望详示。邻里有事，亦望示知。

国藩手草。

【注释】

①《子史精华》：是清圣祖康熙帝命允禄、吴襄等纂的一部类书，全书160卷，分天、地、岁时、帝王、皇亲、言语、形色、伦常、乐、文学、居处、边塞、妇女、政术、设官、方术、巧艺、灵异、释道、服饰、仪饰、珍宝、器物、武功、品行、动植、食馔、人事、产业、礼仪三十部，280类。专采子、史二部名言隽句汇编成册。

②《汉魏百三家》：即《汉魏六朝百三名家集》，明人张溥编选，118卷，收入上起西汉贾谊，下至隋代薛道衡的作品凡103家。编排体例为一人一集，首列赋，次列文，后列诗，再后为作者本传。每集卷首各有题辞。

③《稗海》：明人商濬所辑笔记丛书。《绥寇纪略》：明清之际文人吴伟业所撰，成书于顺治九年（1652），原名《鹿樵纪闻》，记述崇祯元年陕北各股义军初起至明亡之事。全书采用纪事本末体例，各卷以三字为标题，依时序排列。分为渑池渡、车箱困、真宁恨、朱阳溃、黑水擒、谷城变、开县败、汴渠垫、通城击、盐亭诛、九江哀、虞渊沉等十二卷。各卷后都有论断或附记，以评议是非得失，并摘录有关奏札或传闻，以资参阅。

④距跃三百：形容欢呼雀跃的样子。语出《左传·僖公二十八年》"距跃三百，曲踊三百。"杜预注："距跃，超越也。"

【译文】

六弟信中说功课在廉让之间，这话真不好理解。所需的书籍，只有《子史精华》是家里现有的，拟托进京赶考的举子带回；《汉魏六朝百三名家集》，京城卖得太贵，我已托人在扬州买，还没有收到；《稗海》和《绥寇纪略》两种书也很贵，况且托人寄这种书，是一定要帮人家分担车费的，因这两种书还不是弟弟你现在急需读的，所以就不买了往回寄。元明两朝的名家古文，还没有选本。近来邵蕙西已经选过元文，他劝我选明文，我因没有空，还没有选。古文选本，只有姚姬传先生所选的本子最好，我近来圈点过一遍，可托进京赶考的举子带回，六弟你也用墨笔加圈一遍吧。

九弟写诗大有进步，我读过之后为弟欢喜雀跃，马上和了四章寄回去，树堂、筠仙（郭嵩焘）、意诚三个人，也都各有和诗。写诗这门学问，每个人的路子都不相同，很难用个人的成见来概括一切。我从前教四弟学袁简斋（袁枚），是因为四弟和袁风格相近。现在我看九弟的风格，和元遗山（元好问）相近。我教弟弟们学诗，没有别的方法，只要看一家的专集；不可以读选本，把自己的个性和灵气全弄没了。要紧啊要紧。我写五古和七古，学杜甫、韩愈两家；五律、七律，学杜甫。这两家，没有一个字不仔细看的。此外，古体诗，我学苏轼、黄庭坚；律诗，我学李义山（李商隐）。这三家，我也是没有一个字不看的。五家以外的诗，我用的功夫就浅了。我学诗的路子就这样，弟弟们或者跟着我的路子走，或者另外找路子，随自己的性情所近去做就好。

　　我近来事物繁忙极了，但没有一天不看书。今年已经批阅韩诗一部，正月十八日批完的。现在批阅《史记》，已经有三分之二了，大约四月可以批完。弟弟们所看的书，希望详细告诉我。邻里乡间有什么事情，也希望告知。

　　国藩亲笔。

道光二十七年六月二十七日

澄侯、子植、季洪三弟足下：

自四月廿七日得大考谕旨以后^①，廿九日发家信，五月十八又发一信，二十九又发一信，六月十八又发一信，不审俱收到否？二十五日接到澄弟六月一日所发信，具悉一切，欣慰之至。

发卷所走各家，一半系余旧友，惟屡次扰人，心殊不安。我自从己亥年在外把戏，至今以为恨事。将来万一作外官，或督抚，或学政，从前施情于我者^②，或数百，或数千，皆钓饵也。渠若到任上来，不应则失之刻薄，应之则施一报十，尚不足以满其欲。故兄自庚子到京以来，于今八年，不肯轻受人惠，情愿人占我的便益^③，断不肯我占人的便益。将来若作外官，京城以内无责报于我者。澄弟在京年余，亦得略见其概矣。此次澄弟所受各家之情，成事不说。以后凡事不可占人半点便益，不可轻取人财。切记切记。

彭十九家姻事，兄意彭家发泄将尽，不能久于蕴蓄，此时以女对渠家，亦若从前之以蕙妹定王家也。目前非不华丽，而十年之外，局面亦必一变。澄弟一男二女，不知何以急急定婚若此？岂少缓须臾，即恐无亲家耶？贤弟行事，多躁而少静，以后尚期三思。儿女姻缘前生注定，我不敢阻，亦不敢劝，但嘱贤弟少安无躁而已。

【注释】

①大考：清制翰林、詹事的升职考试。凡詹事府少詹事以下，翰林院侍读学士以下，每十年左右，临时宣布召集考试。考试结果分四等，分别予以超擢、升阶、罚俸、降调、休致、革职。谕旨：皇帝的诏令。

②施情：施加恩惠。

③便益：同"便宜"。

【译文】

澄侯、子植、季洪三弟足下：

从四月二十六日接到大考谕旨以后，二十九日发家信，五月十八又发了一封信，二十九又发了一封信，六月十八又发了一封信，不晓得都收到了么？二十五日接到澄弟六月一日所发的信，详细知道一切情况，欣慰之至。

发卷所走的各家，一半是我的老朋友，只是屡次打扰人家，心里很不安。我自从己亥年在外面游荡，到今天仍然觉得遗憾。将来万一做外官，或做督抚，或做学政，以前对我有过恩惠的人，或送过几百银钱，或送过几千银钱，都像是钓鱼用的饵。他如果到我衙门上来，不答应他的要求吧，失于刻薄寡恩；答应他的要求吧，给他十倍的报偿，也未必能满足他的欲望。所以为兄我自从庚子年到京城以来，至今已有八年，从不肯轻易受别人的恩惠，情愿别人占我的便宜和好处，绝不肯去占别人的便宜和好处。将来如果做外官，京城以内便没有责备我不报恩的人。澄弟在京城一年多，也应稍知大概的。这次澄弟接受各家的恩惠，既成事实，且不去说它了；但以后凡事不可占人半点便宜，不可轻易接受别人钱财，牢记牢记！

　　彭十九家提及联姻之事，为兄我觉得彭家的家运已快发到尽头，不能再坚持多久了，这个时候把女儿许配他家，就好比从前把蕙妹许配王家一样，眼前不是不华丽，但十年之后，局面一定会有所变化。澄弟你只有一男二女，不晓得为什么要这么急急忙忙定亲事？难道稍稍推迟半刻，就怕找不到亲家了么？贤弟做事，过于毛躁而很少有冷静的时候，以后遇事望能三思而行。儿女姻缘，皆由前生注定，我不敢阻挠，也不敢劝止，只是嘱咐贤弟你稍安勿躁罢了。

　　成忍斋府学教授系正七品①，封赠一代②，敕命二轴③。朱心泉县学教谕系正八品④，仅封本身，父母则无封。心翁之父母乃貤封也⑤。家中现有《搢绅》⑥，何不一翻阅？

　　牧云一等，汪三入学，皆为可喜。啸山教习，容当托曹西垣一查。

　　京寓中大小平安。纪泽读书已至"宗族称孝焉"⑦，大女儿读书已至"吾十有五"⑧。前三月买驴子一头，顷赵炳堃又送一头⑨。二品本应坐绿呢车，兄一切向来简朴，故仍坐蓝呢车。寓中用度比前较大，每年进项亦较多（每年俸银三百两、饭银一百两）。其他外间进项尚与从前相似。

　　同乡诸人皆如旧。李竹屋在苏寄信来，立夫先生许以干馆⑩。余不一一。

兄国藩手草

【注释】

①府学：古代官学之一种。由府一级设立。清顾炎武《日知录·生员额数》："洪武初，令在京府学六十人，在外府学四十人，州学三十人，县学二十人，日给廪膳。"

②封赠：封建时代推恩臣下，将官爵授予其父母。父母存者称封，死者称赠。封赠之制，起于晋与南朝宋，至唐始备。最初仅及于父母，唐末五代以后，始上追曾祖、祖、父母三代，往往以子孙的官位为赠。宋洪迈《容斋四笔·宰相赠本生父母官》："封赠先世，自晋宋以来有之，迨唐始备。然率不过一代，其恩延及祖庙者绝鲜，亦未尝至极品……唐末王季，宰辅贵臣，始追荣三代，国朝因之。"清赵翼《陔馀丛考·封赠》："元许有壬言：今制，封赠祖父母，降于父母一等。则元时封赠先世，亦尚有差别。本朝令甲，一二品封三代，三品以下封二代，六品以下封一代，皆用其本身官秩，并许以本身封典回赠其祖。则例封一代者，实亦得封二代。"

③敕命：明清赠封六品以下官职的命令称"敕命。

④县学：旧时供生员读书之学校。科举制度童试录取后准入县学读书，以备参加高一级之考试，谓之"进学"、"入学"或"入泮"，士子称"庠生"、"生员"，俗称"秀才"。

⑤貤（yí）封：旧时官员以自身所受的封爵名号呈请朝廷移授给亲族尊长。

⑥《搢绅》：即《搢绅录》。清代记载京朝及外省职官履历的书，由书坊逐年刊行，详载各职官的姓名、籍贯、出身等。取古代官吏缙绅垂笏之义为书名。亦称《爵秩全函缙绅全书》。

⑦宗族称孝焉：《论语·子路第十三》："子贡问曰：'何如斯可谓之士矣？'子曰：'行己有耻，使于四方，不辱君命，可谓士矣。'曰：'敢问其次。'曰：'宗族称孝焉，乡党称弟焉。'曰：'敢问其次。'曰：'言必信，行必果，硁硁然，小人哉！抑亦可以为次矣。'"

⑧吾十有五：《论语·为政》："子曰：'吾十有五而志于学，三十而立，四十而不惑，五十而知天命，六十而耳顺，七十而从心所欲，不逾矩。'"

⑨赵炳塾：道光乙丑科进士，后死于"同治回乱"。

⑩立夫：陆建瀛（1792—1853）字立夫，湖北沔阳姜家港人。道光二年（1822）进士，历授修编，充会试同考官，云南、山东乡试正考官，翰林院侍讲，侍读。道光二十六年（1846）任云南巡抚，8月，兼署云贵总督，旋调江苏巡抚。道光二十九年四月任两江总督，任内遇上太平军进军江宁（今南京），咸丰三年二月初十江宁城破时被杀。

【译文】

成忍斋府学教授是正七品，封赠一代，敕命二轴。朱心泉县学教谕是正八品，仅封本身，父母没有封赠。心翁的父母是貤封。家里现有《搢绅录》，为什么不查阅一下呢？

牧云成绩名列一等，汪三入学，都是可喜之事。朱啸山的教习一职，请容许我托曹西垣查一下。

京城家里大小平安。纪泽读书已经到达"宗族称孝焉"章，大女儿读书已到"吾十有五"章。三月里买了一头驴子，前不久赵炳坤又送了一头。二品官本应坐绿呢车，为兄我一切向来简朴，所以仍坐蓝呢车。家里花费比以前要大一些，每年进项也相对多一些（每年俸银三百两、饭银一百两）。其他外面的进项还和以前差不多。

几位同乡都还是老样子。李竹屋在苏州寄信来，立夫先生同意给他干馆待遇。

其余的就不一一说说。

哥哥国藩亲笔。

道光二十九年七月十五日

澄候、温甫、子植、季洪四位老弟足下：

七月十三日，接到澄弟六月初七所发第九号家信，具悉一切。吾于六月共发四次信，不知俱收到否？今年陆费中丞丁忧①，闰四月无折差到，故自四月十七发信后，直至五月中旬始再发信，宜家中悬望也。

祖父大人之病，日见增加，远人闻之，实深忧惧。前六月廿日所付之鹿茸片②，不知何日可到，亦未知可微有功否？

予之癣病，多年沉痼③，赖邹墨林举黄芪附片方，竟得全愈。内人六月之病，亦极沉重，幸墨林诊治④，遂得化险为夷，变危为安。同乡找墨林看病者甚多，皆随手立效。墨林之弟岳屏四兄，今年曾到京，寓元通观，其医道甚好⑤，现已归家。予此次以书附墨林家书内，求岳屏至我家诊治祖父大人，或者挽回万一，亦未可知。岳屏人最诚实，而又精明，即周旋不到⑥，必不见怪。家中只须打发轿夫大钱二千⑦，不必别有所赠送。渠若不来，家中亦不必去请他。

【注释】

①陆费中丞：指当时的湖南巡抚陆费瑔。陆费瑔，原名恩洪，字玉泉，号春帆，浙江桐乡人。嘉庆戊辰副贡，官至湖南巡抚。有《真息斋诗钞》。陆

（lùbì）为复姓，因父为陆氏，母为费氏，兼祧两族，合为陆费（lùbì）氏。丁忧：遭逢父母丧事。旧制，父母死后子女要守丧，三年内不做官、不婚娶、不赴宴、不应考。

②鹿茸：雄鹿的嫩角没有长成硬骨时，带茸毛，含血液，叫做鹿茸。是一种贵重的中药，用作滋补强壮剂，适合治虚弱、神经衰弱等。为常用中药，《神农本草经》列为中品。

③沉痼：历时较久、顽固难治的病。

④诊治：诊断治疗。

⑤医道：医术，治病的本领。

⑥周旋：应酬周到。

⑦大钱：旧时的一种铜钱，较普遍铜钱大，价值也比普通铜钱高。

【译文】

澄候、温甫、子植、季洪四位老弟足下：

七月十三日，接到澄弟六月初七所发的第九号家信，知道一切情况。我六月共发了四次信，不晓得都收到了么？今年陆费中丞丁忧，闰四月没有邮差来。所以，我从四月十七发了家信之后，一直到五月中旬才再次发信，家中应该悬心挂念了吧？

祖父大人的病越来越严重，远方的我听说后，着实深深地忧虑恐惧。之前六月二十日所寄的鹿茸片，不知什么时候能到，也不知道会不会起点微末作用？

我的癣疾本是多年难治的老病，现在靠吃邹墨林的黄芪附片药方，竟然痊愈了。我妻子六月生的病也非常严重，幸亏墨林诊治，才化险为夷，转危为安。同乡中找墨林看病的人很多，墨林都能手到病除。墨林的弟弟岳屏四兄，今年到过京城，寄住在元通观，他的医术也很好，现在已经回家了。我这次写了一封信附在墨林的家信里，求岳屏到我家诊治祖父大人，或者有希望挽回些许也说不定。岳屏为人最诚实，却又精明，即使我家有照顾不周之处，也一定不会见怪。家里只需要打发轿夫大钱二千，不必另外送东西。他如果不来，家里也不必再去请他了。

乡间之谷贵至三千五百，此亘古未有者①，小民何以聊生②？吾自入官以来，即思为曾氏置一义田③，以赡救孟学公以下贫民④；为本境置义田，以赡救廿四都贫民。不料世道日苦⑤，予之处境未裕。无论为京官者自治不暇⑥，即使外放⑦，或为学政⑧，或为督抚⑨，而如今年三江两湖之大水灾⑩，几于鸿嗷半天下⑪，为大官者，更何忍于廉俸之外⑫，多取半文乎？是义田之愿，恐终不能偿。然予之定计⑬，苟仕宦所入，每年除供奉堂上甘旨外⑭，或稍有赢余，吾断不肯买一亩田、积一文钱，必皆留为义田之用。此我之定计，望诸弟皆体谅之。

今年我在京用度较大⑮，借帐不少。八月当为希六及陈体元捐从九品，九月榜后可付照回，十月可到家，十一月可向渠两家索银，大约共须三百金。我付此项回家，此外不另附银也。

【注释】

①亘古未有：自古至今从未有过。

②聊生：赖以维持生活（多用于否定）。

③义田：汉袁康《越绝书·外传记越地传》："富中大塘者，勾践治以为义田；为肥饶，谓之富中。"此当为义田之始。后即泛称为赡养族人或贫困者而置的田产。

④赡救：周济救助。孟学公：曾国藩九世祖。

⑤世道：世间，社会。

⑥自治：尤自营。不暇：没有时间，来不及。

⑦外放：指中央政府官员被派到地方上去做官。

⑧学政：提督学政的简称。又叫督学使者。清中叶以后，派往各省，按期至所属各府、厅考试童生及生员。均从进士出身的官吏中简派，三年一任。不问本人官阶大小，在充任学政时，与督、抚平行。

⑨督抚：总督和巡抚的并称。明清两代最高地方官，兼理军政、刑狱。

⑩三江两湖：泛指江南各地。

⑪鸿嗷：即哀鸿遍野，比喻天下受灾民众之多。

⑫廉俸：清代官吏正俸和"养廉银"的合称。清制，官吏于常俸之外，规定按职务等级每年另给银钱，曰"养廉银"。文职始于雍正五年（1727），武职始于乾隆四十年（1775）。

⑬定计：主意，确定的计划。

⑭甘旨：指养亲的食物。

⑮用度：费用，开支。

【译文】

乡下的稻谷价贵到三千五百文钱，这是自古以来没有过的，老百姓将靠什么为生啊？我自从当官以来，就想为曾氏置办一处义田，以救助孟学公以下的贫民；为本地置办义田，以救助二十四都的贫民。不料世道一天比一天艰难，我的处境并没有富裕。不要说京官料理自家生计还不够，就是外放做官，或做学政，或做督抚，而像今年这样三江两湖的大水灾，难民的哀号声几乎遍布半个中国，做大官的，又如何忍心在养廉银和俸禄之外多拿半文呢？因此置办义田的愿望，恐怕最终难以如愿以偿。然而我拿定主意，只要是官俸收入，每年除供堂上大人的生活所需之外，或许稍有盈余，我决不肯买一亩田、存一文钱，一定都留着做办置义田的资金。这是已下定的决心，希望弟弟们体谅。

今年我在京城的花销比较大，借了不少钱。八月要为希六和陈体元各捐一个从九品官，九月发榜后可把执照寄回，十月可以到家，十一月可以向他们两家要钱，大约一共须三百金。我寄这项回家，就不再另外寄钱了。

率五在永丰①，有人争请，予闻之甚喜。特书手信与渠，亦望其忠信成立耳。

纪鸿已能行走，体甚壮实。同乡各家如常。同年毛寄云于六月廿八日丁内艰②。陈伟堂相国于七月初二仙逝③，病系中痰，不过片刻即殁。河南、浙江、湖北皆展于九月举行乡试④。闻江南水灾尤甚，恐须再展至十月。各省大灾，皇上焦劳⑤，臣子更宜忧惕之时⑥。故一切外差，皆绝不萌妄想⑦，望家中亦不必悬盼。书不详尽。

兄国藩手草。

【注释】

①率五：王率五，曾国藩妹夫。曾国惠之夫。永丰：地名，即今湖南省娄底市双峰县永丰镇，离曾国藩故里荷叶塘不远，清属湘乡县。永丰镇位于今双峰县中部，跨涟水下游两岸，东倚升潭株，南临衡郴，西承邵阳，北与娄底呼应。

②毛寄云：毛鸿宾（1811—1867），字寅庵，又字翊云、寄云，号菊隐，历城人，道光十八年（1838）中进士，选为翰林院庶吉士，后被授翰林院编修。历官监察御史、给事中、湖南巡抚、两广总督。丁内艰：丁母忧。

③陈伟堂相国：陈官俊（？—1849）：字伟堂，山东潍县人，嘉庆十三年（1808）进士，选庶吉士，授编修，迁赞善。二十一年，入直上书房。大考二等，擢洗马，累迁右庶子。典陕西乡试，督山西学政。道光年间连典贵州、江西乡试，历中允、祭酒、侍讲学士、内阁学士。十六年，授礼部侍郎，调吏部。十九年，擢工部尚书。道光二十一年（1841），为通政使。历户部、吏部侍郎，管理三

库。擢礼部尚书，调工部。二十四年，以吏部尚书协办大学士。道光二十九年，卒，优诏赐恤，称其心田坦白，赠太子太保，入祀贤良祠，谥文悫。

④展：宽延，推迟。

⑤焦劳：焦虑烦劳。

⑥忧惕：忧虑戒惧。

⑦萌：开始，产生。妄想：不切实际的或非分的想法。

【译文】

率五在永丰有人争着请，我听了很高兴。我特意亲手写了一封信给他，希望他成为一个以忠信自立的君子人。

纪鸿已经能走了，长得很壮实。同乡各家一切如常。同年毛寄云六月二十八日丁母忧。陈伟堂相国七月初二死于中痰，当时（发病）不到片刻便死了。河南、浙江、湖北都延迟到九月举行乡试。听说江南的水灾尤其厉害，恐怕会再延期到十月。各省大灾，皇上焦虑烦劳，更是臣子们忧虑戒惧的时候，所以我对一切外差都不萌生妄想，家中也不必悬心盼望。信不能一一写得很详尽，待下次再续。

哥哥国藩亲笔。

咸丰元年七月初八日

澄候、温甫、子植、季洪四位老弟足下：

七月初六日接澄弟四月廿六信，五月初一、初八、廿三各信，具悉一切。植弟、洪弟各信亦俱收到。洪弟之书已至，六月初二所发者亦到。澄弟回家，至此始算放心。

樊城河内泡沙，如此可怖，闻之心悸。余戊戌年九月下旬在樊城河，半夜忽遭大风，帆散缆断，濒于危殆，后亦许观音戏，至今犹有余惊。以后我家出行者，万不可再走樊城河，戒之记之，敬告子孙可也。

彭山屺苦况如此，良为可怜，一月内外当更求一书以苏涸鲋①，但不知有济否耳。此等人谋，亦须其人气运有以承之，如谢博泉之事即鲜实效。若使南翁在彼②，当稍有起色矣。

【注释】

① 涸鲋："涸辙之鲋"的略语。典出《庄子·外物》。指在干涸了的车辙沟里的鲫鱼，喻指处境艰难。

② 南翁：指黄南坡。黄冕，字服周，号南坡，湖南长沙人，清朝官吏。年二十，官两淮盐大使，治淮、扬赈有声。初行海运，巡抚陶澍使赴上海集沙船与议，尽得要领，授江都知县。历元和、上海，署太仓州，擢苏州府同知，晋秩知府，署常州、镇江，有大兴作，大吏悉倚以办。疏治刘河海口，上海蒲

汇塘，常州芙蓉江、孟河，冕皆躬任之。海疆兵事起，从总督裕谦赴浙江。裕谦死难，冕牵连遣戍伊犁，既而林则徐亦至戍，议兴屯田，冕佐治水利有功，赦还。江苏巡抚陆建瀛复调冕治海运，革漕费，岁省银数十万，为忌者所中，劾罢归。同咸丰初，太平军围长沙，冕建守御策。及曾国藩治兵讨贼，冕创厘税，兴茶盐之利，军饷取给焉。又开东征局，专饷曾国藩一军。起授江西吉安知府，复以事劾免归，仍以饷事自任，湘军赖以成功。寻授云南迤西道，辞病不赴，卒于家。

【译文】

澄候、温甫、子植、季洪四位老弟足下：

七月初六接到澄弟四月二十六日的信，还有五月初一、初八、二十三所发的信，知晓一切情况。植弟、洪弟的信也都收到了。洪弟的信已经到了，六月初二发的也到了。澄弟此番回家，到现在才算放心。

樊城河内的泡沙如此恐怖，听着都觉得心悸。我戊戌年九月下旬在樊城河，半夜忽然遭遇大风，船帆散了，缆绳也断了，形势十分危急，后来允诺送观音戏才脱险，至今还觉得心惊肉跳。以后我家远行的人万万不能再走樊城河，务必引以为戒，还要郑重告诫子孙。

彭山屺的境况竟如此之苦，实在是可怜！一个月左右应该再求一封信以救济困境，但不知是否有效。这种谋划，也要人有运气来承受，如谢博泉的事就没什么实质效果。如果南翁在这里，应该会稍有起色。

凌荻舟之银①，虽周小楼与荻舟之子私相授受②，以欺紫嫂，而荻子又当受小楼之欺，终吞于周氏之腹而后已。余处现尚存凌银将二百金，拟今年当全寄去。澄弟既将此中消息与孙筱石道破③，则此后一概交孙，万无一失。刘午峰曾言赙赠百金④，不知今岁可收到否？余今年还凌银须二百，又须另筹二百五十金寄家，颇为枯窘⑤。今年光景大不如去年，然后知澄弟之福星来临，有益于人不浅也。其二百五十金，望澄弟在家中兑与捐职者及进京会试者⑥，总在今冬明春归款，不致有误，但不可以更多耳。

父大人进县城两次，数日之经营，为我邑造无穷之福泽。上而邑长生感，下而百姓歌颂，此诚盛德之事。但乡民可与谋始，难与乐成。恐历时稍久，不能人人踊跃输将⑦，亦未必奏效无滞。我家倡义⑧，风示一邑⑨，但期鼓舞风声而不必总揽全局，庶可进可退，绰绰馀裕耳。

朱明府之得民心，予已托人致书上游，属其久留我邑。若因办饷得手，而遂爱民勤政，除盗息讼，则我邑之受赐多矣。社仓之法，有借无还，今日风俗，诚然如此。澄弟所见，良为洞悉时变之言，此事竟不可议举行。王介甫青苗之法所以病民者，亦以其轻于借而艰于还也。

【注释】

①凌荻舟：凌玉垣，字荻舟，湖南善化人，道光二十年（1840）举人，官工部屯田司主事。著有《兰芬馆诗初抄》十三卷。

②私相授受：指暗地里的互相授受。

③孙筱石：湘军将领，与李续宾、曾国华一起战殁于三河镇。

④刘午峰：曾国藩友人。赙赠：谓赠送丧家以财物。

⑤枯窘：枯竭贫乏。

⑥捐职：谓捐纳得官。

⑦输将：资助，捐献。

⑧倡义：首倡大义，宣扬大义。

⑨风示：晓谕，教诲，告诫。

【译文】

凌荻舟的银子，虽然周小楼和荻舟的儿子私底下授受，欺瞒紫嫂，但荻舟的儿子应该又受到小楼的欺瞒，银两最终被周氏吞没了。我这里还存了凌荻舟二百金，打算今年全寄去。澄弟既然将这个消息与孙筱石说破了，那以后一概交给孙筱石，万无一失。刘午峰曾经说赙赠一百金，不知今年收到了吗？我今年还要还给凌荻舟二百，又要另筹二百五十金寄回家，财政颇为窘迫。今年的景况大不如去年，但是听闻澄弟福星来临，也算是对人有不小的好处了。这二百五十金，希望澄弟在家中兑给捐职和进京参加会试的举人，今年冬天或明年春天一定会有钱款归还，不会耽误，但不会有更多的钱。

父亲大人进县城两次，几日的经营，为家乡缔造了无穷的福泽。在上的县长心生感激，在下的百姓歌功颂德，这真是盛德之事。但是，可以与乡民谋划创业，却难以与乡民守成。只怕时间稍久，就不能人人踊跃捐献粮食，也不一定顺利奏效，毫无阻难。我家首创大义，晓谕全县，只期望能鼓舞风气，而不强求把握全局，如此便可做到进退自如，绰绰有余。

朱县令深得民心，我已经托人向上级写信，让他长久地留在我县。若因为成功办饷而更加勤政爱民，消除盗贼，止息诉讼，那实在是对我县莫大的恩赐。实行社仓法，粮食有借无还，现在的风俗还真是这样！澄弟的见解实在是洞悉社会变化的金玉良言，此事竟不能付诸实践了。王安石的青苗法之所以坑害百姓，也是因为好借难还。

季弟书中言每思留心于言行之差错，以时时儆惕①。余观此语，欣慰之至。凡人一身，只有迁善改过四字可靠；凡人一家，只有修德读书四字可靠。此八字者，能尽一分，必有一分之庆；不尽一分，必有一分之殃。其或休咎相反，必其中有不诚，而所谓改过修德者，不足以质诸鬼神也。吾与诸弟勉之又勉，务求有为善之实，不使我家高曾祖父之积累自我兄弟而剥丧。此则余家之幸也。

余癣疾上身全好，自腰以下略有未净。精神较前三年竟好得几分，亦为人子者仰慰亲心之一端。宅内小大上下俱平安。

同乡周子佩丁忧^②，余送银八两，挽联一付。杜兰溪放山西差^③。漱六又不得差^④，颇难为情。写作俱佳，而不可恃如此。曹西垣请分发^⑤，将于月半后之官皖中。李笔峰完娶之后，光景奇窘。同乡各家大半拮据^⑥。纪泽近日诗论又稍长进。书不一一，顺候近佳^⑦。余俟续具。

兄国藩手草

【注释】

①儆惕：戒惧。

②周子佩：曾国藩的同乡，生平不详。

③杜兰溪：杜学礼，字兰溪，湖南临武人。道光二十一年辛丑（又说二十四年甲辰）进士。由工部郎中例授道员。历署广东廉惠潮诸道。

④漱六：袁芳瑛（1814—1859），谱名袁世矿，字挹群、号伯匀，一号漱六。湖南湘潭人。道光二十五年（1845）进士，散馆，授翰林院编修，充国史馆协修，实录馆协修纂修官，擢陕西道监察御史，咸丰四年（1854）官至苏州知府，七年（1857）迁任松江知府。咸丰九年卒于任上，赠正二品资政大夫。袁芳瑛与曾国藩是儿女亲家。袁芳瑛与朱学勤、丁日昌合称为咸丰时期三大藏书家，其藏书楼名为卧雪楼。

⑤分发：清制，道府以下非实缺人员分省发往补用者，谓之"分发"。

⑥拮据：艰难困顿，经济窘迫。

⑦顺候：书信结尾时表示问候的套语。近佳：犹近好。常用于书信。

【译文】

季弟的信里说，时常想着留心于自己言行中的差错，时时警惕。我看到这样的话，极其欣慰。作为一个人，只有"迁善改过"四个字可靠；作为一个家，只有"修德读书"四字可靠。这八个字，能做好一分，便有一分的福泽；做不好一分，便有一分的灾害。如果善恶相反，一定是人心不诚，所谓的改过、修德等，不足以验证于鬼神。我与弟弟们勉励再勉励，务必要真正的行善，不让我家高祖、曾祖、祖父、父亲几世的积累到我们兄弟这里化为乌有。这就是我家的幸运。

我上身的癣疾全好了，只是从腰以下还有一点点没有消退干净。精神状态比前三年竟然还好了几分，这也是我作为儿子可以宽慰父母的一个方面。我家里大大小小、上上下下都很平安。

同乡的周子佩丁忧，我送了八两银子、一副挽联。杜兰溪外调山西。袁漱六又没有得到差使，很难为情。文章也好，书法也好，竟不可倚仗到如此地步。曹西垣请求分发，将在一个半月后到安徽做官。李笔峰完婚之后，景况特别窘迫。同乡的各家大半都拮据。纪泽最近作的诗和议论文又稍有长进。纸短情长，文字表达不了情感的十分之一。希望听到最近一切都好的消息。其余待我下次写信再说。

哥哥国藩亲笔。

咸丰元年九月初五日

澄侯、温甫、子植、季洪四弟足下：

日来京寓大小平安。癣疾又已微发，幸不为害，听之而已。

湖南榜发，吾邑竟不中一人。沅弟书中言温弟之文典丽矞皇①，亦尔被抑，不知我诸弟中将来科名究竟何如②？以祖宗之积累，及父亲叔父之居心立行③，则诸弟应可多食厥报。以诸弟之年华正盛，即稍迟一科④，亦未遽为过时。特兄自近年以来事务日多，精神日耗，常常望诸弟有继起者，长住京城，为我助一臂之力。且望诸弟分此重任，余亦欲稍稍息肩⑤。乃不得一售⑥，使我中心无倚。

盖植弟今年一病，百事荒废，场中又患眼疾，自难见长。温弟天分本甲于诸弟，惟牢骚太多，性情太懒。前在京华，不好看书，又不作文，余心即甚忧之。近闻还家以后，亦复牢骚如常，或数月不搦管为文⑦。吾家之无人继起，诸弟犹可稍宽其责，温弟则实自弃，不得尽诿其咎于命运。吾尝见友朋中牢骚太甚者，其后必多抑塞⑧，如吴檀台、凌荻舟之流⑨，指不胜屈。盖无故而怨天，则天必不许；无故而尤人，则人必不服。感应之理，自然随之。温弟所处，乃读书人中最顺之境，乃动则怨尤满腹，百不如意，实我之所不解。以后务宜力除此病，以吴檀台、凌荻舟为眼前之大戒。凡遇牢骚欲发之时，则反躬自思⑩：吾果有何不足而蓄此不平之气？猛然内省⑪，决然去之。不惟平心谦抑⑫，可以早得科名，亦且养此和气⑬，可以稍减病患。万望温弟再三细想，勿以吾言为老生常谈⑭，不值一哂也⑮。

【注释】

①典丽：典雅华丽。鬲（yù）皇：辉煌，光辉。

②科名：科举功名。

③居心：指安心。立行：建德修行。

④科：指科举考试的届次。

⑤息肩：卸去负担。

⑥售：推行，施展，实现。

⑦搦（nuò）管：握笔，执笔为文。

⑧抑塞：压抑，阻塞。

⑨凌荻舟：凌玉垣，字荻舟，湖南善化人，道光二十年（1840）举人，官工部屯田司主事。著有《兰芬馆诗初抄》十三卷。

⑩反躬：反过来要求自己，自我检束。

⑪内省：内心反省自己的思想和言行，检查有无过失。

⑫平心：使心情平和，态度冷静。谦抑：犹谦逊。

⑬和气：犹元气，中气。中医谓人体内能使各器官发挥机能的原动力。

⑭老生常谈：原指年老书生的平凡议论，后泛指讲惯了的老话。

⑮不值一哂：不值得一笑。哂：微笑。比喻毫无价值。

也表示对某种事物或行为的轻蔑和讥笑。

【译文】

澄侯、温甫、子植、季洪四位老弟足下：

近来京城家中大小平安。癣疾又已经微微发作，幸亏没有大害，姑且听之任之。

湖南今科已经发榜，我们县竟然连一个人也没有中。沅弟信中说温弟的文章典丽堂皇，居然也被埋没，不晓得我几位弟弟中将来究竟能否得中科名？凭依祖宗的积德，父亲、叔父的居心和行事，几位弟弟将来必得善报，高中科名。几位弟弟都还年华正盛，就算稍微迟一两科考取功名，也不能说是错过时机。只是为兄我近年以来，事务一天天增多，精神一天天耗损，常常希望几位弟弟中有继我而起之人，长住在京城，为我助一臂之力。并且希望几位弟弟能分担重任，我也想能稍微轻松一下，没想到几位弟弟没有一个考中，让我心里觉得没有倚靠。

植弟因为今年得病，百事荒废，考试时又患眼病，自然难以看到长进。温弟的天分，在几位弟弟中算是最好的，只是牢骚太多，性情太懒，从前在京城，就不喜欢读书，又不爱写文章，我当时心里就很为他担忧。近来又听说温弟回家后，还是和从前一样爱发牢骚，常常几个月都不拿笔写文章。我家之所以无人继我而起，其他几位弟弟应负的责任还可以说较轻一些，温弟实在是自暴自弃，不应推诿责任，只说命运不好。我每每见到朋友中牢骚太甚的人，后来必然命运坎坷，比如吴樾台、凌荻舟这样的人，屈指算来，真是数也数不清。无缘无故地埋怨老天，老天也肯定不会答应；没有来由地指责他人，他人肯定不服。感应相报的道理，很自然地体现到每个人身上。温弟目前的处境，乃是读书人中最顺利的了。动不动就满腹牢骚，怨这怨那，百般不如意，实在是我所不理解。温弟以后务必努力去掉这个毛病，以吴櫺台、凌荻舟为前车之鉴。凡是遇到将要发牢骚的时候，就应自我反省：我究竟有哪些不足，又凭什么积蓄了这么多不平之气？要积极地深刻反省，毫不犹豫地去掉牢骚不平之气。如此，则不仅仅可以平心静气，低调谦虚，早日得中科名；还可以在体内养这和气，稍稍减少病患。万望温弟反复思量，不要将我的话当作老生常谈，不值得理会。

王晓林先生（稙）在江西为钦差[①]，昨有旨命其署江西巡抚。余署刑部，恐须至明年乃能交卸。袁漱六昨又生一女，凡四女，已殇其二。又丧其兄，又丧其弟，又一差不得。甚矣，穷翰林之难当也[②]！黄麓西由江苏引见入京[③]，迥非昔日初中进士时气象，居然有经济才。王衡臣于闰月初九引见[④]，以知县用，后于月底搬寓下洼一庙中，竟于九月初二夜无故遽卒。先夕与同寓文任吾谈至二更[⑤]，次早饭时，讶其不起，开门视之，则已死矣。死生之理，善人之报，竟不可解。

邑中劝捐弥补亏空之事，余前已有信言之，万不可勉强勒派[⑥]。我县之亏，亏于官者半，亏于书吏者半[⑦]，而民则无辜也。向来书吏之中饱[⑧]，上则吃官，下则吃民，名为包征包解⑨，其实当征之时，则以百姓为鱼肉而吞噬之；当解之时，则以官为雉媒而播弄之⑩。官索钱粮于书吏之手，犹索食于虎狼之口。再四求之，而终不肯吐。所以积成巨亏，并非实欠在民，亦非官之侵蚀入己也。今年父亲大人议定粮饷之事，一破从前包征包解之陋风，实为官民两利。所不利者，仅书吏耳。即见制台留朱公⑪，亦造福一邑不小。诸弟皆宜极力助父大人办成此事。惟捐银弥亏，则不宜操之太急，须人人愿捐乃可。若稍有勒派，则好义之事，反为厉民之举，将来或翻为书吏所借口，必且串通劣绅，仍还包征包解之故智，万不可不预防也。

梁侍御处银二百⑫，月内必送去。凌宅之二百，亦已兑去。公车来，兑五七十金，为送亲族之用，亦必不可缓。但京寓近极艰窘，此外不可再兑也。邑令既与我家商办公事⑬，自不能不往还，然诸弟苟可得见，即不宜常常入署。陶、李二处，容当为书。本邑亦难保无假名请托者，澄弟宜预告之。书不详尽。余俟续具。

兄国藩手草

【注释】

①王晓林：王稙，字晓林，咸丰元年任江西巡抚。

②翰林：官名。指清代翰林院属官，如侍读学士、侍讲学士、侍读、侍讲、修撰、编修、检讨等。

③引见：清制特指京官五品以下、外官四品以下，授官时文官由吏部，武官由兵部带领朝见皇帝。清严有禧《漱华随笔·知县改授》："近雍正年间，屡有引见知县奉旨改京员者。"

④王衡臣：湖南饱学之士，曾执教于长沙，曾国藩有意令诸弟拜于其门下。咸丰元年（1851）卒。

⑤先夕：头天夜里。

⑥勒派：强行摊派。

⑦书吏：承办文书的吏员。

⑧中饱：即中饱私囊，原谓居间者得利，后指经手钱财时，以欺诈手段从中取利。

⑨包征包解：清代田赋征解方式，即田赋征解一由书差承揽，州县除分得固定数量的规礼外，其余悉置不问。

⑩雉媒：为猎人所驯养用以诱捕野雉的雉。播弄：操纵，摆布。

⑪制台：明清时对总督的敬称。

⑫侍御：唐代称殿中侍御史、监察御史为侍御。后世因沿袭此称。唐李白有《赠韦侍御黄裳》诗。王琦注引《因话录》："御史台三院，一曰台院，其僚曰侍御史，众呼为端公；二曰殿院，其僚曰殿中侍御史，众呼为侍御；三曰察院，其僚曰监察御史，众呼亦曰侍御。"

⑬邑令：县令。

【译文】

王晓林先生（稙）在江西当钦差，昨天有圣旨命他兼

署江西巡抚。我兼署刑部。恐怕要到明年才能卸任。袁漱
六昨天又生了一个女儿，一共四个女儿，已经死了两个。
他又死了兄长和弟弟，又一份差事也得不到。他这个穷翰
林当得也太难了！黄麓西从江苏引见入京，已经远不是当
初刚中进士时的气象，居然很有经世济用的才能。王衡臣
是闰月初九引见的，用为知县，月底搬到我寓下洼一庙中，
竟然在九月初二夜里突然无故死了。头天夜晚还和同住一
起的文任吾谈到二更，次日早饭，惊讶他没起床，开门去
看，人就已经死了。死死生生的道理、所谓的善有善报，
我竟然突然不理解了。

　　家乡劝捐弥补亏空的事，我前些日子已经有信说过，
万万不可以勉强摊派。我县的亏空，亏在官手上的占一半，
亏在书吏手上的占一半，但老百姓是无辜的。从来书吏中
饱私囊，上头吃官，下头吃民，名义上是包征包解，其实
当征收的时候，便把百姓当作鱼肉而吞噬；当解送的时候，
又把官员当作招引的雉媒而从中播弄。官员从书吏手上索
取钱粮，就好比从虎狼口里讨食。再三请求，就是不肯吐
出来。所以才积累成大亏空，并不是因为百姓真的欠税，
也不是官员自己侵吞了。今年父亲大人议定粮饷的事，完
全打破从前包征包解的陋习，实在是于官于民都有利；所
不利的，只是书吏而已。就是去见制台挽留朱公这件事，
也对家乡造福不小，弟弟们应该尽力帮父亲大人办成这件
事。只是捐钱补亏空这件事，不要操之过急，一定要人人
自愿捐才行。如果稍微有勒派，那么一件力求正义的事，
反而成了损害人民的行为，将来或者反而被书吏们当作借

口，并且必然会串通地方上的劣绅，闹着要恢复包征包解的老办法，万万不可不早作预防。

梁侍御那二百两银子，月内一定会送去。凌宅的二百，也已经汇兑过去。进京赶考的举子来京，汇兑五、七十金，用来送给亲戚族人，也不能缓。但是，京城家中最近极其艰苦困窘，此外再不能多兑银钱了。县令既然与我家商办公事，自然不能不来往。但是，弟弟们如果可以见到县令的话，就不适合经常去县衙。陶、李两处，我会写信。本县难免会有借名请托的人，澄弟应该提前告诉我。书信不能一一详说，以后我再写吧。

哥哥国藩亲笔。

咸丰四年十月二十二日

澄侯、温甫、子植、季洪四位老弟左右：

胡二等于初一日到营，接奉父大人手谕及诸弟信，具悉一切。

兄于二十日自汉口起行，二十一日至黄州①。二十二日至堵城②，以羊一豕一，为文祭吴甄甫师③。二十三日过江至武昌县。二十四在巴河晤郭雨三之弟④，知其兄观亭在山西，因属邑失守革职，雨三现署两淮盐运使⑤。二十九日至蕲州⑥，是日水师大战获胜。初一、初四、初五，陆军在田家镇之对岸半壁山大战获胜⑦。初九、初十水师在蕲州开仗小胜，十三日水师大破田家镇贼防，烧贼船四千余号。自有此军以来，陆路杀贼之多，无过于初四之战；水路烧船之多，无有过于十三之役。现在前帮已至九江⑧，吾尚驻田家镇，离九江百五十里。陆路之贼均在广济、黄梅一带⑨，塔、罗于廿三日起行往剿⑩。一切军事之详，均具奏报之中⑪，兹并抄录寄回，祈敬呈父亲大人、叔父大人一览。

【注释】

①黄州：府名，地当今湖北黄冈。北周将置于黄城镇（今黄陂东）的南司州改名为黄州，隋改名永安郡，唐更名黄州，宋元明清皆名黄州，但所辖范围时有改变。明嘉靖四十二年（1563），黄州府始辖8县一州：黄冈、麻城、黄陂、罗田、黄安、蕲水、广

济、黄梅8县和蕲州。清代基本沿袭明制。民国元年始废黄州府。

②堵城：地名，即今黄冈市黄州区堵城镇，东临长江。

③吴甄甫：吴文镕，江苏仪征人，字甄甫、云巢，号竹孙。嘉庆进士。历任侍读学士、顺天学政、刑部侍郎等职。道光十九年（1839）任福建巡抚。次年改任江西巡抚。道光三十年擢云贵总督。咸丰二年（1852）调闽浙总督，寻改湖广总督，在武昌对抗太平军。四年在黄州（今湖北黄冈）被太平军打败，投水自杀。封骑都尉兼云骑尉世职，谥文节。其子吴养源编有《吴文节公年谱》。

④巴河：即巴河镇。位于浠水县西南部，地处长江与巴水河交汇处，紧靠古城黄州赤壁，与鄂州、黄石隔江相望。郭雨三：曾国藩的儿女亲家。曾署两淮盐运使。

⑤两淮盐运使：两淮盐运使掌握江南盐业命脉，向两淮盐商征收盐税。两淮盐运使司在扬州，下辖淮安分司、泰州分司等。两淮：泛指淮河两岸。盐运使：官名。始置于元代，设于产盐各省区，专设于两淮、两浙、福建等产盐各省。明清相沿，其全称为"都转盐运使司盐运使"，简称"运司"。其下设有运同、运副、运判、提举等官，有的地方则设"盐法道"，其长官为道员。

⑥蕲州：州名，地当今湖北省黄冈市蕲春县。明清时期为黄州府下属州。民国元年（1912），废黄州府，

改蕲州为蕲春县。

⑦田家镇：地名，即今湖北武穴市（清代广济县）田家镇，坐落于九江上游约 65 公里，武汉下游 150 公里，广济县城西南约 40 公里的长江中下游北岸江面狭隘处，与对岸半壁山和富池口互为犄角，是鄂、皖、赣的门户和入武汉之咽喉。其地势险要，以山锁江，湖泊连接，被誉为"武汉第一门户"和"楚江锁钥"。半壁山：位于湖北省黄石市阳新县城东 25 公里长江南岸。孤峰昂举，悬崖如削，突兀江心，屹如关隘，与北岸田家镇互为犄角，形势险要。为太平军阻击清兵之著名战场。

⑧前帮：先头部队。九江：简称"浔"，古称柴桑、江州、浔阳，为江西省地级市。东与上饶市鄱阳县和安徽省池州市东至县毗邻，南接南昌市新建县、安义县、靖安县、奉新县和宜春市铜鼓县等五县，西与湖南省平江县和湖北省崇阳县、通城县、通山县、阳新县等四县搭界，北与湖北省黄冈市武穴市、黄梅县及安徽省安庆市宿松县、望江县等两县隔江相望。

⑨广济：即广济县，因广济河得名。现为湖北省武穴市，属于湖北省黄冈市代管的县级市，是长江中游港口城市。县境位于长江中游北岸、大别山南麓、鄂东边缘，地扼吴头楚尾，历来是鄂、皖、赣毗连地段的"三省七县通衢"。黄梅：即黄梅县，隶属于湖北省黄冈市。位于长江中游北岸、大别山尾南

缘，鄂皖赣三省交界，南临长江黄金水道，扼八方之要衢，自古称"七省通衢"、"鄂东门户"。

⑩塔、罗：指湘军将领塔齐布、罗泽南。

⑪奏报：以书面向帝王报告。

【译文】

澄侯、温甫、子植、季洪四位老弟左右：

胡二等人初一来到军营，接到父亲大人亲笔信和弟弟们的信件，知晓一切情况。

为兄我二十日从汉口启程，二十一日到达黄州，二十二日到达堵城。用一头羊、一只猪，并作祭文祭告吴甄甫老师。二十三日渡过长江到达武昌县。二十四日在巴河镇遇见郭雨三的弟弟，知道他的兄长观亭在山西因为属邑失守而被革职，雨三现在任两淮盐运使。二十九日到达蕲州，当日水军大战获胜。初一、初四、初五，陆军在田家镇对岸半壁山大战获胜。初九、初十，水军在蕲州开战，获得小胜。十三日，水军大破贼匪在田家镇的防守，烧毁贼船四千多条。自从创建这支军队以来，陆路杀贼最多的是初四的战斗，水路烧船最多的是十三日的战斗。现在前面一波军队已经到了九江，我还驻扎在田家镇，离九江一百五十里。陆路的贼匪都在广济、黄梅一带，塔其布、罗泽南二十三日带领军队前去剿匪。一切有关军事的详细情况都在奏报里，现在一并抄录一份寄回来，敬呈父亲大人、叔父大人阅览。

刘一、良五于廿日到田家镇，得悉家中老幼均吉，甚慰甚慰。魏荫亭先生既来军中①，父大人命九弟教子侄读书，而九弟书来坚执不肯，欲余另请明师。余意中实乏明师可以聘请，日内与霞、次及幕中诸君子熟商②，近处惟罗研生兄是我心中佩仰之人③，其学问具有本原，于《说文》、音学、舆地④，尤其所长。而诗、古文辞及行楷书法，亦皆讲求有年。吾乡通经学古之士，以邹叔绩为最⑤，而研生次之。其世兄现在余幕中，故请其写家信聘研生至吾乡教读。研兄之继配陈氏⑥，与耦庚先生为联襟⑦，渠又明于风水之说，并可在吾乡选择吉地。但不知其果肯来否？渠现馆徐方伯处⑧，未知能辞彼就此否？若果能来，足开吾邑小学之风，于温甫、子植，亦不无裨益。若研兄不能来，则吾心中别无他人。植弟坚不肯教，则乞诸弟为访择一师而延聘焉为要。甲三、甲五可同一师，不可分开。科一、科三、科四亦可同师。余不一一，诸俟续布。

【注释】

①魏荫亭：魏承樾，字荫亭，湖南衡阳人。举人出身，著有《左传便读》、《性怡斋诗草》等书。咸丰初年受聘在曾府教书，与曾国藩之弟曾国潢为儿女亲家。

②霞、次：指刘霞仙（刘蓉）、李次青（李元度）。

③罗研生：罗汝怀（1804—1880），初名汝槐，字廿孙，一作念生、研生，晚号梅根居士。湖南湘潭人，入

省城南书院肄业，致力音韵训诂之学。又复广泛涉猎，博通经史。道光十七年（1837）选拔贡生，延试落第后绝意科举，专治经学，著有《湖南文征》200卷，《诗古音疏证》4卷，《禹贡古今义案》和《禹贡义参》各2卷，《七律流别集》12卷，《潭雅集》4卷等，共24种，又参与修纂光绪刊《湖南通志》。

④《说文》：东汉许慎所著《说文解字》的简称。是我国古代第一部系统分析字形和考证字源的字书。该书原有十四篇，叙目一篇。正文以小篆为主，收入九千三百五十三字，还有古文、籀文等异体重文一千一百六十三字，解说十三万三千四百四十一字。舆地：地理。

⑤邹叔绩：邹汉勋（1805—1854），湖南新化（今属隆回）人，字叔绩。咸丰元年（1851）中举。翌年春，赴礼部试，报罢，绕道江苏往访魏源（时知江苏高邮州），相与问学。咸丰三年（1853）初夏，由高邮回到长沙，因胞弟邹汉章随湘军将领江忠源被困江西南昌，与忠源弟江忠淑一同往解南昌之围，受知于江忠源，留幕参赞军务。是年十二月，太平军攻克庐州（今安徽合肥），邹汉勋被杀，尸骨未收。邹汉勋长于舆地之学，与魏源齐名，是中国近代舆地学奠基人之一。一生著述丰富，主要有《五均论》、《读书偶识》、《水经移注》等30余种，共460余卷。后人刊有《邹叔子遗书》七种传世。

⑥继配：续娶之妻。

⑦耦庚：贺长龄，字耦庚，号耐庵，湖南善化（今长沙）人。嘉庆进士。道光时历任江苏、福建等省布政使，后官至云贵总督。联襟：亦作"联衿"。姐妹夫婿间的相互称呼。

⑧徐方伯：指时任湖南布政使的徐有壬。方伯，殷周时代一方诸侯之长。后泛称地方长官。汉以来之刺史，唐之采访使、观察使，明清之布政使均称"方伯"。

【译文】

刘一、良五二十日来到田家镇，知道家中老少平安，非常欣慰。魏荫亭先生既已来军中，父亲大人命九弟教子侄们读书，可是九弟坚决不肯，要我另外请名师。我心目中实在没有名师可请，近日与刘霞仙（刘蓉）、李次青（李元度）以及幕府中诸位君子反复商量，家乡附近只有罗研生兄，是我心中佩服仰慕的人，他的学问都有本源，于《说文》、音韵学、地理地图学，更有专长；而诗、古文辞及行书楷书，也都研究过多年。我乡通经学古的人士，以邹叔绩（邹汉勋）为第一，而研生其次。他的公子现在我幕中，所以请他写家信回去，聘研生到我乡教书。研兄继配为陈氏，与耦庚先生是联襟，他又明了风水之说，还可帮着在我乡选择一块宝地，但不知他肯来不？他现在徐方伯处教馆，不知能辞掉那边来这里不？如果能来，是可在我乡开拓小学（文字音韵之学）的风气的，对于温甫、子植，也不无帮助。如果研兄不能来，那我心中就再没有别的人选。植弟坚决不肯教，那便求弟弟们访寻一位老师，聘到家塾，千万。甲三、甲五可以跟同一位老师，不可以分开。科一、科三、科四也可以跟同一位老师。我不再一一说了，其他等我以后再说吧。

咸丰六年十一月二十九日

澄侯四弟左右：

二十八日由瑞州营递到父大人手谕并弟与泽儿等信①，具悉一切。

六弟在瑞州办理一应事宜，尚属妥善，识见本好，气质近亦和平。九弟治军严明，名望极振。吾得两弟为帮手，大局或有转机。次青在贵溪尚平安②，惟久缺口粮，又败挫之后，至今尚未克整顿完好。雪琴在吴城③，名声尚好，惟水浅不宜舟战，时时可虑。

余身体平安，癣疾虽发，较之往在京师则已大减。幕府乏好帮手④，凡奏折、书信、批禀，均须亲手为之，以是未免有延搁耳⑤。余性喜读书，每日仍看数十叶，亦不免抛荒军务，然非此则更无以自怡也⑥。

纪泽看《汉书》，须以勤敏行之⑦。每日至少亦须看二十叶，不必惑于"在精不在多"之说。今日半页，明日数页，又明日耽搁间断，或数年而不能毕一部。如煮饭然，歇火则冷，小火则不熟，须用大柴大火乃易成也。甲五经书已读毕否？须速点速读，不必一一求熟。恐因求熟之一字，而终身未能读完经书。吾乡子弟未读完经书者甚多，此后当力戒之。诸外甥如未读完经书，当速补之。至嘱至嘱。

【注释】

①瑞州：即今江西省高安市古称。明洪武二年（1369）

改瑞州路为瑞州府。府治高安县（在今江西省高安市）。明初领高安、上高（今江西省上高县）二县，新昌（今江西省宜丰县新昌镇）一州。清末领高安、新昌（今江西省宜丰县新昌镇）、上高共3县。1913年废。

②次青：即李次青。李元度（1821—1887），湖南平江县人，字次青，又字笏庭，自号天岳山樵，晚年更号超然老人。生于道光元年（1821），4岁丧父，18岁中秀才。道光二十三年以举人官黔阳县教谕，是清代湘籍著名学者，著有《国朝先正事略》60卷、《天岳山馆文钞》40卷、《天岳山馆诗集》12卷、《四书广义》64、《国朝彤史略》10卷、《名贤遗事录》2卷、《南岳志》26卷等。其中《国朝先正事略》，荟萃清朝一代有关文献材料，尤为巨著。还主纂同治《平江县志》，《湖南通志》。李次青亦为湘军著名将领：咸丰二年（1852），曾国藩在湖南办团练，李元度应召入幕。后随军陷武昌、汉阳。五年，曾国藩于湖口、九江战败，退守南昌，他返湘募平江勇一军赴援。八年七月领兵700人防守江西玉山，与太平军激战获胜，加按察使衔。咸丰十年八月，李元度受命防守徽州（今安徽歙县），为太平军侍王李世贤攻克，因被革职拿问。旋以浙江巡抚王有龄疏调，又回籍募勇8000援浙，号"安越军"，由平江、通城追击忠王李秀成军至瑞州（今江西高安），起复原官，加布政使衔。次年九月领

兵入浙，与左宗棠败李世贤部于江山、常山，授浙江盐运使，升按察使。不久，曾国藩以其前有徽州失守获咎、不候审讯等情加以弹劾，奉旨发往军台效力。后经左宗棠、沈葆桢、李鸿章等联名奏保，得免遣戍，放归乡里。同治初，贵州苗民、教军与号军举旗反清，李元度重被起用。同治五年（1866）三月，率新募平江兵勇2000人，随各路进入贵州。两年之间，攻陷苗、号军村寨九百余座。事平，授云南按察使。旋开缺回籍。光绪十年（1884）中法战争爆发后，李元度应彭玉麟之邀，赴广东办理防务，建议堵塞虎门海口。十一年六月，补贵州按察使。疏陈筹防筹饷之策，主张改江南漕运为折色；仿洋法修筑炮台；福建巡抚专驻台湾，以防法、日等国逞凶；将湖北、广东、云南三省与总督同城之巡抚裁撤；在国外华侨寄居地方，设立公使或领事等。十三年（1887），李元度迁贵州布政使。同年九月二十七日卒于官。

③雪琴：即彭雪琴。彭玉麟（1816—1890），字雪琴，号退省庵主人、吟香外史，祖籍衡永郴桂道衡州府衡阳县（今衡阳市衡阳县渣江），生于安徽省安庆府。道光末参与镇压李沅发起事。后至耒阳为人经理典当，以典当资募勇虚张声势阻退逼近县境之太平军。复投曾国藩，分统湘军水师。半壁山之役，以知府记名。以后佐陆军下九江、安庆，改提督、兵部右侍郎。同治二年（1863），督水师破

九洑洲，进而截断天京粮道。战后，定长江水师营制，每年巡阅长江，名颇著。官至两江总督兼南洋通商大臣，兵部尚书，封一等轻车都尉。光绪十六年（1890）三月，病卒于衡州湘江东岸退省庵。赐太子太保，谥刚直，并建专祠。彭玉麟是湘军水师创建者、中国近代海军奠基人。与曾国藩、左宗棠并称"大清三杰"；与曾国藩、左宗棠、胡林翼并称"中兴四大名臣"。彭玉麟于军事之暇，绘画作诗，以画梅名世。他的诗后由俞曲园结集付梓，题名《彭刚直诗集》（八卷），收录诗作五百余首。吴城：地名，即今江西省永修县吴城镇，位于永修县东北部，鄱阳湖西汊，距永修县城 33 公里，距南昌市 90 公里，距九江市 120 公里。因地处赣江、鄱阳湖、修河交汇处，商业发达，是江西四大名镇之一。吴城，原名吴山。东汉末年，太史慈驻守海昏县城，始在吴山筑城。南北朝时，吴城属陈西昌县。宋太平兴国六年（981），划南昌城西北十四乡设置新建县，吴城隶属新建县。清末，南昌城设府，吴城设二府衙（现名二府套的由来），管辖吴城镇"六坊"（济川坊、来苏坊、福尼坊、后显坊、里仁坊、前显坊）。民国时期在吴城设区公署，有"三十三联保"。1954 年吴城划归永修县管辖。

④幕府：本指将帅在外的营帐。后亦泛指军政大吏的府署。

⑤延搁：拖延耽搁。

⑥自怡：自乐，自娱。

⑦勤敏：勤勉机敏。

【译文】

澄侯四弟左右：

二十八日，接到从瑞州军营送来的父亲大人亲笔信和弟弟、纪泽孩儿等人的信件，一切情况都已知道。

六弟在瑞州，办理一切事宜还算妥善。见识本来就好，气质也近于平和。九弟治军严明，名望极大。我有两位弟弟当帮手，大局或许会有转机。李次青在贵溪还算平安，只是久缺口粮，加上打了败仗之后，到现在还没能整顿完好。彭雪琴在吴城的名声还算不错，只是河水太浅，还不适合用船作战，时时让人担心。

我身体平安。癣疾虽然发作，但比以前在京师的时候已经减轻了很多。营中缺乏好帮手，凡奏折、书信、批禀，都要我亲自动手，因此有时未免耽搁拖延。我生性喜欢读书，每日还看几十页，也不免荒废军务，但除了读书我便没有什么可以怡情的活动了。

纪泽看《汉书》，应当既勤奋，又快速，每天至少要看二十页，不必迷惑于"在精不在多"这种说法。今天读半页，明天读几页，再明天又耽搁下来，不再继续，或至好几年还读不完一部书。这就像煮饭一样，歇了火就冷，火小了就不熟，要用大柴大火，才容易成功。甲五的经书已经读完没有？必须快速圈点快速阅读，犯不着一个字一个字都熟练，只怕因为过于求熟，而穷其一生都不能把经书读完。我们家乡的子弟，没有读完经书的太多，以后要努力引以为戒。外甥们如果没有读完经书，应当马上补读完。牢记牢记！

再：

余往年在京曾寄银回家，每年或百金或二百金不等。一以奉堂上之甘旨，一以济族戚之穷乏。自行军以来，仅甲寅冬寄五百十金。今年三月，澄弟在省城李家兑用二百金，此际实不能再寄。盖凡带勇之人，皆不免稍肥私囊①。余不能禁人之不苟取，但求我身不苟取。以此风示僚属②，即以此仰答圣主③。今年江西艰困异常，省中官员有穷窘而不能自存者，即抚藩各衙门亦不能寄银赡家，余何敢妄取丝毫？兹寄银三十两，以二十两奉父亲大人甘旨之需，以十两奉叔父大人含饴之佐④。此外家用及亲族常例，概不能寄。

澄弟与我自湘潭一别之后，已若漠然不复相关。而前年买衡阳之田，今年兑李家之银，余皆不以为然⑤。以后尽可不必代管。千万千万。

【注释】

①稍肥私囊：指稍有中饱私囊之嫌疑。

②风示：晓谕，教诲，告诫。僚属：属官，属吏。

③仰答：旧谓报答尊者。

④含饴：即含饴弄孙。饴，饴糖，用麦芽或谷芽之类熬成，幼儿喜食。

⑤不以为然：不认为是正确的。多用于表示不同意。

【译文】

再者：

我往年在京城寄银子回家，每年或一百金或两百金不等。一则供奉堂上大人饮食之需，一则救济穷困的亲族。自从行军打仗以来，只有甲寅年的冬天寄回去一百五十金。今年三月，澄弟在省城李家兑用二百金，而今实在不能再寄银钱回去了。因为凡带兵的人，都不免有点中饱私囊。我不能禁止这种行为，只求我自己不随便拿，以身作则为属官作榜样，也算是报答皇上看重我的一片恩情。今年江西异常艰难困苦，省中官员有穷困窘迫到养不活自己的，即便是巡抚和布政使各衙门也不能寄钱养家，我又怎么敢妄取分毫？现在寄回银子三十两，拿二十两供奉父亲大人饮食之需，拿十两帮助叔父大人抚养孙儿。此外，家用、亲族的例钱都不能寄了。

澄弟与我湘潭一别之后，已经好像漠不相关的两个人。前年买衡阳的田、今年兑李家的钱，我都不怎么赞同，以后澄弟完全可以不必代我管此事了。千万切记。

咸丰七年十月初四日

沅浦九弟左右：

廿二夜灯后，佑九、金八归，接弟十五夜所发之信，知十六日已赴吉安①。屈指计弟廿四日的可抵营，廿五六当专人归来，今日尚未到家，望眼又复悬悬②。

"吉"字中营尚易整顿否？古之成大事者，规模远大与综理密微③，二者缺一不可。弟之综理密微，精力较胜于我。军中器械，其略精者，宜另立一簿，亲自记注，择人而授之。古人以铠仗鲜明为威敌之要务④，恒以取胜。刘峄衡于火器亦勤于修整⑤，刀矛则全不讲究。余曾派褚景昌赴河南采买白蜡杆子⑥，又办腰刀分赏各将弁，人颇爱重。弟试留心此事，亦综理之一端也。至规模宜大，弟亦讲求及之，但讲阔大者，最易混入散漫一路，遇事颟顸⑦，毫无条理，虽大亦奚足贵？等差不紊⑧，行之可久，斯则器局宏大⑨，无有流弊者耳。顷胡润芝中丞来书赞弟有曰"才大器大"四字⑩，余甚爱之。才根于器，良为知言⑪。

【注释】

①吉安：地名，古称庐陵、吉州，元初取"吉泰民安"之意改称吉安，清代为吉安府，今为吉安市，位于江西省中部，罗霄山脉中段，赣江中游。

②悬悬：惦念貌。汉蔡琰《胡笳十八拍》："身归国兮

儿莫知随，心悬悬兮长如饥。"

③综理：总揽，管理。密微：邃密微妙。

④铠仗：铠甲和兵器。鲜明：出色，鲜亮。

⑤刘峙衡：刘腾鸿（1819—1857），字峙衡，今湖南省涟源市人；1855年夏，率湘勇赴岳州镇压李日逢领导的农民暴动，旋随罗泽南部进入湖北，与太平军作战，连下通城、崇阳、蒲圻、咸宁等地，重创太平军于鲇鱼套，叙从九品；罗泽南令其增募兵勇500人，从洪山之东西两面夹击太平军获胜，擢知县；1856年夏，率部会同曾国华驰援江西，由咸宁、通山转战蒲圻、通城，进入江西，占领万载等地，参与攻打瑞州（今高安）南城，屡战屡捷，擢直隶州知州，留江西补用；1857年，主持江西南路军事，连下袁州（今宜春）等，后攻瑞州北城，亲自上阵督战时中炮身亡。

⑥褚景昌：曾国藩僚属。白蜡：白蜡树，木犀科、梣属落叶乔木，树皮灰褐色，纵裂。植株萌发力强，材理通直，生长迅速，柔软坚韧，供编制各种用具。白蜡杆子，是一种武术器材，可以作枪杆。

⑦颟顸（mānhān）：糊涂而马虎。

⑧等差：等级次序，等级差别。

⑨器局：器量，度量。

⑩胡润芝中丞：指当时的湖北巡抚胡林翼。

⑪知言：有见识的话。

【译文】

沅浦九弟左右：

二十二日夜里掌灯后，佑九、金八回来，接到弟弟十五日夜里所发的信，知道弟弟十六日已经赶赴吉安。屈指一算，估计弟弟二十四日可以抵达军营，二十五、六日应该会派专人回来，今天还没有到家，再度望眼欲穿。

吉字中营还容易整顿吗？自古成就大事业的人，规模远大与综理密微，这两方面缺一不可。弟弟你在综理密微方面，精神和能力比我要强一些。对于军中的刀具枪械之类，稍稍精良一些的，要另外建一个账簿，亲自记录注明，选择适当的人，交付给他们使用。古人打仗，以盔甲鲜明刀枪锋利为威慑敌人的第一要务，并总是凭此取得胜利。刘峙衡对于火器的修整很是上心，但对刀矛之类却完全不讲究。我曾经派褚景昌去河南大量采购白蜡杆子，又办置了许多腰刀，分赏将士们，他们非常爱重。弟弟你也不妨尝试一下，留心这件事，也是处理诸多杂事的一方面。至于说到规模，力求远大，弟弟你也要努力讲求。但是讲求规模阔大的人，很容易走上自由散漫的路子。做事漫不经心，一点儿条理也不讲，那样的话，嘴上追求远大，又有什么可取之处呢？等级次序不乱，做事有条不紊，实行起来，才可以久远；这样才能器量局面宏大，而不会产生什么流弊。前不久胡润芝（胡林翼）中丞来信，信中称赞弟弟你，用了"才大器大"四个字，我看了真是很喜欢。器量是才能的根本，这真是至理名言啊！

湖口贼舟于九月八日焚夺净尽①。湖口、梅家洲皆于初九日攻克②。三年积愤，一朝雪耻！雪琴从此重游浩荡之宇③。惟次青尚在坎窞之中④，弟便中可与通音问也⑤。润翁信来，仍欲奏请余出东征。余顷复信，具陈其不宜，不知可止住否？彭中堂复信一缄，由弟处寄至文方伯署，请其转递至京。或弟有书呈藩署，末添一笔亦可。李迪庵近有请假回籍省亲之意⑥，但未接渠手信。渠之带勇，实有不可及处。弟宜常与通信，殷殷请益⑦。

弟在营须保养身体，肝郁最易伤人，余生平受累以此，宜和易以调之也⑧。

【注释】

①湖口：县名，今属江西省九江市，因系长江与鄱阳湖唯一交汇口而得名。地处湖北、安徽、江西三省交界，素有"江湖锁钥，三省通衢"之称。南朝刘宋时期始设湖口戍，隶属彭泽县。唐武德五年，安抚使李大亮以其冲要，特置湖口镇。南唐升元二年（938）析彭泽县之彭泽乡及五柳乡之半置湖口县，县治枭阳镇（今双钟镇西南），隶属奉化军。此后，湖口曾先后隶属江州、定江军、江州路、九江府。

②梅家洲：地名，今属九江市庐山区。

③浩荡：广大旷远。

④坎窞（kǎndàn）：坑穴，喻险境。

⑤便中：方便的时候。

⑥李迪庵：李续宾（1818—1858），字如九、克惠，号迪庵，湖南湘乡（今湖南娄底涟源）人，贡生出身。咸丰二年（1852）在籍协助其师罗泽南办团练，对抗太平军。次年随罗泽南出省作战，增援被太平军围困的南昌。咸丰四年（1854），在湘军攻占湖南岳州（今岳阳）、湖北武昌、田家镇（今武穴西北）等重要作战中，常当前锋、打硬仗，以功升知府。次年一月，随罗泽南南下，连占弋阳、广信（今上饶）、德兴、义宁等府县。十二月，随罗泽南赴援湖北。咸丰六年（1856）罗泽南战死后，接统其军，成为湘军重要统兵将领。咸丰八年（1858）十一月，在三河之战中陷入太平军的重兵包围，战死（一说自杀）。谥忠武。有《李忠武公遗书》存世。

⑦请益：向人请教。

⑧和易：温和平静，温和平易。

【译文】

湖口的贼船九月八日全部被我军焚烧、抢夺干净，湖口、梅家洲都在初九被攻克。三年积愤，一朝雪耻，（彭）雪琴从此能重新遨游朗朗乾坤了。只有（李）次青还身处险境，弟弟方便的时候可以与他互通音讯。润翁来信，仍然想奏请圣上，让我东征。我之前回信，详备地陈述了此事不合宜之处。不知是否能让他打消念头？给彭中堂的回信一封，由弟弟那里寄到文方伯官署，请他转寄京师。如果弟弟有信上呈藩署，可以在末尾添上一笔。李迪庵（续宾）最近想请假回老家省亲，但还没有接到他的亲笔信。他带兵确实有过人之处。弟弟应该常常与他互通音信，殷勤请教。

弟弟在军营必须保养身体。肝气郁结最容易伤人，我平生就是受累于此。弟弟为人处世应该温和平易，以调养身体。

咸丰七年十二月十四日

沅浦九弟左右：

　　十二日正七、有十归，接弟信，备悉一切。

　　定湘营既至三曲滩，其营官成章鉴亦武弁中之不可多得者①，弟可与之款接②。

　　来书谓"意趣不在此，则兴会索然。③"此却大不可。凡人作一事，便须全副精神注在此一事，首尾不懈。不可见异思迁，做这样，想那样；坐这山，望那山。人而无恒，终身一无所成。我生平坐犯无恒的弊病，实在受害不小。当翰林时，应留心诗字，则好涉猎它书，以纷其志。读性理书时④，则杂以诗文各集，以歧其趋。在六部时，又不甚实力讲求公事。在外带兵，又不能竭力专治军事，或读书写字以乱其志意。坐是垂老而百无一成。即水军一事，亦掘井九仞而不及泉⑤，弟当以为鉴戒。现在带勇，即埋头尽力以求带勇之法，早夜孳孳⑥，日所思，夜所梦，舍带勇以外则一概不管。不可又想读书，又想中举，又想作州县，纷纷扰扰，千头万绪，将来又蹈我之覆辙，百无一成，悔之晚矣。

【注释】

①成章鉴：曾任湘军定湘营营官，病殁于吴城。

②款接：结交，交往。

③兴会：意趣，兴致。索然：乏味，无趣引申为无兴味。

④性理：性命与天理，指宋儒性理之学。

⑤仞：古代计量单位。一仞为周尺八尺或七尺，周尺
一尺约合二十三厘米。

⑥孳孳：同"孜孜"，勤勉，努力不懈。

【译文】

沅浦九弟左右：

本月十二日，正七和有十两个人回来，我读到弟弟你
的信，知道了一切情况。

定湘营官兵既然已到三曲滩地方，定湘营的长官成章
鉴也可算是武将中不可多得的人才，弟弟你不妨和他结交
来往。

弟弟你来信中说"自己的意趣不在这里，因此做事索
然无味"，这可是万万不行啊。一个人，凡是要做一件事，
就必须全副精神投入到这件事中去，自始至终，毫不松懈；
绝不能见异思迁，做这件事的时候，想那件事；坐在这山
头，却望着那山高。人若是没有恒心，终其一生都不会有所
成就的。我这辈子只因犯这没恒心的毛病，实在是受害不
小。当翰林的时候，本应留心诗文和书法，我却喜欢涉猎其
他书籍，以至于心志不够集中；读性理方面的书的时候，我
又杂览古今诗文集，以至于用力方向不集中。在朝廷六部
做官时，我办公事又不太务实。在外带兵打仗，我又不能
竭力专心地来处理军务，有时因读书、写字而分心，乱了意
志。正因为如此，上了岁数了还百事无一能成。就拿治水
军这件事来说，我也像那挖井挖了九仞深而放弃，最终没
有挖到地下泉水的人一样半途而废。弟弟你应当以我为教
训。你现在带兵，就埋头苦干、尽心尽力，努力讲求带好兵

的方法，日夜用心，白天想的，晚上梦的，除了带兵这一件事之外，一概都不去管。绝不可以又想读书，又想中科举，又想做州官县令，想这想那，千头万绪，将来又走上我不成功的老路，百事都不能成，那时候再后悔可就晚了。

　　带勇之法，以体察人才为第一，整顿营规、请求战守次之。《得胜歌》中各条①，一一皆宜详求。至于口粮一事，不宜过于忧虑，不可时常发禀。弟营既得楚局每月六千②，又得江局月二三千③，便是极好境遇。李希庵十二来家④，言迪庵意欲帮弟饷万金。又余有浙盐赢余万五千两在江省，昨盐局专丁前来禀询⑤，余嘱其解交藩库充饷⑥。将来此款或可酌解弟营，但弟不宜指请耳。饷项既不劳心，全副精神讲求前者数事，行有余力，则联络各营，款接绅士。身体虽弱，却不宜过于爱惜。精神愈用则愈出，阳气愈提则愈盛；每日作事愈多，则夜间临睡愈快活。若存一爱惜精神的意思，将前将却，奄奄无气⑦，决难成事。凡此皆因弟"兴会索然"之言而切戒之者也⑧。弟宜以李迪庵为法，不慌不忙，盈科后进⑨，到八九个月后，必有一番回甘滋味出来⑩。余生平坐无恒流弊极大⑪，今老矣，不能不诚教吾弟吾子。

【注释】

①得胜歌：曾国藩曾将战术要点编成歌诀，教湘军将

士传唱，名曰"得胜歌"。

②楚局：在湖北设置的募捐钱两供湘军军饷之需的专门机构。

③江局：在江西设置的募捐钱两供湘军军饷之需的专门机构。

④李希庵：李续宜（1822—1863），字克让，号希庵，湖南涟源人，清末湘军将领，浙江布政使李续宾之弟。咸丰初以文童从李续宾镇压太平军，转战江西、湖北、安徽，官至安徽巡抚。

⑤盐局：课盐税的专门机构。

⑥藩库：即省库。清代布政司所属储钱谷的仓库。

⑦奄奄：气息微弱貌。

⑧切戒：严肃告诫。

⑨盈科后进：泉水遇到坑洼，要充满之后才继续向前流。比喻学习应步步落实，不能只图虚名。语出《孟子·离娄下》："原泉混混，不舍昼夜，盈科而后进，放乎四海。"

⑩回甘：回味甜美。谓滋味由涩变甜。

⑪流弊：相沿而成的弊病。

【译文】

带兵的方法，最要紧的是体察人才，其次是整顿军规，讲求攻战、防守的战术。《得胜歌》里说的每一条，都要一一讲求。至于将士口粮的事情，不要过于担心，不可以频繁向上级发文禀告这方面的事。弟弟你营中既然得了楚局每月的六千军饷，又得江局每月二三千军饷，境遇其实也是很好了。李希庵（李续宜）十二日到我家来，说李迪庵（李续宾）想要帮助弟弟你万两军饷。此外我有浙江盐业盈余款项一万五千两在江西省，昨天盐局派兵前来向我禀报询问，我嘱咐他们将此款项解交藩库充军饷，将来这笔钱或者可以酌情解送弟弟你营中，但弟弟你不应当要求上面指定将这笔款子拨给你用。军饷的事情，既然不用操心了，弟弟你当用尽全副精神去讲求前面说到的几件事。行有余力的话，就去各营走走，多和一些绅士交往，联络一下感情。身子骨就算弱一些，却是不宜过于爱惜的。精神是越用越旺的，阳气也是越提越盛。每天做事越多，晚上睡前就越快活。如果存有一个爱惜精神的念头，又想进又想退，没有一丝儿精气神，绝对难以成事。以上这些，都只因弟弟你信中说"兴会索然"一句话引发出来，深切地劝诫于你。弟弟你应以李迪庵为榜样，做事不慌不忙，功夫下够了自然前进，弟弟你这样坚持八、九个月以后，必有苦尽甘来的一番滋味在心头。我这辈子受没有恒心的不利影响太大，如今我老了，不能不告诫我的弟弟们和儿子们。

邓先生品学极好①，甲三八股文有长进，亦山先生亦请邓改文②。亦山教书严肃，学生甚为畏惮。吾家戏言戏动积习，明年当与两先生尽改之。

下游镇江、瓜洲同日克复③，金陵指日可克。厚庵放闽中提督④，已赴金陵会剿，准其专折奏事。九江亦即日可复。大约军事在吉安、抚、建等府结局⑤，贤弟勉之。吾为其始，弟善其终，实有厚望。

若稍参以客气⑥，将以戕志⑦，则不能为我增气也⑧。营中哨队诸人气尚完固否⑨？下次祈书及。

【注释】

①邓先生：指邓寅皆，曾国藩次子曾纪鸿的老师。

②亦山先生：荷叶塘曾氏家塾老师。

③镇江：江苏省所辖地级市，位于江苏省西南部。位于中国东部沿海、长江下游南岸，古时称"润州"，民国时期为江苏省省会。东南接常州市，西邻南京市，北与扬州市、泰州市隔江相望。瓜洲：在今天江苏省扬州市邗（hán）江区，是江苏省扬州市的一个历史文化名镇。南与镇江市区隔江相望，北距扬州市区9千米，东距扬州港5千米。

④厚庵：湘军水师统帅杨岳斌（1822—1890），原名载福，字厚庵，湖南善化（今长沙）人，原籍乾州（今吉首）。杨岳斌行伍出身，曾参与镇压新宁李沅发起义。咸丰三年（1853），随曾国藩创建湘军水师，任右营营官，此后多次与太平军交战，屡立战功，累升至福建水师提督，赐号彪勇巴图鲁。同治年间，与曾国藩、曾国荃定计合围南京，围剿长江两岸，镇压太平天国，授陕甘总督，赏一等轻车都尉世职。光绪元年（1875），杨岳斌受命与彭玉麟整顿长江水师。光绪十一年（1885），率军赴援台湾，协同刘铭传共御法军。光绪十六年（1890），杨岳斌病逝，赠太子太保，谥勇悫。杨岳斌能诗文，

尤善书法，有《杨勇悫公遗集》传世。提督：清时于重要省份设提督，职掌军政，统辖诸镇，为地方武职最高长官。

⑤抚、建：指当时江西省下属之抚州、建昌二府。

⑥客气：谓言行虚骄，并非出自真诚。《左传·定公八年》："公侵齐，攻廪丘之郛……主人出，师奔。阳虎伪不见冉猛者，曰：'猛在此，必败。'猛逐之，顾而无继，伪颠。虎曰：'尽客气也。'"杜预注："言皆客气，非勇。"杨伯峻注："客气者言非出于衷心。"

⑦斁（dù）志：损坏意志。

⑧增气：激励士气，提高士气。

⑨完固：饱满，充沛。

【译文】

邓（寅皆）先生品学兼优，甲三的八股文有进步，亦山先生也请邓先生改文章。亦山教书严肃，学生们对他非常畏惧。我家弟子乱说话、乱动的坏习惯，明年应当和两位先生一起想法尽力改掉。

下游的镇江、瓜洲在同一日收复，金陵指日可待。杨厚庵（载福）新任闽中提督，已经赶赴金陵联合剿匪，圣上允许他有专门的折子上奏事情。九江近日也可以收复。这次军事行动大约可以在吉安、抚州、建昌等府城有个结局，贤弟多加努力。这件事，从我这里开始，在弟弟那里结束，我对弟弟实有很大的期望。如果稍微松懈敷衍，将会损害志气，就不能鼓舞我方士气了。营中哨队诸人精气神还饱满吗？希望弟弟在下次信中提到。

咸丰八年正月十四日

沅浦九弟左右：

十二日安五来营，寄第二号家信，亮已收到。

治军总须脚踏实地，克勤小物，乃可日起而有功。凡与人晋接周旋，若无真意，则不足以感人；然徒有真意而无文饰以将之，则真意亦无所托之以出，《礼》所称"无文不行"也①。余生平不讲文饰，到处行不动，近来大悟前非。弟在外办事，宜随时斟酌也。

闻我水师粮台银两尚有赢余②，弟营此时不缺银用，不必解往。若绅民中实在流离困苦者，亦可随便周济。兄往日在营艰窘异常，初不能放手作一事③，至今追憾。弟若有宜周济之处，水师粮台尚可解银二千前往。应酬亦须放手，办在绅士百姓身上，尤宜放手也。

【注释】

①无文不行：语出《礼记·礼器第十》："先王之立礼也，有本，有文。忠信，礼之本也；义理，礼之文也。无本不立，无文不行。"疏曰："言必外内具也。"

②粮台：清代行军时沿途所设经理军粮的机构。《清会典事例·户部·厘税》："又设立江北厘捐，归大营粮台经理。"

③放手：解除束缚，打消顾虑。

【译文】

沅浦九弟左右：

十二日安五来到军营，寄去第二号家信，想必弟弟已经收到了。

治理军队总是要脚踏实地的，能把小事做好，才能一天天有起色最后建立大功。凡是和人接触周旋，如果不能以诚相待，那就不能打动人家；但如果仅仅只有诚意，而没有面子上的客套来表现，那么诚意也无从表达。这就是《礼记》里所说的"没有文饰，行不通"。我生平不讲究文饰客套，到处行不通，近来大彻大悟，明白自己以前的过失。弟弟你在外办事，应时时考虑。

听说我水师粮台的银两还有盈余，弟弟你营中现在不缺银钱，不必往那里解送银两。如果士绅民众中实在有流离失所的困苦者，得便也可随时周济。为兄我过去在军营，艰苦窘迫异常，完全不能放手做任何一件有益于当地民众的事，至今追忆，仍觉遗憾。如果弟弟你有需要周济的用场，水师粮台这边还可以解送二千两银子过去。应酬的事情，也要放开手脚来办，在当地绅士、百姓身上，尤其应该放手去做。

咸丰八年三月初六日

沅浦九弟左右：

初三日刘福一等归，接来信，藉悉一切。

城贼围困已久，计不久亦可攻克。惟严断文报是第一要义，弟当以身先之。

家中四宅平安。余身体不适，初二日住白玉堂①，夜不成寐。温弟何日至吉安？

古来言凶德致败者约有二端②：曰长傲，曰多言。丹朱之不肖③，曰傲，曰嚚讼④，即多言也。历观名公巨卿多以此二端败家丧身。余生平颇病执拗⑤，德之傲也。不甚多言，而笔下亦略近乎嚚讼。静中默省愆尤⑥，我之处处获戾，其源不外此二者。温弟性格略与我相似，而发言尤为尖刻。凡傲之凌物，不必定以言语加人，有以神气凌之者矣，有以面色凌之者矣。温弟之神气稍有英发之姿，面色间有蛮很之象，最易凌人。凡中心不可有所恃，心有所恃，则达于面貌。以门地言⑦，我之物望大减⑧，方且恐为子弟之累；以才识言，近今军中炼出人才颇多，弟等亦无过人之处，皆不可恃。只宜抑然自下，一味言忠信、行笃敬，庶几可以遮护旧失、整顿新气。否则，人皆厌薄之矣⑨。沅弟持躬涉世，差为妥叶。温弟则谈笑讥讽，要强充老手，犹不免有旧习，不可不猛省，不可不痛改！余在军多年，岂无一节可取？只因"傲"之一字，百无一成，故谆谆教诸弟以为戒也。

①白玉堂：位于湖南双峰荷叶镇天坪村白杨坪，是曾国藩的第一故居，曾国藩出生于此。白玉堂三进四横，共有48间房子，6个天井，2个花圃，整个建筑为砖木结构，青瓦白墙，双层飞檐，山字墙垛，雕梁画栋，颇为壮观。

②凶德：违背仁德的恶行。

③丹朱：帝尧之子。相传，因为丹朱不肖，尧将帝位禅让给了舜。司马迁《史记·五帝本纪》："尧辟位凡二十八年而崩。百姓悲哀，如丧父母。三年，四方莫举乐，以思尧。尧知子丹朱之不肖，不足以授天下，于是乃权授舜。授舜，则天下得其利而丹朱病；授丹朱，则天下病而丹朱得其利。尧曰：'终不以天下之病而利一人。'而卒授舜以天下。"

④嚚（yín）讼：奸诈而好争讼。《尚书·尧典》："吁！嚚讼，可乎？"孔传："言不忠信为嚚。又好争讼可乎？"

⑤执拗：坚持己见，固执任性。

⑥愆尤：过失，罪咎。

⑦门地：犹门第。旧指家庭在社会上的地位等级和家庭成员的文化程度等。

⑧物望：人望，在群众心目中的名望。

⑨厌薄：厌恶鄙视。

【译文】

沅浦九弟左右：

初三刘福一等人回来，接到弟弟的来信，借此知道一切情况。

城里的贼匪已经被围困很久，估计不久就可以攻克吉安。现在只有严密断绝贼匪的消息往来才是第一要义，弟弟应当起到带头作用。

家中四宅上下平安。我身体不适，初二住在白玉堂，晚上睡不着。温弟哪天到吉安？

古人说致人失败的凶德，主要有两点：一是傲慢，二是话多。丹朱之所以被指责是不肖之子，一是因为傲，二是因为喜欢与人争淞，也就是话多。我看历代的有名公卿，大多是因这两点败家和丧身的。我这辈子有执拗的毛病，生性傲气；我不是话很多的人，但下笔的时候也有些近似于与人争吵。平心静气地自我反省过错，我在各方面获罪，说到根源，都不外乎这两点。温弟的性格和我很相似，而说起话来尤其尖刻。凡是傲气凌人，不必一定是以言语伤人，有的是以神气嚣张而欺人，有的是以面色难看而欺人。温弟的神气，稍嫌英姿勃发过了头，脸色偶或有蛮狠的迹象，最容易凌人。内心不可有所倚仗，内心有所倚仗，就会表现到脸上。以门第来说，我的声望大不如从前，正担心自己恐怕将成子弟的累赘；以才华和器识来说，最近军队里练达、杰出的人才很多，弟弟们也没有什么强过别人的地方：两方面都没有可倚仗的。只应压抑自己、礼贤下士，说话且管忠信，做事但求恭敬务实，或许可以遮掩补救一些老的过失，整顿出新的气象，不然，别人都会讨厌看轻你们。沅弟为人处世，各方面差不多可以说处理得比较妥当、协调。温弟则谈笑讥讽太过，处处要强，强充老手，还是不免有旧的习气，不可以不深刻反省，不可以不下决心痛改前非。我在军中多年，难道没有一点可取之处么？只因一个"傲"字，百事都无一件成功，所以才谆谆教诲各位弟弟要引以为戒。

咸丰八年五月三十日

沅浦九弟左右：

正七归，接一信；启五等归，又接一信。正七以疟①故，不能遽回营。启五求于尝新后始去②。兹另遣人送信至营，以慰远廑③。

三代祠堂，或分或合，或在新宅，或另立规模，统俟弟复，由吉归家料理。造祠之法，亦听弟与诸弟为之。落成后，我作一碑而已。余意欲王父母、父母改葬后，将神道碑立毕④，然后或出或处，乃可惟余所欲。

目下在家，意绪极不佳。回思往事，无一不惭愧，无不一褊浅⑤。幸弟去秋一出。而江西、湖南物望颇隆，家声将自弟振之，兹可欣慰。"靡不有初，鲜克有终⑥"，望弟慎之又慎，总以"克终"为贵。

家中四宅大小平安。廿三、四大水，县城、永丰受害颇甚，我境幸平安无恙。

弟寄归之书，皆善本。林氏《续选古文雅正》⑦，虽向不知名，亦通才也。如有《大学衍义》、《衍义补》二书可买者⑧，望买之。学问之道，能读经史者为根柢。如两《通》（杜氏《通典》，马氏《通考》）两《衍义》及本朝两《通》（徐乾学《读礼通考》、秦蕙田《五礼通考》）皆萃《六经》诸史之精⑨，该内圣外王之要⑩。若能熟此六书，或熟其一二，即为有本有末之学。家中现有四《通》而无两《衍义》，祈弟留心。

弟目下在营，不可看书，致荒废正务。天气炎热，精神有限，宜全用于营事中也。

余近作《宾兴堂记》^⑪，抄稿寄阅。久荒笔墨，但有间架^⑫，全无精意^⑬，愧甚愧甚。

【注释】

①疟：疟疾。一种按时发冷发烧的急性传染病，病原体是疟原虫，由疟蚊传染到人体血液里。

②尝新：古代于孟秋以新收获的五谷祭祀祖先，然后尝食新谷。《礼记·月令》："〔孟秋之月〕是月也，农乃登谷。天子尝新，先荐寝庙。"

③廑：廑怀，廑虑，廑注。指殷切挂念，旧时书信中常用之。

④神道碑：旧时立于墓道前记载死者生平事迹的石碑。

⑤褊（biǎn）浅：心地、见识等狭隘短浅。

⑥靡不有初，鲜克有终：人们做事情，开始的人很多，但很少能到终了。多用以告诫人们为人做事要善始善终。靡，谓无、没有，和"不"构成双重否定。初，开始。鲜，少。克，能。语出《诗经·大雅·荡》："荡荡上帝，下民之辟。疾威上帝，其命多辟。天生烝民，其命匪谌。靡不有初，鲜克有终。"

⑦《续选古文雅正》：书名，清人林有席编撰。林有席（1713—1804），字儒珍，号平园，江西分宜人，乾隆十七年（1752）进士，曾官东湖县（今湖北宜昌）

知县。

⑧《大学衍义》：书名，南宋著名理学家真德秀所作，继承朱子思想，发挥《大学》奥义。全书以"帝王为治之序"、"帝王为学之本"、"格物致知之要"、"诚意正心之要"、"修身之要"、"齐家之要"为纲目。"每条之中，首之以圣贤典训，次之以古今之迹，诸儒之释经论史有所发明者录之"。共43卷。《衍义补》：即《大学衍义补》，明儒丘濬撰。阐发《大学》经义，论述"治国平天下之道"。

⑨《通考》：马端临《文献通考》的简称，是继《通典》、《通志》之后，规模最大的一部记述历代（从上古到宋朝宁宗时期）典章制度的著作。共348卷，分为24门（考），每门有小序，合载于卷首。各门下再分子门，每一目的内容按时间先后排列。徐乾学：（1631—1694），字原一、幼慧，号健庵、玉峰先生，江苏昆山人。康熙九年进士第三（探花），授编修，先后担任日讲起居注官、《明史》总裁官、侍讲学士、内阁学士，康熙二十六年（1687），升左都御史、刑部尚书。曾主持编修《明史》、《大清一统志》、《读礼通考》等书籍，著《憺园文集》三十六卷。家有藏书楼"传是楼"，乃中国藏书史上著名的藏书楼。《读礼通考》：清徐乾学撰辑，一百二十卷。立八纲目（丧期、丧服、丧仪节、葬考、丧具、变礼、丧制、庙制）。丧期，历代有异同，则列有表以统观。丧服、仪节、丧具为直观形

象，有图。是书实合众力而成，包举宏富，纲目秩然，古今丧礼而无出其右者。秦蕙田：秦蕙田（1702—1764），字树峰，号味经，江南金匮人。乾隆元年（1736）进士，授编修，累官礼部侍郎，工部、刑部尚书，两充会试正考官。治经深于《礼》，继徐乾学《读礼通考》作《五礼通考》。又有《周易象日笺》、《味经窝类稿》等。《五礼通考》：清秦蕙田撰，二百六十二卷。是书因徐乾学《读礼通考》惟详"丧葬"一门，而《周官·大宗伯》所列五礼之目，古经散亡，鲜能寻端竟委，乃因徐氏体例，网罗众说，以成一书。凡为类七十有五。以乐律附于吉礼宗庙制度之后；以天文推步、勾股割圆，立"观象授时"一题统之；以古今州国都邑山川地名，立"体国经野"一题统之，并载入"嘉礼"。

⑩该：完备。内圣外王：古代修身为政的最高理想。谓内备圣人之至德，施之于外，则为王者之政。

⑪《宾兴堂记》：曾国藩所撰。宾兴，周代举贤之法。谓乡大夫自乡小学荐举贤能而宾礼之，以升入国学。《周礼·地官·大司徒》："以乡三物教万民而宾兴之。"郑玄注："兴，犹举也。民三事教成，乡大夫举其贤者能者，以饮酒之礼宾客之。既则献其书于王矣。"科举时代，地方官设宴招待应举之士，亦称"宾兴"。亦指乡试。

⑫间架：文章的布局。

⑬精意：精深的意旨。

【译文】

沅浦九弟左右：

正七回来，我接到一封信。启五等人回来，我又接到一封信。正七染了疟疾，所以不能迅速回营。启五请求等到七月尝了新谷之后再离开。现在派别的人去军营送信，以宽慰远方殷勤思念的人。

祖上三代的祠堂，或者分开，或者合并，或者在新宅，或者另立规模，一概等九弟你从吉安回家之后料理。究竟怎样建造祠堂，也听九弟你和其他几位弟弟商量决定。落成以后，我作一篇碑文就行了。我的意思，是想祖父母和父母改葬后，把神道碑立起来，然后或者出头做事或者居家赋闲，才可以随自己的心意。

眼下在家，为兄我的情绪很不好，回想从前所做的事，没有一件不觉得惭愧，没有一件不自认浅薄。幸亏弟弟你去年秋天一出山，在江西、湖南两地的名声就很高。我家声望将要衰落，从弟弟你开始振兴，真是欣慰得很啊！"谁都有开端，但很少有人能坚持到底。"希望弟弟你谨慎再谨慎，总要以善始善终为好。

家中四宅上下平安。二十三、二十四发大水，县城、永丰受害都很严重，幸亏我们这里平安无恙。

弟弟你寄回来的书，都是善本。林有席的《续选古文雅正》，虽说向来不太知名，但他也是一个通才。如果碰见有《大学衍义》《衍义补》两书可买，就买下来。学问之道，读过经书和史书的才有根底，如两通（杜佑《通典》、马端临《文献通考》）、两衍义和本朝两通（徐乾学《读礼通考》、秦蕙田《五礼通考》），都是荟萃了六经和诸史的精华，包括了儒家内圣（内修圣贤之道）外王（外兴王道功业）的基本精神。如果能熟读这六种书，或者熟悉其中一两种，就是有本有末的学问了。家中现在有"四通"，但是没有"两衍义"，请弟弟留心。

弟弟现在在军营，不可以看书，以免导致荒废正事。天气炎热，个人精神有限，应该全用在处理营务上。

我近来做了一篇《宾兴堂记》，抄录一份寄给弟弟看看。许久未曾动笔，这篇文章只有结构，没有丝毫精妙意旨，惭愧之至。

咸丰八年十一月二十三日

澄侯、沅浦、季洪老弟左右：

十七日接澄弟初二日信，十八日接澄弟初五日信，敬悉一切。三河败挫之信^①，初五日家中尚无确耗^②，且县城之内，毫无所闻，亦极奇矣。

九弟于廿二日在湖口发信^③，至今未再接信，实深悬系。幸接希庵信^④，言九弟至汉口后有书与渠，且专人至桐城、三河访寻下落^⑤，余始知沅浦弟安抵汉口。而久无来信，则不解何故，岂余近日别有过失，沅弟心不以为然耶？当初闻三河凶报，手足急难之际^⑥，即有微失，亦当将皖中各事详细示我^⑦。

今年四月，刘昌储在我家请乩^⑧。乩初到，即判曰："赋得偃武修文^⑨，得'闲'字"（字谜败字）。余方讶"败"字不知何指，乩判曰："为九江言之也，不可喜也。"余又讶九江初克，气机正盛，不知何所为而云，然乩又判曰："为天下，即为曾宅言之。"由今观之，三河之挫，六弟之变，正与"不可喜也"四字相应。岂非数皆前定耶？

然祸福由天主之，善恶由人主之。由天主者，无可如何，只得听之。由人主者，尽得一分算一分，撑得一日算一日。吾兄弟断不可不洗心涤虑^⑩，以求力挽家运。第一，贵兄弟和睦。去年兄弟不和，以致今冬三河之变，嗣后兄弟当以去年为戒，凡吾有过失，澄、沅、洪三弟各进箴规之言，余必力为惩改。三弟有过，亦当互相箴规而惩改之。第二，贵体孝道。推祖父母之爱以爱叔父，推父母之爱以爱温弟之妻妾儿女及兰、蕙二家。又父母坟域必须改葬，请沅弟作主，澄弟不可过执。第三，要实行勤俭二字。内间妯娌不可多写铺帐^⑪。后辈诸儿须走路，不可坐轿骑马。诸女莫太懒，宜学烧茶煮菜。书、蔬、鱼、猪，一家之生气。少睡多做，一人之生气。勤者，生动之气。俭者，收敛之气。有此二字，家运断无不兴之理。余去年在家，未将此二字切实做工夫，至今愧恨，是以谆谆言之。

【注释】

①三河败挫：指咸丰八年十一月湘军李续宾部在三河镇为太平天国军全军歼灭之事。李续宾及曾国华等高级将领无一生还。三河，镇名，今属安徽省合肥市肥西县。三河镇是一个典型的水乡古镇，古称"鹊渚"，地位于巢湖之滨，由于位于肥西、舒城、庐江三县交界处，故有"一步跨三县，鸡鸣三县闻"之说，1858年太平天国军打败湘军的"三河大捷"使三河成为中国历史名镇。

②确耗：确切的消息。

③湖口：县名，今属江西省九江市，因系长江与鄱阳湖唯一交汇口而得名。地处湖北、安徽、江西三省交界，素有"江湖锁钥，三省通衢"之称。南朝刘宋时期始设湖口戍，隶属彭泽县。唐武德五年

（622），安抚使李大亮以其冲要，特置湖口镇。南唐升元二年（938）析彭泽县之彭泽乡及五柳乡之半置湖口县，县治枭阳镇，隶属奉化军。此后，湖口曾先后隶属江州、定江军、江州路、九江府。

④希庵：李续宜（1822—1863），字克让，号希庵，湖南涟源人，清末湘军将领，浙江布政使李续宾之弟。咸丰初以文章从李续宾镇压太平军，转战江西、湖北、安徽，官至安徽巡抚。

⑤桐城：县名，即安徽省桐城市。桐城，古称"桐国"，因其地适宜种植油桐而得名。位于安庆市北部，东邻庐江、枞阳两县，西连潜山县，北接舒城县，南抵怀宁县和安庆市区。

⑥手足：指兄弟。急难：危难。

⑦皖：安徽省的简称

⑧请乩：即扶乩，一种迷信活动。扶，指扶架子。乩，谓卜以问疑。术士制丁字形木架，其直端顶部悬锥下垂。架放在沙盘上，由两人各以食指分扶横木两端，依法请神，木架的下垂部分即在沙上画成文字，作为神的启示，或与人唱和，或示人吉凶，或与人处方。旧时民间常于农历正月十五夜迎紫姑扶乩。

⑨偃武修文：停止战争，振兴文教。

⑩洗心涤虑：比喻彻底改变过去不好的思想和念头。

⑪多写铺帐：指过多地在外面店铺签单赊账。

【译文】

澄侯、沅浦、季洪老弟左右：

十七日接到澄弟初二日的信，十八日接到澄弟初五日的信，知道一切情况。三河败挫的消息，初五日家里还没有准确的消息，而且县城里一丝儿这方面的消息也没有，也太奇怪了。

　　九弟二十二日在湖口发的信，到现在再没有接到其他信，实在是深深挂念。幸亏接到李希庵的信，说九弟到汉口后有信给他，而且派专人到桐城、三河一带寻访（六弟温甫的）下落，我这才知道九弟沅浦安全抵达汉口。但很久没有来信，就不明白是为什么了，难道是因为我近来另有过失，沅弟心里不以为然么？当刚听到三河凶报的时候，得知手足兄弟遭遇不测，（我六神无主，处事不当），即使有小的过失，沅弟你也应当将安徽的情况详细告诉我啊。

　　今年四月，刘昌储在我家扶乩。乩刚到，就下判词说："赋得偃武修文，得闲字。"（这是个字谜，谜底是"败"字。）我正惊讶"败"不知指什么的时候，乩又继续下判词，说："是指九江而言啊，不能盲目高兴。"我又惊讶九江刚刚克复，气象生机正盛，不知这话是从何说起。乩又下判词，说："指天下事，也指曾家宅内之事。"由现在的情形看来，三河的失利，六弟的亡故，正和"不可喜也"四字相对应。这难道不是命运早已注定么？

　　但是祸福由老天做主，善恶却是由我们自己做主。由老天做主的，我们无可奈何，只好听命。由我们自己做主的，能尽一分力算一分，能支撑一天算一天。我们兄弟决不可以不洗心革面，以求努力挽回家运。第一贵在兄弟和睦。因为去年兄弟不和，以致有今年冬天的三河之变。此后你我兄弟应当以去年为戒，凡是我有过失，澄弟、沅弟、洪弟三位都应向我进行规劝，我一定努力改正。三位弟弟有过失，也应当互相规劝并痛加改正。第二贵在行孝道。将对祖父母的爱推广，用来爱叔父；将对父母的爱推广，用来爱温弟的妻妾儿女以及兰姐、蕙妹两家。此外，父母的坟地，必须改葬，这件事请沅弟做主，澄弟不必过于固执。第三要实行"勤"、"俭"两字。家里妯娌，不可以讲求铺张，随意在店铺签单。后辈子侄，必须步行，不可以坐轿和骑马。几位女孩子也莫要太懒，应当学习烧茶煮饭。读书、种菜、喂猪、养鱼，是一户人家生气之所在；少睡觉，多做事，是一个人生气之所在。勤，是生动之气；俭，是收敛之气。有这两个字，家运绝对没有不兴旺的道理。我去年在家里，没有在这两个字上下切实功夫，至今觉得惭愧和遗憾，所以才再三强调啊。

咸丰九年二月大祥前一日（二月初三）①

澄侯、沅浦、季洪三弟左右：

玉四等来，得知叔父大人病势稍加，得十三日优恤之旨，不知何如？顷又接十九日来函，知叔父病已略愈，欣慰欣慰。然温弟灵柩到家之时，我家祖宗有灵，能保得叔父不添病，六弟妇不过激烈，犹为不幸中之一幸耳。

此间兵事，凯章在景镇相持如故②。所添调之平江三营、宝勇一营均已到防，或可稳扎。浚川在南康之新城墟打一大胜仗③，夺伪印四十三颗，伪旗五百余面，皆解至建昌④，甚为快慰。惟石达开尚在南安一带⑤，悍贼亦多，不知究能扫荡否？吉中营以后常不离余左右，沅弟尽可放心。

起屋起祠堂，沅弟言外间訾议⑥，沅自任之。余则谓外间之訾议不足畏，而乱世之兵燹不可不虑⑦。如江西近岁凡富贵大屋无一不焚，可为殷鉴⑧。吾乡僻陋，眼界甚浅，稍有修造，已骇听闻，若太闳丽，则传播尤远。苟为一方首屈一指，则乱世恐难幸免。望弟再斟酌，于丰俭之间，妥善行之。改葬先人之事，须将求富求贵之念消除净尽，但求免水蚁以妥先灵，免凶煞以安后嗣而已。若存一丝求富求贵之念，则必为造物鬼神所忌。以吾所见所闻，凡已发之家，未有续寻得大地者。沅弟主持此事，务望将此意拿得稳，把得定。至要至要。

【注释】

① 大祥：古时父母丧后两周年的祭礼。《仪礼·士虞礼》："又期而大祥，曰荐此祥事。"郑玄注："又，复也。"贾公彦疏："此谓二十五月大祥祭，故云复期也。"

② 张凯章：张运兰（？—1864）字凯章，湖南湘乡人，湘军将领。咸丰初，从王鑫转战各地，屡立战功。咸丰七年（1857），王鑫卒于军，分领其众。咸丰八年曾国藩复起督师，颇爱重其人，委以重任。咸丰十一年，擢福建按察使。同治三年（1864）赴福建按察使任，率五百人在武平遭遇太平天国军，寡不敌众，被杀。事闻，赠巡抚，予骑都尉世职，谥忠毅。武平及湖南、广东建专祠。

③ 萧浚川：萧启江（？—1860），字浚川，湘乡人（今湖南省涟源市金石镇茅坪村人），监生出身。1853年入湘军，随塔其布、罗泽南等攻打岳州等地，叙县丞；1855年，自募兵勇，号果字营；次年春，率部从浏阳赴援江西，与太平军石达开部作战，加道员衔；1857年，大捷阴冈岭，攻克临江城，升道员，加按察使衔；旋挥军东渡赣江，1858年夏先后攻占抚州等处，加布政使衔；1859年，率部由临武、蓝山驰援永州，防堵太平军石达开部进入东安；石达开入广西后，跟踪追击，夺取兴安，解桂林之围；1860年春，率湘军赴四川镇压李永和、蓝大顺领导的农民暴动，不久便在军中病故。南康：

地名。今为江西省赣州市市辖区，位于江西省赣州市西部。秦、汉属南埜（南野）县地。三国吴嘉禾五年（236）析南野置南安县。晋太康元年（280）改名南康县，因"地接岭南，人安物阜"而得名。太康三年属南康郡。南朝宋永初元年（420）属南康国。齐、梁、陈、隋属南康郡。唐属虔州。五代十国属百胜军。南康属昭信军。宋属南安军。元属南安路。明、清属南安府。民国时期先后属赣南道和第十一、第四行政区。1949年8月14日，南康解放，属赣州分区（后为赣西南行政区直属县），1951年6月属赣州专区，1954年属赣南行政区。1964年属赣州专区，1971年属赣州地区。1995年撤县设市，2013年复撤市设区。

④ 建昌：古地名，或县或府。汉和帝永元年间分豫章郡庐陵置建昌县。元世祖至元十四年（1277），改建昌军为建昌路。明太祖洪武二年（1369），改建昌路为肇昌府，寻改肇昌府为建昌府，府治南城（在今江西省南城县）。明初辖南城、新城（今江西省黎川县）、广昌（今江西省广昌县）三县。后辖南城、泸溪（今江西省资溪县）、新城、南丰（今江西省南丰县）、广昌5县。1913年废。

⑤ 南安：府名，位于今江西省赣州市大余县。宋淳化元年（990），以虔州原辖南康、大庾、上犹三县另置南安军，治大庾（今江西大余县）。元顺帝至正二十五年（1365），改南安路为南安府，府治大庾

（今江西省大余县），领大庾、南康（今江西省南康市）、上犹（今江西省上犹县）三县。明武宗正德十二年（1517），析上犹县的崇义、上堡、雁湖三里，南康县的隆平、尚德二里及大庾县的义安、聂都、铅厂三里建置崇义县，属南安府。清沿明制，辖大庾、南康、上犹、崇义（今江西省崇义县）四县。1913年废。

⑥訾议：诋毁，指责，议论。

⑦兵燹（xiǎn）：因战乱而造成的焚烧破坏等灾害。

⑧殷鉴：谓殷人子孙应以夏的灭亡为鉴戒。《诗经·大雅·荡》："殷鉴不远，在夏后之世。"后泛指可以作为借鉴的往事。

【译文】

澄侯、沅浦、季洪三弟左右：

玉四等人来了，得知叔父大人病情稍微加重，接到十三日优待抚恤的圣旨，不知道会怎么样？不久又接到十九日来信，知道叔父的病已略好，感到十分欣慰。但温弟灵枢到家的时候，我家祖宗有灵，能保佑叔父不添病，六弟媳妇虽悲伤而不过激，就已经是不幸中的万幸了。

这边的战况，张凯章在景德镇和敌军还在僵持。所加调的平江三营、宝勇一营都已到防，或许可以稳稳扎住。萧浚川在南康的新城墟打了一个大胜仗，夺得伪印四十三颗，伪旗五百多面，都送到建昌，真是开心。只有石达开还在南安一带，强悍的逆贼也多，不知道到底能否扫荡干净？吉安营以后常安排在我身边，不离左右，沅弟大尽可放心。

起屋建祠堂这件事，沅弟说外头的风言风语，他自己担了。我却认为外头的风言风语并不可怕，但动乱年月常有兵火之灾，不可不考虑。譬如江西一带近年以来，凡是有钱人家的大房子，没有不被烧的，真是前车之鉴啊。我们家乡偏僻简陋，人们眼界浅，没见过大世面，稍微建造点东西，已经骇人听闻；如果建得太宏伟华丽了，消息肯定一下子就传得很远。万一不幸被认作是地方上首屈一指的建筑，那么在动乱年代，恐怕是很难幸免于难的。希望弟弟你再三斟酌，在丰俭之间，取一个合适的度来建造。改葬先人这件事，要把求富求贵的念头消除干净，只求免受大水淹、白蚁蛀，以安先人的亡灵；只求不犯凶煞，可以让子孙后代安宁就好。如果存有一丝一毫的求富求贵的念头，那一定会被造物主和鬼神所忌刻。就我的所见所闻，凡是已经兴旺发达的家庭，没有一家是因为改葬寻得好地的。沅弟主持这件事，希望务必要把这个主意拿稳当，把定不动摇。千万千万。

纪泽姻事，以古礼言之，则大祥后可以成婚（再期为大祥）；以吾乡旧俗言之，则除灵道场后可以成婚①。吾因近日贼势尚旺，时事难测，颇有早办之意。纪泽前两禀请心壶抄奏折②，尽可行之，吾每月送修金二两。应抄之奏，不知家中有底稿否？抄一篇，可寄目录来一查，注明月日。纪泽之字，较之七年二三月间，远不能逮③。大约握笔宜高，能握至管顶者为上，握至管顶之下寸许者次之，握至毫以上寸许者亦尚可习。若握近毫根，则虽为写好字，亦不久必退，且断不能写好字。吾验之于己身，验之于朋友，皆历历可征④。纪泽以后宜握管略高，纵低亦须隔毫根寸余，又须用油纸摹帖，较之临帖胜十倍。

沅弟之字不可抛荒，如温弟哀辞、墓志及王考妣、考妣神道碑之类，余作就后，均须沅弟认真书写。《宾兴堂记》首段未惬⑤，待日内改就，亦须沅弟写之。沅弟虽忧危忙乱之中，不可废习字工夫。亲戚中虽有漱六、云仙善书⑥，余因家中碑版，不拟倩外人书也⑦。

【注释】

①除灵：旧俗人死既葬，于除丧之日，延僧道追荐后，撤除灵座，烧化灵牌，以示服丧期满，谓之"除灵"。

②心壶：钱仪吉（1783—1850），字蔼人，号衎石，又号新梧、心壶，浙江嘉兴人。嘉庆十三年（1808）进士，改翰林院庶吉士。散馆，授户部主事，升刑科给事中。累迁至工科给事中，罢归，遂绝意仕进，于道光年间游广东，主讲粤东学海堂。晚年客居河南开封，主讲河南大梁书院凡数十年。钱仪吉博通群籍，工文章，治经讲求故训，读史长地理，尤精史学，编著《碑传集》《三国晋南北朝会要》、

《补晋书兵志》等书，均有益于后学。其文集《衎石斋记事稿》正稿10卷，续稿10卷，亦多记名人行谊。钱仪吉之侄钱应溥为曾国藩幕僚。

③逮：及，达到。

④可征：可以应验。

⑤未惬：不合心意。

⑥漱六：袁芳瑛（1814—1859），字挹群、号伯勾，一号漱六。湖南湘潭人。道光二十五年（1845）进士，散馆，授翰林院编修，充国史馆协修，实录馆协修纂修官，擢陕西道监察御史，咸丰四年（1854）官至苏州知府，七年（1857）迁任松江知府。咸丰九年卒于任上，赠正二品资政大夫。云仙：郭嵩焘（1818—1891），学名先杞，后改名嵩焘。字伯琛，号筠仙、云仙、筠轩，别号玉池山农、玉池老人，湖南湘阴城西人。道光二十七年（1847）进士，咸丰四年（1854）至六年（1856）佐曾国藩幕。咸丰八年（1858）入值上书房。同治元年（1862）任苏松粮储道，两淮盐运使，同治二年（1863）任广东巡抚，同治五年（1866）罢官回籍，在长沙城南书院及思贤讲舍讲学。光绪元年（1875）经军机大臣文祥举荐进入总理衙门，旋即出任驻英公使，光绪四年（1878）兼任驻法使臣，次年迫于压力称病辞归。

⑦倩：请，求。

【译文】

纪泽的婚事，按古礼来说，大祥（再期为大祥）以后是可以成亲的。按我们乡里的老风俗来说，办完除灵道场以后是可以成婚的。我因近日以来贼人势力还很强大，形势难以预测，很有早点儿办事的想法。纪泽前两封信说请心壶抄奏折，尽管去做就好，我每月赠送心壶薪银二两。应抄的奏折，不知道家里都有底稿么？抄一篇，可以寄一篇目录来查，注明年月日。纪泽的字，比起咸丰七年二三月间写的，远不能及。写字大约握笔宜高，能握到管顶为最好；握到管顶之下寸把的地方，次之；握到毫以上寸把的地方，也还可以学写字；如果握在近毫根的地方，那么就算短时间内能写好字，不久也会退步，而且绝对不能把字写好。我拿自己习字的经验来验证，拿朋友习字的经验来验证，都一一可以证明。纪泽以后写字，握笔要尽量高一些，就算低的话，也要离毫根有寸把多才行。另外，要用油纸摹帖，和临帖相比，要强十倍。

沅弟的字，不可荒废了。温弟的哀辞和墓志，以及祖父母、父母大人的神道碑之类，我写好文章之后，都要沅弟认真书写。《宾兴堂记》的第一段我还不满意，等近日改好之后，也要沅弟你亲笔书写。沅弟即使身处忧危忙乱之际，也不能荒废了写字的功夫。亲戚里虽然有袁漱六、郭云仙擅长书法。但我因为这是家里的碑文版子，不准备请外人来写。

咸丰十年闰三月二十九日

澄侯四弟左右：

廿七日接弟信，欣悉各宅平安。沅弟是日申刻到，又得详问一切，敬知叔父临终毫无抑郁之情①，至为慰念。

余与沅弟论治家之道，一切以星冈公为法②。大约有八字诀，其四字即上年所称"书、蔬、鱼、猪"也，又四字则曰"早、扫、考、宝"。早者，起早也。扫者，扫屋也。考者，祖先祭祀，敬奉显考、王考、曾祖考③，言考而妣可该也④。宝者，亲族邻里，时时周旋⑤，贺喜吊丧，问疾济急。星冈公常曰："人待人，无价之宝也。"星冈公生平于此数端，最为认真，故余戏述为八字诀曰："书蔬鱼猪，早扫考宝"也。此言虽涉谐谑⑥，而拟即写屏上，以祝贤弟夫妇寿辰，使后世子孙知吾兄弟家教，亦知吾兄弟风趣也，弟以为然否？

【注释】

①临终：临死。

②星冈公：曾国藩祖父曾玉屏，号星冈。

③显考：对亡父的敬称。王考：对已故的祖父的敬称。

　曾祖考：指已故的曾祖父。

④妣：对亡母的敬称。

⑤周旋：应酬，人情往来。

⑥谐谑：诙谐逗趣。

【译文】

澄侯四弟左右：

二十七日接到弟弟你的信，欣喜知道家里各宅院平安。沅弟这天申刻到，又得以详细询问一切，得知叔父临终前丝毫没有抑郁的心情，很感安慰。

我和沅弟讨论治家的方法，说一切可以祖父星冈公为准则。大约有八个字的口诀，其中四个字，就是去年曾经说过的"书"、"蔬"、"鱼"、"猪"。还有四个字，就是"早"、"扫"、"考"、"宝"。"早"字，就是要早起的意思。"扫"字，就是收拾屋子、洒扫庭院。"考"字，就是祭祀祖先，恭敬地祭祀已经亡故的父亲、祖父、曾祖父，说父亲、祖父，当然母亲、祖母也包括在内。"宝"，就是指亲戚邻居之间，时时往来，喜事前去恭贺，丧事前去吊唁，疾病前去问候，急难给以接济。星冈公常说："人对人好，真是无价之宝。"星冈公生平对这几样治家的方略，最认真不过了，所以我将这些半开玩笑似地编为八字口诀，就是"书、蔬、鱼、猪，早、扫、考、宝"。这话似乎是半开玩笑，但我准备写在屏上，用来祝贺贤弟夫妇的寿辰，让后世子孙懂得我们兄弟的家教，也知道我们兄弟的风尚和志趣，不知老弟你以为如何？

咸丰十年六月二十八日

沅、季弟左右：

探报阅悉。此路并无步拨，即由东流、建德驿夫送祁①。建德令已死，代理者新到，故文递迟延。弟以后要事，须专勇送来，三日可到。或逢三、八，专人来一次，每月六次。其不要紧者又由驿发来，则兄弟之消息尤常通矣。

文辅卿办厘金甚好②。现在江西厘务经手者，皆不免官气太重，此外则不知谁何之人③。如辅卿者能多得几人，则厘务必有起色。吾批二李详文云④："须冗员少而能事者多⑤，入款多而坐支者少⑥"，又批云："力除官气，严裁浮费。"弟须嘱辅卿二语："无官气，有条理。"守此行之，虽至封疆不可改也⑦。有似辅卿其人者，弟多荐几人更好。

甲三启行时，温弟妇甚好。此后来之变态也⑧。

【注释】

①东流：古县名，县治在今安徽省东至县东流镇。东流位于皖江南岸，因江水至此而始折向东流而得名。东流汉代为彭泽、石城二县属地，晋代为彭泽县黄菊乡。唐会昌（841—846）初，在原和城县旧址建东流场，属江州彭泽县。南唐保大十一年（953）升东流场为东流县，历史变迁而县制无有更易。1959年与至德县合并为东至县。咸丰十一年（1861），曾国藩曾将两江总督衙门暂设东流县

县衙。建德：古县名，县治在今安徽省东至县尧渡镇。唐至德二年（757），分秋浦、鄱阳两县地在梅城置至德县，以年号为县名，属江南西道浔阳郡。乾元元年（758）属饶州，永泰元年（765）改属池州。五代杨吴顺义二年（922）改至德为建德县，仍属池州。民国三年，因与浙江省建德县重名改为秋浦县。民国21年复名至德县。1959年东流德县合并为东至县。驿夫：驿站所用的差役。祁：祁门，古县名，古徽州"一府六县"之一，地即今安徽省黄山市祁门县。唐永泰二年（766），划歙州黟县和饶州浮梁二县地，分置祁门县，因城东北有祁山，西南有阊门而得名。建县后属歙州。宋宣和三年（1121），改歙州为徽州，祁门县属徽州。1988年，徽州地区撤销，新置黄山市，祁门县隶属黄山市。咸丰年间，曾国藩曾将两江总督衙门暂设祁门县衙。

②文辅卿：曾国藩幕僚，曾协办厘金。厘金：自清代至中华民国初年征收的一种商业税，因其初定税率为1厘(1%)，故名厘金。又称厘捐、厘金税。

③不知谁何之人：不知道是些什么人，即不三不四之人。

④二李：指李瀚章、李鸿章兄弟。详文：旧时官吏向上级官署陈报请示的文书。清袁枚《随园随笔·政条》："今文书申上者号详文。按《左传·成十六年》：'详以事神。'注：'善用心曰详。'《宋史·职官志》：'熙宁四年置检详官。'疑即详文之所由始。"

⑤冗员：闲散的，多余无用的官员。

⑥坐支：清制，凡各省、道、府以下官俸、役食、铺兵工食、驿站料价等，都摊征于民，编入地丁征收，到支用时，就在编征项下支付，称为"坐支"。

⑦封疆：即封疆大吏，指省一级最高长官，在清代指总督、巡抚。

⑧变态：发生了变化的事态。

【译文】

沅浦、季洪二位老弟：

探报看过。这一路没有步拨，就由东流、建德两县驿站的差役送到祁门。建德县令已经死了，代理县令刚到，所以公文传递延迟。弟弟以后重要的事情，需要专门派士兵送来，三天就能到。或者逢三日、八日，派专人来一次，每个月共六次。那些不要紧的信，还由驿站发来，那么，我们兄弟间还是可以常通消息。

由文辅卿办理厘金，很好。现在江西办理厘务的经手人，都不免官气太重了，除此以外，便不知道是些什么人了。像辅卿这样的人，如能多得几个，那厘务一定会有起色。我批复二李的申详文字中说："应该力求人浮于事的少而能干的多，收入的钱多而支出的钱少。"又批过："要努力戒除官僚习气，严格裁削不必要的开支。"弟弟你要嘱咐辅卿两句话："不能有官僚作风，做事要有条理。"遵守这两个原则做事，即使做了封疆大吏，也不能变。如有和辅卿差不多的人才，弟弟多推荐几个更好。

甲三启程时，温弟的媳妇状况蛮好。这是后来的变化了。

咸丰十年六月二十八日

咸丰十年七月初八日

沅、季弟左右：

辅卿而外，又荐意卿、柳南二人，甚好。柳南之笃慎[1]，余深知之。意卿亮亦不凡[2]。余告筱、辅观人之法[3]，以有操守而无官气、多条理而少大言为主。又嘱其求润帅、左、郭及沅荐人[4]。以后两弟如有所见，随时推荐，将其人长处短处一一告知阿兄，或告筱荃。尤以习劳苦为办事之本。引用一班能耐劳苦之正人，日久自有大效。

季弟言："出色之人断非有心所能做得。"此语确不可易。名位大小，万般由命不由人。特父兄之教家、将帅之训士[5]，不能如此立言耳。季弟天分绝高，见道甚早[6]，可喜可爱。然办理营中小事，教训弁勇，仍宜以"勤"字作主，不宜以"命"字谕众。

润帅先几陈奏[7]，以释群疑之说，亦有函来余处矣。昨奉六月二十四日谕旨，实授两江督兼授钦差大臣。恩眷方渥[8]，尽可不必陈明。所虑者，苏、常、淮、扬无一枝劲兵前往，位高非福，恐徒为物议之张本耳[9]。

余好出汗，沅弟亦好出汗，似不宜过劳。

【注释】

①笃慎：性格厚重谨慎。

②亮：通"谅"，想必。

③筱、辅：指李筱荃、文辅卿。

④润帅：指胡林翼，胡字润芝。左：左宗棠。郭：郭
　　嵩焘。沅：曾国荃，字沅浦。

⑤特：只是，只不过。

⑥见道：明白人生大道。

⑦先几：预先洞知细微，抢先行动。

⑧渥：浓重，厚重。

⑨物议：众人的议论，多指非议。

【译文】

沅浦弟、季洪弟左右：

　　除了辅卿以外，又推荐了意卿、柳南两位，很好。柳南为人诚笃谨慎，我很了解。意卿想必也是不同凡响之人。我告诉李筱荃（李瀚章）和文辅卿两个观察人的方法，以有操守而没有官气、办事有条理而很少说大话这两条为主，又嘱咐他求润帅（胡林翼）、左（左宗棠）、郭（郭嵩焘）以及沅弟推荐人才。以后两位弟弟如果有所发现，可以随时推荐，把所推荐的人的长处短处，都一五一十告诉为兄，或者告诉筱荃。尤其要以习惯劳苦为办事的根本。引用一班能吃苦耐劳的正人君子，时间长了，自然会有大效应。

　　季弟说："出色的人，决不是有心能做得到。"这句话说的确实是不可改易的大道理。名位的大小，绝对是由命运安排而不是由人安排。只不过父兄教诲家中子侄、将帅训导士兵，却不能如此说。季弟天分很高，很早就能明白大道理，真让人欢喜爱护。但是而办理军营中的小事，教导训示士兵，仍应以"勤"字作主，不应用"命"字来教

育大家。

　　润帅抢先陈奏，明晰事理，以消除大家的疑虑。也有信函来我这里了。昨天接到六月二十四日的谕旨，实授两江总督，兼授钦差大臣。皇上的恩典如此厚重，为兄尽可不必一一说明。为兄所忧虑的是苏州、常州、淮南、扬州一带，没有一支强有力的部队前去剿匪。官位太高，不是什么福气，只怕是要白白地招致许多非议罢了。

　　我经常出汗，沅弟也经常出汗，似乎不应过分劳累。

咸丰十年九月二十四日

沅、季弟左右：

沅弟以我切责之缄①，痛自引咎②，惧蹈危机而思自进于谨言慎行之路③。能如是，是弟终身载福之道④，而吾家之幸也。季弟信亦平和温雅⑤，远胜往年傲岸气象⑥。

吾于道光十九年十一月初二日进京散馆⑦，十月二十八早侍祖父星冈公于阶前，请曰："此次进京，求公教训。"星冈公曰："尔的官是做不尽的，尔的才是好的，但不可傲。'满招损，谦受益⑧'，尔若不傲，更好全了。"遗训不远，至今尚如耳提面命⑨。今吾仅述此语，告诫两弟，总以除"傲"字为第一义。唐虞之恶人⑩，曰"丹朱傲⑪"，曰"象傲⑫"。桀纣之无道，曰"强足以拒谏，辨足以饰非⑬"，曰"谓已有天命，谓敬不足行⑭"，皆傲也。吾自八年六月再出，即力戒"惰"字以儆无恒之弊⑮，近来又力戒"傲"字。昨日徽州未败之前，次青心中不免有自是之见⑯。既败之后，余益加猛省：大约军事之败，非傲即惰，二者必居其一。巨室之败⑰，非傲即惰，二者必居其一。

余于初六日所发之折，十月初可奉谕旨。余若奉旨派出，十日即须成行。兄弟远别，未知相见何日。惟愿两弟戒此二字，并戒各后辈常守家规，则余心大慰耳。

【注释】

①切责：严厉斥责。

②引咎：把过失归咎于自己。

③谨言慎行：说话小心，行动谨慎。语本《礼记·缁衣》："故言必虑其所终，而行必稽其所敝，则民谨於言而慎于行。"

④载福：承受福惠。汉焦赣《易林·坎之乾》："宏张四国，载福绥厚。"

⑤温雅：性情温和儒雅。

⑥傲岸：高傲自负，不屑随俗。

⑦散馆：明清时翰林院设庶常馆，新进士朝考得庶吉士资格者入馆学习，三年期满举行考试后，成绩优良者留馆，授以编修、检讨之职，其馀分发各部为给事中、御史、主事，或出为州县官，谓之"散馆"。

⑧满招损，谦受益：自满招致坏处，谦虚使人受益。语出《尚书·大禹谟》。

⑨耳提面命：《诗经·大雅·抑》："匪面命之，言提其耳。"孔颖达疏："非但对面命语之，我又亲提撕其耳，庶其志而不忘。"后以"耳提面命"谓教诲殷切，要求严格。

⑩唐虞：唐尧与虞舜的并称。亦指尧舜时期。

⑪丹朱傲：《尚书·益稷》："无若丹朱傲，惟慢游是好，傲虐是作。"丹朱，尧之子。

⑫象傲：《尚书·尧典》："瞽子，父顽，母嚚，象傲"。

象，舜之弟。

⑬强足以拒谏，辨足以饰非：《史记·殷本纪》："帝纣资辨捷疾，闻见甚敏；材力过人，手格猛兽；知足以距谏，言足以饰非；矜人臣以能，高天下以声，以为皆出己之下。"饰非，粉饰掩盖错误和不足之处。

⑭谓己有天命，谓敬不足行：《周书·泰誓中》："惟受罪浮于桀。剥丧元良，贼虐谏辅。谓己有天命，谓敬不足行，谓祭无益，谓暴无伤。"《史记·周本纪》："明年，伐犬戎。明年，伐密须。明年，败耆国。殷之祖伊闻之，惧，以告帝纣。纣曰：'不有天命乎？是何能为！'"

⑮儆：使人警醒，不犯过错。

⑯次青：李元度，字次青。

⑰巨室：指名望高势力大的世家大族。

【译文】

沅弟、季弟左右：

沅弟因我在信中责备得严厉，痛下决心，承认错误，惧怕走上危机之路而想步入谨言慎行的行列。若能这样，沅弟便是走上终身有福的大道了，也是我们家的幸运。季弟的信写得平和温雅，比起往年的傲岸情形强多了。

我于道光十九年十一月初二日，进京入翰林院庶常馆。十月二十八日早晨，我于阶前侍奉祖父星冈公，请求祖父训示，说："这次进京城，请求祖父教训。"星冈公说："你的官是做不尽的，你的才是好的，但不能骄傲。'满招损，谦受益。'你如果不骄傲，便是十全十美了！"遗训不远，至今祖父还像是在对我耳提面命。现在我谨把这段话讲给你们听，告诫两位弟弟，总是要以去"傲"为第一要紧之事。说到唐虞时代的恶人，总是说"丹朱傲"、说"象傲"。说到桀纣的无道，书上说他"强悍得足以拒绝一切忠言、善辩足以粉饰一切过失"，书上讲他"认为自己是真命天子，认为恭敬之道不值得奉行"，这都是傲。我从咸丰八年六月再度出山，便努力戒除懒惰，以改正没有恒心的毛病，近来又努力戒除骄傲。昨天徽州还没有兵败之前，次青（李元度）在心中不免有自以为是的见解。已败之后，我越发深刻领悟到：大约军事失败，不是因为骄傲，就是因为怠惰，二者必居其一。大家族的败落，不是因为骄傲，就是因为怠惰，二者必居其一。

我于本月初六所发的奏折，十月初可以得到圣上批复。我如果奉旨外派任职，十天便要启程。远别之后，不知兄弟之间何日才能相见。唯一的愿望是两位弟弟能戒傲戒惰，并嘱咐家中各位后辈遵守家规，那我便大感欣慰了。

咸丰十一年正月初四日

澄侯四弟左右：

　　腊底由九弟处寄到弟信，具悉一切。弟于世事阅历渐深，而信中不免有一种骄气。天地间惟谦谨是载福之道①。骄则满，满则倾矣。凡动口动笔，厌人之俗，嫌人之鄙，议人之短，发人之覆②，皆骄也。无论所指未必果当，即使一一切当，已为天道所不许。吾家子弟满腔骄傲之气，开口便道人短长，笑人鄙陋，均非好气象。贤弟欲戒子侄之骄，先须将自己好议人短、好发人覆之习气痛改一番，然后令后辈事事警改。欲去"骄"字，总以不轻非笑人为第一义。欲去"惰"字，总以不晏起为第一义③。弟若能谨守星冈公之八字（考、宝、早、扫、书、蔬、鱼、猪）三不信（不信僧巫，不信医药，不信地仙）④，又谨记愚兄之去骄去惰，则家中子弟日趋于恭谨而不自觉矣。

【注释】

①谦谨：谦虚谨慎。载福：承受福惠。汉焦赣《易林·坎之乾》："宏张四国，载福绥厚。"

②发人之覆：揭发他人隐私。

③晏：晚。

④星冈公：曾国藩的祖父曾玉屏（1774—1849），字星冈。

【译文】

澄侯四弟左右：

　　腊月底从九弟处寄来你的信，知道了一切情况。弟弟你对于世事，阅历日渐加深，但信里不免流露一种骄气。天地之间，只有谦虚谨慎才是谋求幸福之路。一骄傲，就会自满；一自满，就会跌到。凡是动口或者动笔，讨厌人家俗气，嫌弃人家粗鄙，议论人家短处，揭露人家隐私的，都是骄傲。且不说所指所议的未必恰当，就是一一恰当，也是天道所不许可的。

　　我家的子弟，满腔骄傲之气，开口便说别人这个短那个长，讥笑别人这个鄙俗那个浅陋，都不是好现象。贤弟你若想戒除子弟们的骄傲习气，先要将自己喜欢议论别人短处、揭露别人隐私的坏毛病痛加改正，然后才能让晚辈事事警惕并改正。要想去掉"骄"字，以不轻易否定和讥笑别人为第一要义。要想去掉"惰"字，以不晚起为第一要义。弟弟你如果能够谨慎遵守星冈公的八字诀（考、宝、早、扫、书、蔬、鱼、猪）和三不信（不信僧巫、不信医药、不信地仙），又记住愚兄我说的去骄、去惰的话，那家里子弟便会不知不觉地一天比一天近于恭敬、谨慎了。

咸丰十一年二月初四日

澄侯四弟左右：

弟言家中子弟无不谦者，此却未然。凡畏人不敢妄议论者^①，谦谨者也^②。凡好讥评人短者^③，骄傲者也。谚云："富家子弟多骄，贵家子弟多傲。"非必锦衣玉食、动手打人，而后谓之骄傲也。但使志得意满，毫无畏忌，开口议人短长，即是极骄极傲耳。

余正月初四日信中言戒"骄"字，以不轻非笑人为第一义；戒"惰"字，以不晏起为第一义^④。望弟常常猛省，并戒子侄也。

【注释】

①畏人：敬畏他人。

②谦谨：谦虚谨慎。

③讥评：讥讽批评。

④不晏起：不晚起。第一义：佛教语。指最上至深的妙理。也称第一义谛、真谛、胜义谛。与世谛、俗谛或世俗谛对称。也用以泛指最为重要的道理。

【译文】

澄侯四弟左右：

弟弟你信中说家里的子弟没有一个是不谦和的，恐怕未必如此。凡是因为敬畏他人而不敢妄加议论的，便是谦虚谨慎的人。凡是喜欢讥讽批评别人短处的，便是骄傲的人。谚语说："富家子弟多骄，贵家子弟多傲。"并不是说一定要锦衣玉食、动手打人，才叫骄傲。只要是洋洋自得，没有丝毫畏忌之心，张口闭口议论别人的短处，便是最大的骄傲。

我正月初四日的信里说到戒骄这件事，以不轻易非议、讥笑他人为最要紧；戒惰这件事，以不晚起为最要紧。希望弟弟你能常常深刻反省自己，并且教导家中后辈子侄。

咸丰十一年二月二十四日

澄侯四弟左右：

上次送家信者，三十五日即到；此次专人，四十日未到。盖因乐平、饶州一带有贼①，恐中途绕道也。

自十二日克复休宁后②，左军分出八营在于甲路地方小挫③，退扎景镇④。贼幸未跟踪追犯，左公得以整顿数日，锐气尚未大减。目下左军进剿乐平、鄱阳之贼⑤。鲍公一军⑥，因抚、建吃紧⑦，本调渠赴江西省，先顾根本，次援抚、建；因近日鄱阳有警，景镇可危，又暂留鲍军不遽赴省。胡宫保恐狗逆由黄州下犯安庆沅弟之军⑧，又调鲍军救援北岸。其祁门附近各岭，廿三日又被贼破两处。数月以来，实属应接不暇，危险迭见。而洋鬼又纵横出入于安庆、湖口、湖北、江西等处，并有欲来祁门之说。看此光景，今年殆万难支持。然余自咸丰三年冬以来，久已以身许国。愿死疆场，不愿死牖下⑨，本其素志⑩。近年在军办事，尽心竭力，毫无愧怍⑪，死即瞑目，毫无悔憾。

家中兄弟子侄，惟当记祖父之八个字，曰："考、宝、早、扫、书、蔬、鱼、猪。"又谨记祖父之三不信，曰："不信地仙⑫，不信医药，不信僧巫。"余日记册中又有八本之说，曰："读书以训诂为本⑬，作诗文以声调为本，事亲以得欢心为本，养生以戒恼怒为本，立身以不妄语为本，居家以不晏起为本，做官以不要钱为本，行军以不扰民为本。"此八本者，皆余阅历而确有把握之论，弟亦当教诸子侄谨记之。无论世之治乱，家之贫富，但能守星冈公之八字与余之八本，总不失为上等人家。余每次写家信，必谆谆嘱咐，盖因军事危急，故预告一切也。

余身体平安。营中虽欠饷四月，而军心不甚涣散，或尚能支持，亦未可知。家中不必悬念。

【注释】

① 乐平：县名，清代江西省饶州府下属县，今为江西省计划单列市，地处江西省东北部，因南临乐安河、北接平林而得名。饶州：古州府名，地处今江西省东北部，因"山有林麓之利，泽有蒲鱼之饶"而得州名。春秋时期为楚国番邑，秦置番县，西汉改番阳县，东海改鄱阳县，隋平陈后置饶州，州治为今鄱阳县。明清时期饶州府，下辖鄱阳（府治）、余干、万年、德兴、浮梁、乐平、余江七县。民国初废府属省。

② 休宁：位于安徽省东南部，即今安徽省黄山市休宁县。属古徽州"一府六县"之一。建县于东汉建安十三年（208），初名休阳，隶属新都郡。吴永安元年（258），改名海阳县。晋太康元年（280），改名海宁县。隋开皇十八年，改名休宁县（取"休阳"、"海宁"各一字命名），沿用至今。

③左军：左宗棠军。甲路：地名，即今安徽省宁国市甲路镇，位于宁国市西南部，中津河发源地，距城区25公里，境内多山区丘陵。

④景镇：即景德镇，地名，现为为江西省地级市。位于江西省东北部，属于黄山、怀玉山余脉与鄱阳湖平原过渡地带。处于皖（安徽）、浙（浙江）、赣（江西）三省交界处，是浙赣皖重要的交通枢纽中心之一。景德镇市，春秋时属楚东境，秦为九江郡番县地，汉属豫章郡鄱阳县，东晋称新平镇。唐武德四年（621）置新平县，新平镇属之，以在昌江之南，又称昌南镇。八年撤县，开元四年（716）复置，治所在新昌江口，故称新昌县。天宝元年（742）改名浮梁。镇先后隶于新昌、浮梁县。宋真宗景德元年（1004）因镇产青白瓷质地优良，遂以皇帝年号为名置景德镇，沿用至今。元代，浮梁一度升为州，镇属州。明代州改称为县，此后景德镇在行政上一直属县辖区。

⑤鄱阳：县名，即今江西鄱阳县，位于江西省的东北部，鄱阳湖的东岸。春秋时期，鄱阳县为楚番邑。秦置番阳县，治今址，以处番水之北得名，属九江郡。西汉名鄱阳县，属豫章郡。建安十五年（210）属鄱阳郡，为郡治，郡、县均治今古县渡。三国吴赤乌八年（245）鄱阳县还治今址。明清时期，鄱阳为饶州州府所在地。

⑥鲍公：指鲍超。鲍超（1828—1886），清末湘军将

领。字春霆。四川奉节人。行伍出身。咸丰初，先
从向荣赴广西镇压太平天国运动，后调充湘军水师
哨长。先后战岳州、武昌、金口，赐号"壮勇巴图
鲁"。官记名水师总兵。咸丰六年(1856)募湘勇创
立霆字五营，改领陆军。转战湖北、安徽、江西、
浙江、广东、河南、陕西各地，再赐"博通额巴图
鲁"名号，历官湖南绥靖镇总兵至浙江提督，封一
等子爵，云骑尉世职。同治六年(1867)率部赴陕西
镇压捻军，安陆之战，被劾误期，辞官。光绪六年
(1880)起任湖南提督，再募军驻直隶乐亭防备俄罗
斯。五年后，中法战争爆发，率部驻防云南白马关
外备战。光绪十二年卒，谥忠壮。

⑦抚、建：抚州、建昌。

⑧胡宫保：指湖北巡抚胡林翼，因官太子少保而称宫
保。宫保：太子太保、少保的通称。明代习惯上尊
称太子太保为宫保，清代则用以称太子少保。狗
逆：指太平天国军将领陈玉成。清军称陈玉成为
"四眼狗"。

⑨牖下：窗下，借指寿终正寝。

⑩素志：向来希望完成的志愿。

⑪愧怍：惭愧。语出《孟子·尽心上》："仰不愧于天，
俯不怍于人。"

⑫地仙：看风水的术士。

⑬训诂：对字句（主要是对古书字句）作解释。亦指
对古书字句所作的解释。《汉书·扬雄传上》："雄少

而好学，不为章句，训诂通而已，博览无所不见。"
清陈澧《东塾读书记·小学》："诂者，古也。古今
异言，通之使人知也。盖时有古今，犹地有东西，
有南北，相隔远则言语不通矣。地远则有翻译，时
远则有训诂。有翻译则能使别国如乡邻，有训诂
则能使古今如旦暮，所谓通之也，训诂之功大矣
哉！"

【译文】

澄侯四弟左右：

上次送家信回去的人，三十五天就走到了；这次派专
人送信，四十天还没到。这是因为乐平、饶州一带有贼寇，
恐怕中途要绕道的缘故。

自从十二日收复休宁后，左（宗棠）军分出八营在于
甲路那里小败，退到景德镇。幸亏贼寇没有跟踪追击，左
公得以休息整顿好几天，士气还没有大减。眼前左军进剿
乐平、鄱阳的贼军。鲍超的军队，因为抚州、建昌吃紧，
本来调他去江西省，先照顾根本，再支援抚州、建昌；由
于近来鄱阳有警报，景德镇危险，又暂时留下鲍军，而不
马上去省城。胡（润芝）宫保恐怕四眼狗（陈玉成）带贼军
从黄州向下侵犯安庆沅弟的军队，又调鲍军救援长江北岸。
祁门附近各岭，二十三日又被贼军攻破两处。几个月来，
实在是应接不暇，危险一个接一个。洋鬼子又在安庆、湖
口、湖北、江西等地出入，横冲直撞，而且有要来祁门的
说法。据这种情形看，今年恐怕万难支持。但是我自从咸
丰三年冬天以来，老早就已经以身许国了。愿意战死疆场，

而不愿在书窗之下终老，这是我本来的志向。近些年在军营办事，尽心竭力，没有半点儿惭愧，死了可以立马闭眼，没有半分懊悔和遗憾。

家里兄弟子侄，要牢记祖父的八字教训，这八个字是"考、宝、早、扫、书、蔬、鱼、猪"。又当谨记祖父的"三不信"原则，是"不信风水先生；不迷信药物；不信和尚巫师"。我的日记里，还有"八本"的说法："读书以明训诂为本；作诗文以声调铿锵为本；侍奉双亲以得到父母的欢心为本；养身以戒除恼怒为本；立身以不乱说话为本；居家以不晚起为本；做官以不贪钱为本；行军以不骚扰百姓为本。"这"八本"，都是我自己亲身经历验证过的很有把握的主张，弟弟你也当教子侄们谨记在心。不管世道是治还是乱，家道是贫穷还是富足，只要能够谨守祖父星冈公的"八字"和我的"八本"，总不会失去上等人家的身份。我每次写家信，一定要不厌其烦地嘱咐，是因为军情危急，所以要预先告诉你们这一切。

我身体平安。军营中虽然欠饷四月，但是军心不很涣散，或许还可以支持，也未可知。家里不必挂念。

同治元年四月十二日

沅弟左右：

　　水师攻打金柱关时^①，若有陆兵三千在彼，当易得手。

　　保彭杏南^②，系为弟处分统一军起见。弟军万八千人，总须另有二人堪为统带者，每人统五六千，弟自统七八千，然后可分可合。

　　杏南而外，尚有何人可以分统？亦须早早提拔。办大事者，以多选替手为第一义。满意之选不可得，姑节取其次，以待徐徐教育可也。

【注释】

①金柱关：关名，在安徽当涂县西。因为南京东面屏障，为兵家必争之地。咸丰同治年间，清军与太平天国军为争夺金柱关，曾数番激战。

②保：保举。指大臣向朝廷推荐人才，并提保有才能或有功绩。后多指大臣荐举下属。彭杏南：彭毓橘（1824—1867）字杏南，湖南湘乡人，曾国荃同年龄表弟。从曾国荃援江西，积功叙县丞。及进安徽，小池驿、菱湖诸战皆有功，又屡破太平军援军，累功擢知府。会诸军下沿江诸要隘，渡江克太平府、金柱关、芜湖，擢道员，赐号毅勇巴图鲁。后随曾国荃疏湘军赴湖北剿捻。同治六年（1867），在蕲水被捻军所杀。事闻，诏视布政使阵亡例议恤，建专祠，赠内阁学士，谥忠壮，加骑都尉世职，并为

| 三等男爵。

【译文】

沅弟左右：

水师攻打金柱关的时候，如果有陆军三千人在那里，会很容易得手。

为兄保举彭杏南（彭毓橘），是为弟弟你那里有人统领一支分队考虑。弟弟你一军共有一万八千人，总还要另外有两个人，可以胜任统带的，每人统领五、六千人，弟弟你自己统带七、八千人，然后才可以分合自如。

杏南以外，还有谁可以胜任分统之事的？也要早早地提拔。办大事的人，最要紧的是要多选几个接替的人手。如果没有满意的人选，可以姑且选用次等的人，等慢慢地教育培养便可以了。

同治元年五月十五日

沅、季弟左右：

帐棚即日赶办，大约五月可解六营，六月再解六营，使新勇略得却暑也。抬小枪之药①，与大炮之药，此间并无分别，亦未制造两种药。以后定每月解药三万斤至弟处，当不致更有缺乏。王可陛十四日回省②，其老营十六可到。到即派往芜湖，免致南岸中段空虚。

雪琴与沅弟嫌隙已深③，难遽期其水乳④。沅弟所批雪信稿，有是处，亦有未当处。弟谓雪声色俱厉⑤。凡目能见千里而不能自见其睫，声音笑貌之拒人，每苦于不自见，苦于不自知。雪之厉，雪不自知；沅之声色，恐亦未始不厉，特不自知耳。曾记咸丰七年冬，余咎骆、文、文、耆待我之薄⑥，温甫则曰："兄之面色，每予人以难堪。"又记十一年春，树堂深咎张伴山简傲不敬⑦，余则谓树堂面色亦拒人于千里之外。观此二者，则沅弟面色之厉，得毋似余与树堂之不自觉乎？

【注释】

①抬小枪：即小型抬枪。抬枪是一种旧式火器，枪筒粗长，发射时装上火药和铁砂，枪筒放在一人肩上，由另一人点导火线。药：弹药。

②王可陛：宣化人，湘军将领，统领老湘营之升字营。

③雪琴：彭玉麟，字雪琴。

④水乳：本义是水和乳极易融合，比喻情意融洽无间。

⑤声色俱厉：说话的声音和脸色都很严厉。《晋书·明帝纪》："〔王敦〕大会百官而问温峤曰：'皇太子以何德称？'声色俱厉，必欲使有言。"

⑥骆：指湖南巡抚骆秉章。骆秉章（1793—1866）原名骆俊，字吁门，号儒斋，广东花县人。道光十二年（1832）进士，选庶吉士，后被授为编修，历任江南道、四川道监察御史、湖北云南藩司等职。道光三十年（1850），任湖南巡抚。咸丰二年（1852），太平军入湖南，以防守不力，被革职留任。后以守长沙有功而复职，并为清廷所倚重。旋署湖北巡抚。咸丰三年（1853），实授湖南巡抚，任上支持曾国藩办团练，又聘左宗棠为幕僚，事无巨细，皆听之。咸丰十年（1860），奉命督办四川军务，率军入川。咸丰十一年（1861）任四川总督。同治元年（1862），擒杀太平天国翼王石达开，因功授太子太保衔。同治六年（1866）病逝，赠太子太傅，入祀贤良祠，谥号文忠。与曾国藩、左宗棠、李鸿章等人并称"晚清八大名臣"。文：指文格。文格，字式岩，满洲人。道光二十四年（1844）进士，历任山东巡抚、湖南巡抚。文：文俊，咸丰五年任江西巡抚。耆：指耆龄，咸丰七年至九年任江西巡抚。

⑦树堂：冯卓怀，字树堂，湖南长沙人。己亥解元，榜名作槐，更名卓怀。曾官四川万县知县。冯卓怀

与曾国藩交好，曾经做过曾国藩儿子曾纪泽的私塾老师。曾国藩驻兵祁门时，冯卓怀又放弃四川万县县令职位，投其麾下充任幕僚。后因事不合受曾国藩当众斥责，毅然离去。张伴山：张韶南，号伴山，道光二十七年（1847）进士，佐曾国藩幕，协办行营粮台事物。简傲：高傲，傲慢。

【译文】

沅弟、季弟左右：

帐棚这几天就赶办，大概五月可送到六个营的装备，六月再送到六个营的装备，让新兵稍微得以避暑。抬小枪使用的火药，与大炮的火药，二者之间并没有什么分别，也没有制造两种不同的弹药。以后每月押解三万斤火药到弟弟那里，应当不会再有缺乏的情况了。王可陞在十四日回省城，他统领的老营十六日就能到。到了就立即派往芜湖，以免南岸中段兵力空虚。

雪琴（彭玉麟）和沅弟之间的嫌隙已经很深，一时之间恐怕难以相处得水乳交融。沅弟所批雪琴的信稿，有对的地方，也有不恰当的地方。沅弟说雪琴声色俱厉。但是人的眼睛往往能看清千里以外，却不能看清自己的面目。人的声音笑貌方面表现出拒人千里之外的神情，往往糟就糟在自己却看不见，对此全无所知。雪琴的严厉，雪琴自己不知道；沅弟的声色，恐怕也未尝不严厉，只不过是自己不觉得罢了。我还记得咸丰七年的冬天，我埋怨湖南巡抚骆秉章、文格和江西巡抚文俊、耆龄等人待我太薄，温甫却说："兄长你的脸色，常常让人难堪呢。"又记得咸丰十一年的春天，树堂很埋怨张伴山（张韶南）太过傲慢、对他不敬，我就说树堂自己的脸色也分明是拒人于千里之外呢。看这两个例子，那沅弟脸色的严厉表情，会不会像与我与树堂一样，只是自己全不觉得呢？

余家目下鼎盛之际，余忝窃将相①，沅所统近二万人，季所统四五千人，近世似此者曾有几家？沅弟半年以来，七拜君恩，近世似弟者曾有几人？日中则昃，月盈则亏，吾家亦盈时矣。管子云："斗斛满则人概之，人满则天概之②。"余谓天之概无形，仍假手于人以概之③。霍氏盈满④，魏相概之⑤，宣帝概之⑥。诸葛恪盈满⑦，孙峻概之⑧，吴主概之⑨。待他人之来概而后悔之，则已晚矣。吾家方丰盈之际，不待天之来概、人之来概，吾与诸弟当设法先自概之。

【注释】

①忝窃：谦虚的说法，表示辱居其位或愧得其名。

②人满则天概之：《管子·枢言》"釜鼓满则人概之，人满则天概之。故先王不满也。"概，本义为刮平斗、斛用的小木板。这里指削平，推翻。

③假手于人：借助他人的力量来完成，

④霍氏：指西汉大将军霍光一族。霍光（？—前68），字子孟，河东平阳人，大司马霍去病异母弟，汉昭帝皇后上官氏外祖父，汉宣帝皇后霍成君之父。历

经汉武帝、汉昭帝、汉宣帝三朝，官至大司马大将军。期间曾主持废立昌邑王，权倾天下。汉宣帝地节二年（前68），霍光去世，次年霍家以谋反罪名被族诛。

⑤魏相：西汉政治家魏相（？—前59），字弱翁，济阴定陶人，先后任茂陵令、扬州刺史、河南太守、大司农、御史大夫等职，官至丞相，封高平侯。汉宣帝即位后，征魏相为大司农，后为御史大夫。他积极向汉宣帝建议，下诏罢免了企图篡权的霍禹、霍云、霍山三人的侯位，辅佐汉宣帝诛灭霍氏家族。

⑥宣帝：指汉宣帝刘询（前91—前49），原名刘病已，汉武帝刘彻曾孙，戾太子刘据之孙，史皇孙刘进之子，西汉第十位皇帝，公元前74年—公元前49年在位。谥号孝宣皇帝，庙号中宗。在位期间，国泰民安，史称"宣帝中兴"。

⑦诸葛恪：三国时期吴国权臣诸葛恪（203—253），字元逊，琅邪阳都（今山东沂南）人。吴大将军诸葛瑾长子，蜀丞相诸葛亮之侄。自幼以神童著称，深受孙权赏识，弱冠拜骑都尉。孙登为太子时，诸葛恪任左辅都尉，为东宫幕僚领袖。曾任丹杨太守，平定山越。陆逊病故，诸葛恪领其兵，为大将军，主管上游军事。孙权临终前为托孤大臣之首。孙亮继位后，诸葛恪拜太傅，权倾一时，后被孙峻联合孙亮杀死，夷三族。

⑧孙峻：三国时期吴国权臣孙峻（219—256），字子

远，武烈帝孙坚之弟昭义中郎将孙静曾孙，定武中郎将孙暠之孙，散骑侍郎孙恭之子。孙峻年少时骁勇果敢精明强干，初任武卫都尉兼侍中，孙权病危时与诸葛恪共受遗诏辅政，孙亮即位之后升任武卫将军封都乡侯，在设计诛杀政敌诸葛恪后开始掌握吴国大权。拜丞相、大将军，封富春侯。掌权后大肆残害宗亲，废太子孙和、孙权之女孙鲁育，宣太子孙登之子孙英先后被杀。太平元年（256），孙峻在征伐魏国时因病去世，时年37岁，将后事托付给了堂弟孙綝。景帝孙休在位时，孙綝被杀，孙峻、孙綝兄弟被孙休下诏从族谱上除名，改称故峻、故綝。

⑨吴主：指孙亮。孙亮（243—260），字子明，三国时期吴国的第二位皇帝，公元252—258年在位。孙亮乃吴大帝孙权幼子，252年孙权去世后即位，258年被权臣孙綝废为会稽王。260年，孙亮因被诬告而自杀（一说被毒害），时年仅16岁。

【译文】

我们家正处鼎盛时刻，我又窃居将相之位。沅弟统率的军队近两万人，季弟统率的军队有四五千人，近代像这样情况的，曾经有过几家？沅弟半年以来，七次拜领君恩，近世以来像沅弟你这样的又曾经有几个啊？太阳过了正午便要西落，月亮圆了就要缺。我们家正在圆满的时候。管子说："斗和斛太满了，就会有人去刮平；人太自满了，天就会来刮平。"我看天刮平是无形的，还是要借人的力量来刮平。西汉的霍氏太过盈满，便由魏相来刮平，由汉宣帝来刮平。三国时期的诸葛恪太过盈满，便由孙峻来刮平，由吴国国君来刮平。等到被他人刮平然后后悔，可就已经晚了。我们家正在丰盈圆满的时际，不等天来刮平，也不等人来刮平，我与各位弟弟应当设法自己刮平。

　　自概之道云何？亦不外"清"、"慎"、"勤"三字而已。吾近将"清"字改为"廉"字，"慎"字改为"谦"字，"勤"字改为"劳"字，尤为明浅，确有可下手之处。沅弟昔年于银钱取与之际不甚斟酌，朋辈之讥议菲薄，其根实在于此。去冬之买犁头嘴、栗子山①，余亦大不谓然。以后宜不妄取分毫，不寄银回家，不多赠亲族，此"廉"字工夫也。"谦"之存诸中者不可知，其著于外者，约有四端：曰面色；曰言语；曰书函；曰仆从属员。沅弟一次添招六千人；季弟并未禀明，径招三千人。此在他统领所断做不到者，在弟尚能集事，亦算顺手。而弟等每次来信，索取帐棚子药等件，常多讥讽之词、不平之语。在兄处书函如此，则与别处书函更可知已。沅弟之仆从随员颇有气焰②。面色言语，与人酬接时，吾未及见；而申夫曾述及往年对渠之词气③，至今饮憾④。以后宜于此四端痛加克治，此"谦"字工夫也。每日临睡之时，默数本日劳心者几件，劳力者几件，则知宣勤王事之处无多⑤，更竭诚以图之，此"劳"字工夫也。

余以名位太隆，常恐祖宗留诒之福自我一人享尽⑥，故将"劳"、"谦"、"廉"三字时时自惕，且亦愿两贤弟之用以自惕，且即以自概耳。

湖州于初三日失守⑦，可悯可敬。

【注释】

①犁头嘴、栗子山：地名，位于湖南双峰县荷叶乡。

②气焰：原指开始燃烧、尚未成势的火焰。常以比喻人或其他事物的威势、声势煊赫逼人。《左传·庄公十四年》："人之所忌，其气焰以取之。"

③申夫：李榕（1819—1889），原名甲先，字申夫，四川剑州（今四川省剑阁县下寺乡河马沟）人。道光丙午（1846）举人，咸丰二年壬子（1852）进士，改翰林院庶吉士，转礼部主事。咸丰己未（1859），曾国藩奏调湘军营务，因军功授浙江盐运使、湖北按察使、湖南布政使。同治己巳（1869），坐事罢归，主剑州兼山书院和江油（今四川省江油市）登龙书院、匡山书院讲席以终。有《十三峰书屋全集》留传于世，《清史稿》有传。

④饮憾：抱恨，怀憾。

⑤宣勤王事：尽力于天子之事，为朝廷效力。

⑥诒：留给，赠与。

⑦湖州：地名，即今浙江省湖州市。地处浙江省北部，东邻嘉兴，南接杭州，西依天目山，北濒太湖，与无锡、苏州隔湖相望，是环太湖地区唯一因湖而得

名的城市。楚考烈王十五年（前248），春申君黄歇在此筑城，始置"菰城县"。秦置乌程县。东吴甘露二年（266）置"吴兴郡"。隋仁寿二年（602），以地滨太湖而名"湖州"，为湖州名称之始。元设湖州路，属江浙行省。明清设湖州府，属浙江省。

【译文】

自己刮平的方法有哪些呢？也不外乎"清"、"慎"、"勤"三个字罢了。我近来把"清"字改为"廉"字，"慎"字改为"谦"字，"勤"字改为"劳"字，更为明白浅显，确有切实可行的地方。沅弟从前对于银钱的拿和给，往往考虑不周。之所以被同僚议论和轻看，根子都在这里。去年冬天买犁头嘴、栗子山两处的田，我也很不以为然。沅弟以后最好不妄取一分一毫，不寄钱回家，不多送亲戚族人银钱。这便是"廉"字功夫。"谦"字存在内心，无从知晓；但表现在外头的，大约有四方面：一是脸色，二是言辞，三是书信，四是仆从属员。沅弟一次招兵六千人；季弟并没有报告请示，就自作主张招兵三千人，这是其他统领将官绝对做不到的。弟弟还能做成，也算是很顺手了。但弟弟们每次来信，索取帐棚、火药等物，经常有讥讽的词句、不平的话语。给为兄我写信是这样，给别人写信更可以想见是什么样了。沅弟的仆人随员，气焰很嚣张。与人应酬接触之时的脸色言语，我没有亲眼看见过，可是李申夫曾经和我说过往年对他的言辞语气，至今还深以为憾。沅弟以后应在这四个方面痛下工夫，加以改正。这便是"谦"字功夫。每日临睡的时候，默想当日做了几件劳心的事，几件劳力的事，就会知道尽力王事之处实在不多，就会竭尽心力去做了，这便是"劳"字功夫。

我因为名声太大、地位太高，常常害怕祖宗积累遗留给我辈的福泽，由我一个人享受殆尽，所以把"劳、谦、廉"三字放在心头，时刻自勉，也愿两位贤弟拿这三个字自勉，也算是自己刮平自己吧。

湖州在初三日失守，实在是让人怜悯敬佩。

同治元年五月二十八日

沅、季弟左右：

沅于人概天概之说①，不甚厝意②，而言及势利之天下、强凌弱之天下③。此岂自今日始哉？盖从古以然矣。

从古帝王将相，无人不由自立自强做出。即为圣贤者亦各有自立自强之道，故能独立不惧、确乎不拔④。昔余往年在京，好与诸有大名大位者为仇，亦未始无挺然特立、不畏强御之意⑤。近来见得天地之道，刚柔互用，不可偏废。太柔则靡⑥，太刚则折。刚非暴虐之谓也，强矫而已⑦；柔非卑弱之谓也，谦退而已。趋事赴公，则当强矫；争名逐利，则当谦退。开创家业，则当强矫；守成安乐，则当谦退。出与人物应接⑧，则当强矫；入与妻孥享受⑨，则当谦退。若一面建功立业，外享大名；一面求田问舍⑩，内图厚实⑪。二者皆有盈满之象，全无谦退之意，则断不能久。此余所深信，而弟宜默默体验者也。

【注释】

①人概天概之说：即曾国藩五月十日五写给沅、季两弟的信中所说的："管子云：'斗斛满则人概之，人满则天概之。'"

②厝意：在意，用心。《晋书·刘伶传》："未尝厝意文翰，惟著《酒德颂》一篇。"

③势利：指趋炎附势，根据地位权势而分别待人。

④确乎不拔：刚强坚决，不可动摇。语本《易·乾》："确乎其不可拔。"

⑤挺然：挺拔特立貌。《南史·柳世隆传》："挺然自立，不与众同。不畏强御：不畏豪强，不畏强暴。

⑥靡：柔弱而不能有所自立。

⑦强矫：坚定不移。《中庸》："故君子和而不流，强哉矫！中立而不倚，强哉矫！国有道，不变塞焉，强哉矫！国无道，至死不变，强哉矫！"朱子章句："此四者，汝之所当强也。矫，强貌。《诗》曰'矫矫虎臣'是也。"

⑧应接：应酬，待人接物。

⑨妻孥：妻子儿女。

⑩求田问舍：本义为购买田地，询问房价。指只顾专营家产而无远大志向。《三国志·魏志·陈登传》："（刘）备曰：'君有国士之名，今天下大乱，帝主失所，望君忧国忘家，有救世之意；而君求田问舍，言无可采。'"

⑪厚实：指家境殷实富裕。

【译文】

沅弟、季弟左右：

沅弟对于人刮平、天刮平的说法，不太在意，却说天下只有势利，天下从来是以强凌弱。这哪里是从今天才开始的？自古以来就已经是这样了。

古往今来的帝王将相，没有一个人不是由自强自立做出来的。就算是圣人、贤者，也各有各的自强自立之道，因此才能独立于世而不丝毫畏惧，顶天立地而坚忍不拔。我往年在京城，喜欢与那些有大名声、有高地位的人作对，也并不是没有挺然独立、不畏强暴的意志。近来悟出天地间的道理是刚柔互用，不应偏废。太软弱就会垮掉，太刚强就会折断。刚并不是残暴的意思，是说要坚定不移罢了；柔并不是奴颜婢膝的意思，是说要谦虚退让罢了。为国家办公事，要坚定不移；争名夺利，就要谦退。开创家业，要坚定不移；守成安乐，就要谦退。出外与别人应酬，要坚定；在家与妻儿享天伦之乐，就要谦退。如果一方面建功立业，在外头享有盛名；一方面又要买田建屋，追求殷实舒服。两方面都有满和过的征兆，完全没有谦退的念头，那是决不能长久的。这是我所深信不疑的，而弟弟们也应默默地加以体会。

同治元年六月初二日

沅、季弟左右：

　　湖南之米，昂贵异常。东征局无米解来①，安庆又苦于碾碓无多，每日不能舂出三百石，不足以应诸路之求。每月解子药各三万斤，不能再多。望弟量入为出，少操几次②，以省火药为嘱。

　　扎营图阅悉。得几场大雨，吟、昆等营必日松矣。处处皆系两层，前层拒城贼，后层防援贼，当可稳固无虞③。

　　少泉代买之洋枪④，今日交到一单，待物到即解弟处。洋物机括太灵，多不耐久，宜慎用之。

　　次青之事⑤，弟所进箴规⑥，极是极是。吾过矣！吾过矣！吾因郑魁士享当世大名⑦，去年袁、翁两处及京师台谏尚累疏保郑为名将⑧，以为不妨与李并举，又有郑罪重李情轻暨王锐意招之等语⑨，以为比前折略轻。迨拜折之后⑩，通首读来，实使次青难堪。今得弟指出，余益觉大负次青，愧悔无地。余生平于朋友中，负人甚少，惟负次青实甚。两弟为我设法，有可挽回之处，余不惮改过也。

【注释】

①东征局：东征局是湖南巡抚骆秉章应曾国藩之请，在长沙成立的专门为湘勇东征筹饷的服务部门，由郭昆焘、李瀚章领衔负责。

②操：操练，演习。

③无虞：无忧，平安无事。

④少泉：李鸿章，字少荃，又作少泉。

⑤次青：李元度，字次青。

⑥箴规：劝诫规谏。

⑦郑魁士：郑魁士（1800—1873），字鳌峰，清直隶宣化（今张家口宣化）人。嘉庆二十五年（1820），从家乡入伍。道光初年，因军功升湖南提标守备。道光三十年（1850）之后，历升都司、游击、参将、副将，赐号沙拉玛巴图鲁。咸丰四年（1854），江南提督和春调郑魁士部前往庐州镇压太平天国军，并任命郑魁士代理安徽寿春镇总兵。咸丰五年（1855），郑魁士攻克庐州城，受朝廷嘉奖，加任提督衔。咸丰六年（1856）春，郑魁士奉命剿捻，先后辗转于安徽、河南。怀远解围，赏头品顶戴，授沙拉玛该勇称号，赐黄马褂。不久，任寿春镇总兵。咸丰八年（1858），郑魁士调往南京，会剿太平天国军，并因功授浙江提督，奉诏督办宁国军务暨帮办东坝各处军务。咸丰十一年（1861），因伤开缺，回籍调养。同治五年（1866），郑魁士再度应诏出山，赴直隶东路协剿捻军。同治六年（1866）署直隶提督。同治八年（1869），因伤复发，回到家乡宣化疗养。四年后病逝。谥忠烈。《清史稿》有传。

⑧袁、翁：指袁甲三、翁同书。袁甲三咸丰九年（1859）任钦差大臣，督办安徽军务，实授漕运总督。翁同书咸丰八年（1858）任安徽巡抚。台谏：

唐宋时以专司纠弹的御史为台官，以职掌建言的给事中、谏议大夫等为谏官。两者虽各有所司，而职责往往相混，故多以"台谏"泛称之。明初废谏院，以给事中兼领监察与规谏，两者开始合流。至清雍正元年，又使之同隶都察院，于是台谏完全合二为一。宋李纲《上渊圣皇帝实言封事》："立乎殿陛之间与天子争是非者，台谏也。"

⑨王：指浙江巡抚王有龄。咸丰十年（1860），李元度在徽州败挫，为曾国藩奏劾，褫职逮治。浙江巡抚王有龄奏调援浙，李元度不待命，回籍募勇八千，号安越军。将行，太平军犯湖南，巡抚文格留其军守浏阳，偕诸军破贼，诏赏还按察使衔，并加布政使衔。会杭州陷，王有龄死，诏左宗棠代之。元李度率军入浙，与李定太守衢州，授浙江盐运使，署布政使。曾国藩以李元度罪未定，不听勘遽回籍，复劾革职，交左宗棠差遣。

⑩拜折：督抚以上有要事专折上奏，把折匣供在大堂香案上，行三跪九叩礼后，将其交予折差并高捧头上，开中门送出。

【译文】

沅弟、季弟左右：

湖南的粮食，非常昂贵。东征局没有粮食可押解来，安庆又苦于碾子碓子等工具不多，每天春不出三百石米，不足以满足各处的需求。每月押解弹药三万斤，不能再多了。希望弟弟量入为出，少演习一些，以节省火药要紧。

军队扎营的图纸我已经看过了。下了几场大雨，吟、昆等营一定会一天比一天松懈。营地战壕处处都要分两层，前一层抵挡城中的敌军，后一层防备敌人的援军，应该很稳固，可以平安无忧。

李鸿章代买的洋枪，今天送到了一批，等东西到了就送到你那里。西洋的东西机关太灵，大多不耐久，应该谨慎使用它们。

次青（李元度）的事，贤弟对我的规劝，真是很对。是我的过失，真是我的过失啊！我因为郑魁士享当世大名，去年袁、翁两处，以及京城台谏，还多次上疏力保郑为名将，认为不妨和李相提并论；我又有郑罪重、李情轻并王（有龄）刻意招他这些话，以为比前头的奏折说得轻些了。等到呈上奏折之后，读读通篇文字，才晓得实在是使次青难堪。现在由弟弟指出来，我更觉得太对不起次青，悔愧得无地自容。我生平对待朋友，很少辜负人家，只有这次有负于次青实在太多。望两位弟弟帮我设法，只要有能够挽回的地方，我一定勇于改过。

同治元年六月二十日

沅弟左右：

此次洋枪合用。前次解去之百支，果合用否？如有不合之处，一一指出。盖前次亦花大价钱买来，若过于吃亏，不能不一一与之申说也。

吾因近日办事名望关系不浅，以鄂中疑季之言相告①，弟则谓我不应述及。外间指摘吾家昆弟过恶，吾有所闻，自当一一告弟，明责婉劝，有则改之，无则加勉，岂可秘尔不宣？鄂之于季，自系有意与之为难。名望所在，是非于是乎出，赏罚于是乎分，即饷之有无，亦于是乎判。去冬金眉生被数人参劾②，后至钞没其家，妻孥中夜露立③，岂果有万分罪恶哉？亦因名望所在，赏罚随之也。众口悠悠，初不知其所自起，亦不知其所由止，有才者忿疑谤之无因④，而悍然不顾⑤，则谤且日腾⑥；有德者畏疑谤之无因，而抑然自修⑦，则谤亦日熄。吾愿弟等之抑然，不愿弟等之悍然。愿弟等敬听吾言，手足式好⑧，同御外侮；不愿弟等各逞己见，于门内计较其雌雄，反忘外患。

至阿兄忝窃高位⑨，又窃虚名，时时有颠坠之虞⑩。吾通阅古今人物，似此名位权势，能保全善终者极少。深恐吾全盛之时，不克庇荫弟等⑪；吾颠坠之际，或致连累弟等。惟于无事时，常以危词苦语，互相劝诫，庶几免于大戾⑫。

酷热不能治事，深以为苦。

【注释】

①鄂中：指湖北方面。季：指曾国藩季弟曾国葆。

②金眉生：金字清，字眉生，浙江嘉善人。历任湖北
　督粮道、盐运使和提奏按察使。参劾：弹劾，君主
　时代上奏章揭发官吏的罪状。

③妻孥：妻子儿女。露立：立于露水之中，谓无居处。
　《三国志·吴志·陈表传》："〔陈表〕家财尽於养
　士，死之日，妻子露立。太子登为起屋宅。"

④疑谤：猜疑诽谤。《南史·谢瞻传》："汝为国大臣，
　又总戎重，万里远出，必生疑谤。"无因：没来由，
　无根据。

⑤悍然不顾：蛮狠凶悍，不管一切。

⑥日腾：形势日益加剧。腾：增加，上升。

⑦抑然自修：压抑自己，努力修德。

⑧式好：《诗经·小雅·斯干》："兄及弟矣，式相好
　矣。"后常以"式好"谓骨肉和好。

⑨忝窃：谦言辱居其位或愧得其名。

⑩颠坠：于高处坠落，跌倒。比喻人生失败。此处指
　从高官位置上下来。虞：忧。

⑪不克：不能。庇荫：庇护，保护。

⑫大戾：大罪过，大灾祸。

【译文】

沅弟左右：

　　这次的洋枪好用。上次送去的一百支，也确实好用
吗？如果有不好用的地方，请一一指出。因为上次也是花

大价钱买来的，如果过于吃亏，就不能不一一和他们申诉计较。

为兄我因为考虑到近来办事和名望关系不小，所以将湖北方面怀疑季弟的说法告诉你们，沅弟你却说我不应该谈这个。外头舆论指责我家兄弟有过失，我一旦听到了，自然会一一告诉弟弟们，明白责备或是委婉劝告，弟弟们有则改之，无则加勉，怎么可以藏在心里而不和你们说呢？湖北方面猜疑季弟，自然是有意与他为难。一关系到名望，是非就跟着来了，赏罚便也分明，就连军饷有还是没有，也在这里判定了。去年冬天金眉生被好几个人上本弹劾，最后以闹到被抄没财产，妻子儿女无家可归，半夜站在露水里，好不凄惨。难道他真有什么十恶不赦的罪过么？也不过是因为事关名望，赏罚也就跟着来了。人多嘴杂，众口铄金，根本不知道一种说法从何起，也不知到何处又停止。有才能的人，愤恨这种没有根据的毁谤，于是悍然不顾，但毁谤却会日盛一日；德行高的人，害怕这种没有根据的毁谤，于是压抑自己，勉力修德，毁谤却也随之日渐平息。我希望弟弟们能谦抑自修，不希望你们对此悍然不顾。希望弟弟们要认真听我的意见，兄弟友好和睦，共同抵御外界的欺侮；不希望弟弟们各逞己见，于兄弟之间计较胜负输赢，反而忘了外患。

至于阿兄我窃居高位，又窃取虚名，时刻都有颠覆坠落的危险。我通观古今人物，像我如今这样的权势，能够保全、得到善终的极少。生怕我全盛的时刻，不能庇护荫泽弟弟们；而到我颠覆坠落的时候，却连累到你们。只有在平安无事的时候，常常用危词苦语，互相劝慰告诫，这样或许可以免于大难吧。

天气酷热，以致不能处理事务。深深为此苦恼。

同治元年九月初四日

澄弟左右：

沅弟金陵一军危险异常，伪忠王率悍贼十余万昼夜猛扑①，洋枪极多，又有西洋之落地开花炮。幸沅弟小心坚守，应可保全无虞。鲍春霆至芜湖养病②，宋国永代统宁国一军③，分六营出剿，小挫一次。春霆力疾回营④，凯章全军亦赶至宁国守城⑤。虽病者极多，而鲍、张合力，此路或可保全。又闻贼于东坝抬船至宁郡诸湖之内⑥，将图冲出大江，不知杨、彭能知之否⑦。若水师安稳，则全局不至决裂耳。

来信言余于沅弟既爱其才，宜略其小节，甚是甚是。沅弟之才，不特吾族所少，即当世亦实不多见。然为兄者，总宜奖其所长⑧，而兼规其短⑨。若明知其错，而一概不说，则非特沅一人之错，而一家之错也。

吾家于本县父母官，不必力赞其贤，不可力诋其非。与之相处，宜在若远若近、不亲不疏之间。渠有庆吊⑩，吾家必到。渠有公事，须绅士助力者，吾家不出头，亦不躲避。渠于前后任之交代⑪，上司衙门之请托⑫，则吾家丝毫不可与闻⑬。弟既如此，并告子侄辈常常如此。子侄若与官相见，总以谦谨二字为主。

【注释】

①伪忠王：指太平天国忠王李秀成。

②鲍春霆：鲍超，字春霆。

③宋国永：宋国永（？—1865）四川人，湘军将领，鲍超副手。宁国：宁国府，现为安徽省宣城市下属县级市，地处安徽省东南部，是皖南山区之咽喉，南北商旅通衢之要道。东汉建安十三年（208），孙权分宛陵县南部置怀安、宁国二县，属丹阳郡。宁国名取自《易·乾卦》："首出庶物，万国咸宁"。寓意邦宁国泰，长治久安。西晋太康二年（281），分丹阳郡置宣城郡，宁国属之。南北朝沿旧制。隋开皇九年（589），并怀安，宁国市入宣城县。唐武德三年（620）分宣城县复置怀安县、宁国市，属宣州。武德七年又并入宣城县。唐天宝三年（744）以原怀安、宁国二县地置宁国县，属宣城郡。五代十国时属宣州。北宋属宣城郡。南宋乾道二年（1166）属宁国府（治宣州，今安徽宣城市宣州区）。元改宁国府为宁国路，明改宁国路为宁国府，清沿之。民国元年（1912）废府，宁国直属安徽省。

④力疾：勉强支撑病体。《三国志·曹爽传》："臣辄力疾，将兵屯洛水浮桥，伺察非常。"

⑤凯章：张运兰，字凯章。湘军将领。

⑥东坝：地名，在今江苏省南京市高淳区境内。宁郡：指宁国府。

⑦杨、彭：湘军水师将领杨岳斌（杨载福）、彭玉麟。

⑧奖：夸奖，劝勉。

⑨规：规劝。

⑩庆吊：庆贺与吊唁慰问。也指婚丧等红白喜事。

⑪交代：前后任相接替，移交。

⑫请托：请别人办事；以私事相托。

⑬与闻：谓参与其事并且得知内情。《左传·隐公十一年》："齐侯以许让公。公曰：'君谓许不共，故从君讨之。许既伏罪矣，虽君有命，寡人弗敢与闻。'"

【译文】

澄弟左右：

沅弟在金陵的军队非常危险，伪忠王率领悍匪十余万昼夜猛攻，他们的洋枪很多，又有西洋的落地开花炮。幸亏沅弟小心坚守，还可以保证没有问题。鲍超到芜湖养病，宋国永代为统帅宁国的军队，分六营进攻，遭遇一次小败。鲍超强撑病体回营，张凯章全军也赶到宁国守城。虽然生病的官兵很多，但鲍超、张凯章合力，这条战线或许可以保全。又听说敌军在东坝抬船到宁郡诸湖之内，想要冲出大江，不知杨岳斌、彭玉麟是否知晓敌军动向。如果水师安稳，那么全局就不至于决裂。

澄弟你来信说我对于沅弟，既然爱他的才，就应不计较他的小节，你说得很对很对。沅弟的才能，不但是我们家族中少有，在当今世上也不多见啊。然而我这做兄长的，总该在夸奖他的长处的同时，对他的短处有所规劝啊。如果明知他错了，却一概不说，那便不是沅弟他一人之错，而成了我一家之错了。

我家对于本县父母官，不必极力称赞他的贤良；也不可极力诋毁，尽说他的不是。与他们相处，距离保持在若远若近、不亲不疏之间为宜。他们有婚丧庆悼等红白喜事，我家必到。他们有公事，须要绅士帮助的，我家不出头，但也不躲避。他们对于前后任的交接事宜，以及对上司衙门的请求委托，我家万万不参与其事。弟弟你既已这样做了，还要告诉子侄们都这样做。子侄们与官员相见，千万要牢记谦虚和谨慎两样美德。

同治二年三月二十四日

沅弟左右：

弟读邵子诗①，领得恬淡冲融之趣②，此是襟怀长进处③。自古圣贤豪杰、文人才士，其志事不同④，而其豁达光明之胸襟，大略相同。以诗言之，必先有豁达光明之识，而后有恬淡冲融之趣。如李白、韩退之、杜牧之⑤，则豁达处多；陶渊明、孟浩然、白香山⑥，则冲淡处多。杜、苏二公⑦，无美不备。而杜之五律最冲淡⑧，苏之七古最豁达⑨。邵尧夫虽非诗之正宗，而豁达、冲淡，二者兼全。吾好读《庄子》⑩，以其豁达足益人胸襟也。去年所讲"生而美者，若知之，若不知之；若闻之，若不闻之"一段最为豁达⑪，推之即舜禹之有天下而不与⑫，亦同此襟怀也。

【注释】

①邵子：指北宋哲学家邵雍。邵雍（1011—1077），字尧夫，谥康节，自号安乐先生、伊川翁，后人称百源先生。其先范阳（今河北涿州）人，幼随父迁共城（今河南辉县）。少有志，读书苏门山百源上。仁宗嘉祐及神宗熙宁中，先后被召授官，皆不赴。创"先天学"，以为万物皆由"太极"演化而成。著有《观物篇》、《先天图》、《伊川击壤集》、《皇极经世》等。

②恬淡：清静淡泊。多用以指不热衷于名利。冲融：

冲和，恬适。

③襟怀：胸襟，怀抱。

④志事：抱负，志趣。

⑤李白：唐代诗人。字太白，号青莲居士。祖籍陇西
　成纪（今甘肃秦安东），隋末其先人流寓碎叶（今巴
　尔喀什湖南面的楚河流域）。李白幼时随父迁居绵
　州昌隆（今四川江油）青莲乡。二十五岁离蜀，长期
　在各地漫游。天宝初供奉翰林，受权贵逸毁，仅一年
　余即离开长安。安史之乱中，曾为永王李璘幕僚，因
　璘败牵累，流放夜郎。中途遇赦东还。晚年漂泊困
　苦，卒于安徽当涂族叔李阳冰处。韩退之：唐代文
　学家韩愈（768—824），字退之，出生于河南河阳
　（今河南孟县），祖籍郡望昌黎郡（今河北昌黎），
　自称昌黎韩愈，世称韩昌黎；晚年任吏部侍郎，又
　称韩吏部。卒谥文，世称韩文公。与柳宗元共同倡
　导唐代古文运动，合称"韩柳"。苏轼称赞他"文
　起八代之衰，道济天下之溺，忠犯人主之怒，勇夺
　三军之帅"。杜牧之：杜牧（803—852），字牧之，
　号樊川，京兆万年（今陕西西安）士族。杜牧晚唐
　著名诗人和古文家，擅长五古和七律，世人称为
　"小杜"，以别于杜甫；又与李商隐齐名，人称"小
　李杜"。

⑥陶渊明：晋宋之际诗人，字元亮，入刘宋后改名潜。
　自号五柳先生，私谥靖节，世称靖节先生。浔阳柴
　桑（在今江西九江西南）人。曾为江州祭酒、镇江

参军，后任彭泽令。因不满当时官员的腐败而去职，归隐田园，至死不仕。孟浩然（689—740）：名浩，字浩然，号鹿门处士，以字行，唐代襄州襄阳（今湖北襄阳）人，又称"孟襄阳"。诗与王维齐名，并称"王孟"。白香山：唐代诗人白居易（772—846），字乐天，号香山居士。下邽（今陕西渭南）人，与元稹并称"元白"。

⑦ 杜：杜甫（712—770），河南巩县（今河南巩义）人。字子美，号少陵野老，一号杜陵野客、杜陵布衣，又被称作杜拾遗、杜工部、杜少陵。后人称其为"诗圣"，誉其诗为"诗史"。苏：苏轼（1037—1101），字子瞻，又字和仲，号东坡居士，北宋眉州眉山（今属四川省眉山市）人。与黄庭坚并称"苏黄"。

⑧ 五律：五言律诗，形成于唐初。每句五字，每首八句，双句押韵，首句可押可不押。通常用平声韵，一韵到底，不可转韵。每句平仄有一定的格式。中间两联必须对仗。

⑨ 七古：七言古诗，诗体全篇每句七字或以七字句为主，每篇句数不限。七古的典型风格是端正浑厚、庄重典雅，《文章辨体序说》认为"七言古诗贵乎句语浑雄，格调苍古"。

⑩ 《庄子》：《庄子》约成书于先秦时期。《汉书·艺文志》著录五十二篇，今本三十三篇。其中内篇七，外篇十五，杂篇十一。一般认为内篇为庄子本人所

著，而外篇和杂篇是后人托名。

⑪"生而美者，若知之若不知之，若闻之若不闻之"：出自《庄子·则阳》："生而美者，人与之鉴，不告则不知其美于人也。若知之，若不知之；若闻之，若不闻之。其可喜也终无已，人之好之亦无已，性也。"意思是：生来就漂亮的人，是因为别人给他作了一面镜子，如果不通过比较他也不会知道自己比别人漂亮。好像知道，又好像不知道，好像听见了，又好像没有听见，他内心的喜悦就不会有所终止，人们对他的好感也不会有所中止，这就是出于自然的本性。

⑫舜禹之有天下而不与：《论语·泰伯》："子曰：'巍巍乎，舜、禹之有天下也而不与焉！'"朱子集注："不与，犹言不相关，言其不以位为乐也。"舜：上古贤君，姚姓，有虞氏，名重华，史称虞舜。尧禅位于舜，舜禅位于禹。禹：上古贤君，姒姓，夏后氏，名文命，号禹，后世尊称大禹。

【译文】

沅弟左右：

　　弟弟你读邵子的诗，领会到他诗中有恬淡冲融的趣味，这说明你的襟怀有了长进。自古以来的圣贤豪杰与文人才士，他们的志趣与事业虽有不同，而他们豁达光明的胸怀，大体是一样的。以诗来说，一定要先有豁达光明的见识，然后才有恬淡冲融的趣味。比如李白、韩愈、杜牧，他们豁达的地方多一些；陶渊明、孟浩然、白居易，则冲淡的特点多一些。杜甫、苏轼两位的诗，什么优点都具备，而杜甫的五言律诗味道最冲淡，苏轼的七言古诗境界最豁达。邵尧夫虽然说不上是诗的正宗，但豁达、冲淡这两样，他是兼而有之的。我喜欢读《庄子》，因为《庄子》的豁达有益于人的胸怀。去年我所讲过的"生而美者，若知之，若不知之；若闻之，若不闻之"这几句话，最是豁达。由此推而广之，舜帝和禹帝拥有天下却像没有一样，胸怀也是一样的。

吾辈现办军务，系处功利场中，宜刻刻勤劳，如农之力穑①，如贾之趋利②，如篙工之上滩③，早作夜思，以求有济④。而治事之外，此中却须有一段豁达冲融气象。二者并进，则勤劳而以恬淡出之，最有意味。余所以令刻"劳谦君子"印章与弟者⑤，此也。

少荃已克复太仓州⑥，若再克昆山⑦，则苏州可图矣⑧。吾但能保沿江最要之城隘，则大局必日振也。

【注释】

①力穑：努力耕作。

②贾：商人。趋利：追求财利。

③篙工：掌篙的船工。上滩：撑船逆流而上险滩。

④有济：有所成就，有所成功。

⑤劳谦君子：语出《易·谦》："劳谦，君子有终，吉。"劳谦：勤劳谦恭。

⑥少荃：李鸿章，字少荃。太仓州：明弘治十年立太
　仓州，属苏州府，辖区范围为现太仓市、嘉定区。
　清雍正二年，升格为太仓直隶州，并析地置镇洋
　县，下辖镇洋县、崇明县、嘉定县、宝山县（自嘉
　定县分出）等四县。
⑦昆山：地名，即今江苏昆山市。
⑧苏州：地名，即今江苏苏州市。

【译文】

　　我们现在办军务，是身处功利场中，应该时刻勤劳，
要像农夫一样努力耕作，像商人一样追求利润，像船工撑
船上滩一样卖力，早起工作，夜里思想，努力谋求成功。
但辛苦做事之外，心中却是需要有一段豁达冲融的气象的。
两方面同时前进，那么，做事再辛苦勤劳，都能以恬淡的
心情来处理，这样最有意味。我之所以叫人刻一颗"劳谦
君子"的印章，送给弟弟你，就是这个意思。

　　李少荃已经攻克太仓州，如果再收复昆山，那么苏州
就可以谋取了。只要我方能保住沿江最重要的城隘，那么
大局一定一天比一天振兴。

同治二年十一月十四日

澄弟左右：

围山嘴桥稍嫌用钱太多①，南塘竟希公祠宇②，亦尽可不起。

沅弟有功于国，有功于家，千好千好，但规模太大③，手笔太廓④，将来难乎为继⑤。吾与弟当随时斟酌⑥，设法裁减。

此时竟希公祠宇业将告竣⑦，成事不说⑧，其星冈公祠及温甫、事恒两弟之祠⑨，皆可不修，且待过十年之后再看，至嘱至嘱。

余往年撰联赠弟，有"俭以养廉，直而能忍⑩"二语。弟之直，人人知之；其能忍，则为阿兄所独知。弟之廉，人人料之；其不俭，则阿兄所不及料也。以后望弟于"俭"字加一番工夫，有一番苦心。不特家常用度宜俭，即修造公费，周济人情，亦须有一"俭"字意思。总之，爱惜物力，不失寒士之家风而已。弟以为然否？

【注释】

①围山嘴：地名，在曾国藩家乡荷叶乡。

②南塘：地名，在曾国藩家乡荷叶乡。竟希公：曾国藩的曾祖父曾竟希。祠宇：祠堂。

③规模：指事业、工程、运动、机构等的范围、场面、气势。

④手笔：指办事、用钱的气派，排场。廓：大。

⑤难乎为继：难以为继，不容易持续。

⑥斟酌：反复考虑以后决定取舍。

⑦告竣：宣告完毕，完成（多指较大的工程）。

⑧成事不说：对做过的事不再提它。《论语·八佾》：
　　"成事不说，遂事不谏，既往不咎。"

⑨星冈公：曾国藩的祖父曾星冈。温甫：曾国藩六弟曾
　　国华，字温甫。事恒：曾国藩季弟曾国葆，字事恒。

⑩俭以养廉，直而能忍：勤俭以养廉洁，正直而能忍让。

【译文】

澄弟左右：

修建围山觜桥，稍嫌花钱太多。南塘的竟希公祠宇，
也是尽可不建的。

沅弟于国家有功劳，于我家有功劳，可以说千好万好，
但是建造规模太大，手笔过大，怕将来难以为继。我与弟
弟你应当随时斟酌商量，想办法裁减，降低规模。

现在竟希公的祠宇快要竣工了，既成事实，说也无用。
至于星冈公的祠屋和温甫、事恒两位弟弟的祠堂，都可不
必修，等过了十年之后再看吧。千万牢记！千万牢记！

我往年曾撰写对联赠送老弟，有"俭以养廉，直而能
忍"两句话。弟弟你的耿直，人人都知道；你的能忍，可
就只有为兄我一个人知道了。弟弟你的廉洁，在所有人的
意料之中；而弟弟你的不俭朴，可是连为兄我都不曾意料
到啊。以后希望弟弟你在"俭"字上狠下一番工夫，用一
番苦心，不但家里日常的花销应当节俭，就像修造祠屋这
样的公共费用，人情方面的周济，也应当有一种节俭的精

神。总之，是要爱惜物力，不失掉寒门的家风罢了，老弟你认为对不对呢？

同治四年五月二十五日

澄、沅弟左右：

纪瑞侄得取县案首①，喜慰无已。吾不望代代得富贵，但愿代代有秀才②。秀才者，读书之种子也，世家之招牌也③，礼义之旗帜也。谆嘱瑞侄从此奋勉加功④，为人与为学并进，切戒骄奢二字，则家中风气日厚，而诸子侄争相濯磨矣⑤。

吾自奉督办山东军务之命⑥，初九、十三日两折皆已寄弟阅看，兹将两次批谕钞阅。吾于廿五日启行登舟，在河下停泊三日。待遣回之十五营一概开行⑦，带去之六营一概拔队⑧，然后解维长行⑨。

茂堂不愿久在北路⑩，拟至徐州度暑后，九月间准茂堂还湘。勇丁有不愿留徐者⑪，亦听随茂堂归。总使吉中全军人人荣归⑫，可去可来，无半句闲话惹人谈论，沅弟千万放心。

余舌尖蹇涩⑬，不能多说话，诸事不甚耐烦，幸饮食如常耳。沅弟湿毒未减，悬系之至。药物断难奏效，总以能养能睡为妙。

【注释】

①纪瑞：曾纪瑞，曾国荃之子，曾国藩之侄。案首：明清时科举考试，县、府试及院试的第一名，称为案首。

②秀才：汉时开始与孝廉并为举士的科名，东汉时避光武帝讳改称"茂才"。唐初曾与明经、进士并设

为举士科目，旋停废。后唐宋间凡应举者皆称秀才，明清则称入府州县学生员为秀才。

③世家：世禄之家。后泛指世代贵显的家族或大家。

④谆嘱：谆谆嘱咐。

⑤濯磨：亦作"濯摩"。洗涤磨炼。比喻加强修养，以期有为。

⑥奉督办山东军务：指奉命赴山东剿捻。

⑦开行：开动车或船使行驶上路。

⑧拔队：指部队拔离驻地，行军前往他处。

⑨解维：解开缆索。指开船。长行：远行。

⑩茂堂：湘军吉字营将领。

⑪勇丁：清代地方招募的士兵。

⑫吉中：指湘军吉字中营，曾国荃的嫡系军队。

⑬蹇涩：迟钝，不顺。

【译文】

澄弟、沅弟左右：

纪瑞侄儿高中县考第一名，我真是太高兴了。我不望我家代代得富贵，但愿我家代代出秀才。秀才可是读书的种子，世家的招牌，礼义的旗帜啊。望弟弟们谆谆教诲，嘱咐纪瑞侄儿更加发奋用功，做人和治学齐头并进，千万戒除骄傲和奢靡两种毛病，那样的话，家里的风气就会越来越淳厚，而子侄们也会争相自我洗涤磨砺，面目一新。

我自从奉旨督办山东军务，初九、十三日的两封奏折都已寄给弟弟阅看，现将两次批示的谕旨抄给你们一看。我在二十五日起程登船，在河下停泊三天。等遣返的十五

营全部出发，

　　带去的六营都拨营出发，然后再开船远行。

　　茂堂不愿长久在北路，打算到徐州度过暑期之后，九月份准许茂堂回湖南。兵勇有不愿意留在徐州的，也听任他们随茂堂回乡。我总会使吉中全军人人光荣还乡，可去可来，没有半句闲话惹人谈论，沅弟尽可放心。

　　我舌尖迟钝，不能多说话，做事情都很不耐烦，幸好饮食如常。沅弟湿毒病状没有减轻，我十分挂念。吃药断难奏效，总要以能保养能睡觉为好。

同治五年六月初五日

澄弟左右：

乡间谷价日贱①，禾豆畅茂②，尤是升平景象③，极慰极慰。

贼自三月下旬退出曹、郓之境④，幸保山东运河以东各属，而仍蹂躏于曹、宋、徐、泗、凤、淮诸府⑤，彼剿此窜，倏往忽来⑤。直至五月下旬，张、牛各股始窜至周家口以西⑦，任、赖各股始窜至太和以西⑧。大约夏秋数月，山东、江苏可以高枕无忧⑨，河南、皖、鄂，又必手忙脚乱。

余拟于数日内至宿迁、桃源一带察看堤墙⑩，即由水路上临淮而至周家口⑪。盛暑而坐小船，是一极苦之事，因陆路多被水淹，雇车又甚不易，不得不改由水程⑫。余老境日逼，勉强支持一年半载，实不能久当大任矣。因思吾兄弟体气皆不甚健，后辈子侄尤多虚弱，宜于平日讲求养生之法，不可于临时乱投药剂。

【注释】

①贱：价格低。

②畅茂：旺盛繁茂。《孟子·滕文公下》："草木畅茂，禽兽繁殖。"

③升平景象：太平气象。

④曹、郓：曹州、郓州。

⑤蹂躏：侵扰；侵略。曹、宋、徐、泗、凤、淮：分

别指山东曹州府、河南宋州府（归德府）、江苏徐
州府、安徽泗州府、安徽凤阳府、江苏淮安府。

⑥倏往忽来：即倏忽往来，指移动极其快速。《吕氏春
秋·决胜》："倏忽往来，莫知其方。"

⑦张、牛：指捻军首领张宗禹、牛宏升（牛洛红）。
周家口：地名，即现今河南省周口市川汇区。明清
时期，周家口是西北与江南物资交流的重要枢纽，
曾被称为河南四大商业重镇之一。

⑧任、赖：指捻军首领任柱、赖文光。太和：县名，
今为安徽省阜阳市辖县。宋开宝六年（973）于汝阴
县百尺镇置万寿县，属颍州。宣和元年（1119），更
名泰和县，移县治于沙河北岸（今旧县镇）。元至
元二年（1265），省泰和入颍州；大德八年（1304），
复置县，改"泰"为"太"，县治迁于今地，属颍
州，后属汝宁府。

⑨高枕无忧：垫高了枕头睡觉，无所忧虑，比喻平安
无事，不用担忧。

⑩宿迁：地名，今为江苏省辖市。宿迁，原名宿豫，
位于江苏北部淮水之阳。春秋时为钟吾国；后宿国
迁都于此。秦置下相等县。西汉时废凌县设下相。
历经东汉、西晋，至东晋安帝义熙元年（405），改
下相县为宿豫县。南北朝、隋朝仍为宿豫县。唐宝
应元年（762），为避代宗李豫之讳，改宿豫县为宿
迁县，其名沿用至今。桃源：地名，为今江苏省泗
阳县旧称。元至元十四年（1277）始设桃园县，辖

今泗阳县地，属淮安路。明代，桃园县改称桃源县，属淮安府。清代相沿不变。民国初年，地名规范统一时，因与湖南桃源县重名而改称泗阳。

⑪临淮：地名，即今江苏泗洪县临淮镇，地处洪泽湖西。

⑫水程：水路。

【译文】

澄弟左右：

乡下的谷价一天天降低，禾苗豆苗生长茂盛，这真是升平景象，实在欣慰。

捻匪自从三月下旬退出曹、郓境内，幸而保住了山东运河以东各州县，但还是侵扰了曹、宋、徐、泗、凤、淮等州府。你在这里剿匪，他就流窜到那边，忽来忽往，来去如飞。一直到五月下旬，张宗禹、牛宏升等的队伍开始流窜到周家口以西；任柱、赖文光等的队伍开始流窜到太和以西。大概夏秋的几个月中，山东、江苏可以平安无事；河南、安徽、湖北，一定又要手忙脚乱了。

我准备在几天内到宿迁、桃源一带去视察堤墙，顺便从水路去临淮，直到周家口。盛暑时节，乘坐小船，真是一件苦差事。只因陆路多遭水淹，雇车又太不容易，不得不改走水路。我岁数越来越大，真是老了，勉强支持过一年半载，实在不能再久担大任了。由此想到我家弟兄身体都不太健壮，后辈子侄们更多身体虚弱之人，应在平时注意养生的方法，不能在病的时候乱吃药。

养生之法约有五事：一曰眠食有恒，二曰惩忿①，三曰节欲，四曰每夜临睡洗脚，五曰每日两饭后各行三千步。惩忿，即余匾中所谓"养生以少恼怒为本"也。眠食有恒及洗脚二事，星冈公行之四十年②，余亦学行有七年矣。饭后三千步近日试行，自矢永不间断③。弟从前劳苦太久，年近五十，愿将此五事立志行之，并劝沅弟与诸子侄行之。

余与沅弟同时封爵开府④，门庭可谓极盛，然非可常恃之道。记得己亥正月⑤，星冈公训竹亭公曰⑥："宽一虽点翰林⑦，我家仍靠作田为业⑧，不可靠他吃饭。"此语最有道理，今亦当守此二语为命脉⑨。

望吾弟专在作田上用些工夫，而辅之以"书蔬鱼猪，早扫考宝"八字。任凭家中如何贵盛，切莫全改道光初年之规模。凡家道所以可久者，不恃一时之官爵，而恃长远之家规；不恃一二人之骤发⑩，而恃大众之维持。我若有福罢官回家，当与弟竭力维持。老亲旧眷，贫贱族党，不可怠慢。待贫者亦与富者一般，当盛时预作衰时之想，自有深固之基矣。

【注释】

①惩忿：克制忿怒。

②星冈公：指曾国藩的祖父曾星冈。

③自矢：犹"自誓"。发誓，立志不移。

④开府：古代指高级官员（如三公、大将军、将军等）成立府署，选置僚属。

⑤己亥：指道光十九年，即 1839 年。

⑥竹亭公：指曾国藩的父亲曾麟书。曾麟书，号竹亭。

⑦宽一：曾国藩乳名宽一。翰林：官名。指清代翰林院属官，如侍读学士、侍讲学士、侍读、侍讲、修撰、编修、检讨等。

⑧作田：种地。

⑨命脉：生命与血脉。常比喻关系极重大的事物。

⑩骤发：暴发。

【译文】

养生的方法，大约有五个方面：一是睡眠饮食有规律；二是制怒；三是节欲；四是每夜睡觉之前洗脚；五是两餐饭后，各走三千步。制怒，就是我在匾里所写的"养生以少恼怒为本"。睡眠饮食有规律及睡前洗脚两件事，祖父星冈公坚持了四十年，我也学着坚持了七年。饭后走三千步，我近日也在试行，发誓从此永不间断。弟弟你从前长时间劳苦，现在年近五十了，希望你下决心坚持这五件事，并劝沅弟和子侄们实行。

我与沅弟二人，同时受封爵位、开府做督抚，门庭可说盛极一时了，但这不是可以长久倚仗的。我还记得己亥年正月，祖父星冈公教训父亲竹亭公说："宽一虽然点了翰林，我们家仍然要靠作田为业，不能靠他吃饭。"这话最有道理，我们今天也应当以这两句为治家命脉。

希望弟弟你能专心在作田上用些功夫，而以"书、蔬、鱼、猪、早、扫、考、宝"八个字为辅助。不管家里如何富贵兴盛，切莫将道光初年的规模全都改变了。大凡家道能够长久的，绝不是倚仗一时的官爵显赫，而靠的是能够长远流传的家规；绝不是倚仗一两个人的骤然发迹，而靠的是大众的维持。我如果有福，早日罢官回家的话，当会与弟弟你同心竭力维持家道。家里的老亲戚，以及贫困的族人，千万不可以怠慢了人家。对待穷人，要与对待富人一样。在兴盛的时候，要事先做衰落时预想，这样的话，自然便有了深厚坚实的基础。

同治五年九月十二日

沅弟左右：

接弟信，具悉一切。弟谓命运作主，余所深信；谓自强者每胜一筹，则余不甚深信。

凡国之强，必须多得贤臣工①；家之强，必须多出贤子弟。此亦关乎天命，不尽由于人谋。

至一身之强，则不外乎北宫黝、孟施舍、曾子三种②。孟子之集义而慊③，即曾子之自反而缩也④。惟曾、孟与孔子告仲由之强⑤，略为可久可常。

此外斗智斗力之强，则有因强而大兴，亦有因强而大败。古来如李斯、曹操、董卓、杨素⑥，其智、力皆横绝一世⑦，而其祸败亦迥异寻常；近世如陆、何、肃、陈⑧，皆予知自雄⑨，而俱不保其终。

故吾辈在自修处求强则可，在胜人处求强则不可。若专在胜人处求强，其能强到底与否，尚未可知。即使终身强横安稳⑩，亦君子所不屑道也。

贼匪此次东窜，东军小胜二次，大胜一次；刘、潘大胜一次⑪，小胜数次；似已大受惩创，不似上半年之猖獗。但求不窜陕、洛，即窜鄂境，或可收夹击之效。

余定于明日请续假一月，十月请开各缺⑫，仍留军营，刻一木戳，会办中路剿匪事宜而已。

【注释】

①臣工：群臣百官。《诗经·周颂·臣工》："嗟嗟臣

工，敬尔在公。”毛传：“工，官也。”郑玄笺：“臣谓诸侯也。”

② 北宫黝、孟施舍、曾子三种：指《孟子·公孙丑（上）》所论北宫黝的刚猛、孟施舍的守气、曾子的守约三种勇。《孟子·公孙丑（上）》：“北宫黝之养勇也，不肤桡，不目逃，思以一豪挫于人，若挞之于市朝，不受于褐宽博，亦不受于万乘之君；视刺万乘之君，若刺褐夫。无严诸侯，恶声至，必反之。孟施舍之所养勇也，曰：‘视不胜犹胜也；量敌而后进，虑胜而后会，是畏三军者也。舍岂能为必胜哉？能无惧而已矣。’孟施舍似曾子，北宫黝似子夏。夫二子之勇，未知其孰贤，然而孟施舍守约也。昔者曾子谓子襄曰：‘子好勇乎？吾尝闻大勇于夫子矣。自反而不缩，虽褐宽博，吾不惴焉；自反而缩，虽千万人，吾往矣。’孟施舍之守气，又不如曾子之守约也。”

③ 集义而慊：《孟子·公孙丑（上）》：“‘敢问何谓浩然之气？’曰：‘难言也。其为气也，至大至刚，以直养而无害，则塞于天地之间。其为气也，配义与道。无是，馁也。是集义所生者，非义袭而取之也。行有不慊于心，则馁矣。’”朱子集注：“集义，犹言积善，盖欲事事皆合于义也。”“慊，快也，足也。”

④ 自反而缩：《孟子·公孙丑（上）》：“昔者曾子谓子襄曰：‘子好勇乎？吾尝闻大勇于夫子矣：自反而不

缩，虽褐宽博，吾不惴焉；自反而缩，虽千万人，吾往矣。'"朱子集注："缩，直也。"

⑤孔子告仲由之强：《中庸》："子路问强。子曰：'南方之强与？北方之强与？抑而强与？宽柔以教，不报无道，南方之强也，君子居之。衽金革，死而不厌，北方之强也，而强者居之。故君子和而不流，强哉矫！中立而不倚，强哉矫！国有道，不变塞焉，强哉矫！国无道，至死不变，强哉矫！'"这里曾国藩认为应当效法孔子认可的那些"强"的表现。

⑥李斯：秦丞相。曹操：汉献帝丞相，汉末权臣。董卓：汉献帝时权臣。杨素：隋丞相，权臣。

⑦横绝一世：举世无双，超出同时代许多。

⑧肃：肃顺，咸丰弟托孤之臣，为西太后所杀。

⑨自雄：自以为很了不起。

⑩强横：亦作"彊横"。骄横跋扈；强硬蛮横。

⑪刘、潘：指淮军将领刘铭传、潘鼎新，二人当时随曾国藩剿捻。

⑫开缺：旧时官吏因故不能留任，免除其职务，准备另外选人充任。

【译文】

沅弟左右：

接到弟弟你的信，知道了一切情况。弟弟信中说命运做主，这话我是相信的；弟弟又说自强的人往往胜人一筹，我就不太赞同。

大凡国家强盛，必须有许多贤能的大臣；家族强盛，必须有许多贤能的子弟。但这也关系到天命，不完全由人谋决定。

至于说到单个人的强，不外乎北宫黝的刚猛、孟施舍的守气、曾子的守约三种。孟子之以大义自居而又不自满，其实也就是曾子的自我省察而觉得正直正义啊。只是曾子、孟子和孔子告诉仲由（子路）的什么是强，大约可以长久。

除此以外的所谓斗智、斗力的强，有的人因强而兴盛，有的人却因强导致大失败。自古以来，如李斯、曹操、董卓、杨素，他们的智慧和力量，都是世间少有、独秀一时的，而他们招致的祸败也非比寻常。近世如陆、何、肃、陈这些人，都以聪明自许，以英雄自居，可是他们都不得善终。

因此我们这些人在加强自我修养方面要强是可以的，但在与人争胜负时要强就不可了。如果专门在与人相比之时争强好胜，到底能不能强，都尚未可知。就算能一辈子骄横跋扈却还安稳，也是君子所不屑一提的。

捻匪这次东窜，东方面军小胜二次，大胜一次；刘铭传、潘鼎新部大胜一次，小胜数次；捻匪似乎都已受到很大打击，不再像上半年一样猖獗。只求捻匪不流窜陕西、河南，就流窜湖北境内，我军或许可收夹击之效果。

我定于明日请续假一个月，十月请开各项职务之缺，仍然留在军营，刻一方木戳，会同办理中路剿匪事宜而已。

同治五年十二月初六日

澄弟左右：

余于十月廿五日接入觐之旨①，次日写信召纪泽来营。厥后又有三次信，止其勿来，不知均接到否？

自十一月初六接奉回江督任之旨②，十七日已具疏恭辞③；廿八日又奉旨令回本任，初三日又具疏恳辞。如再不获命④，尚当再四疏辞。但受恩深重，不敢遽求回籍，留营调理而已。余从此不复做官。

同乡京官，今冬炭敬犹须照常馈送⑤。昨令李蔼汉回湘⑥，送罗家二百金、李家二百银、刘家百金⑦，昔年曾共患难者也。

前致弟处千金，为数极少。自有两江总督以来，无待胞弟如此之薄者。然处兹乱世，钱愈多则患愈大。兄家与弟家，总不宜多存现银现钱。每年足数一年之用，便是天下之大富，人间之大福。家中要得兴旺，全靠出贤子弟。若子弟不贤不才，虽多积银、积钱、积谷、积产、积衣、积书、总是枉然。

子弟之贤否，六分本于天生，四分由于家教。吾家代代皆有世德明训，惟星冈公之教尤应谨守牢记⑧。吾近将星冈公之家规，编成八句云："书蔬鱼猪，考早扫宝。常说常行，八者都好。地命医理，僧巫祈祷，留客久住，六者俱恼。"盖星冈公于地、命、医、僧、巫五项人进门便恼，即亲友远客久住亦恼。此八好六恼者，我家世世守之，永为家训。子孙虽愚，亦必略有范围也。

【注释】

①入觐：本指诸侯于秋季入朝进见天子。《诗经·大雅·韩奕》："韩侯入觐，以其介圭，入觐于王。"郑玄笺："诸侯秋见天子曰觐。"孔颖达疏："朝者四时通名，觐则唯是秋礼。"后指地方官员入朝进见帝王。

②回江督任：回复两江总督之任。

③具疏：指臣子备文向皇帝分条陈述。疏：臣子向帝王分条陈述的意见书。

④获命：获得应允。《左传·僖公二十三年》："若不获命，其左执鞭弭，右属櫜鞬，以与君周旋。"杨伯峻注："不获命亦当时辞令，犹言不得允许。"

⑤炭敬：旧时外官在冬季馈赠京官的银钱。

⑥李鼐汉：湖南平江人，湘军将领，同治二年为花翎副将衔参将。

⑦罗家：指罗宗南家。李家：指李续宾、李续宜家。刘家：指刘腾鸿家。

⑧星冈公：指曾国藩的祖父曾星冈。

【译文】

澄弟左右：

我在十月二十五日这天接到入朝觐见天子的圣旨，次日写信召纪泽儿来营。而后又有三次信，阻止他不要来，不知是否都已接到？

自十一月初六日接到让我回任两江总督的圣旨，我十七日已经具疏恭请辞职；二十八日又接到圣旨，让我回任两江总督的本来职务，十二月初三日我又具疏恳请辞职。如果再次得不到允许，还要再四具疏恳辞。但是我受君恩太过深重，不敢请求立即回到原籍，留在军营调理身心而已。我从此不再做官。

同乡的京官，今年冬天的炭敬（取暖费），还要照常赠送。昨天我让李翥汉回湖南，送给罗家（罗泽南）银子二百两、李家（李续宾、李续宜）二百两、刘家（刘腾鸿）一百两，都是从前曾与我共过患难的。

前不久寄弟弟你处的一千两银子，数目很少，自有两江总督以来，还没有对待胞弟像我这样不大方的。但是处在这个乱世，钱越多则隐患越大，为兄我家和弟弟你家，还是不宜多存银两现钱的。每年足够一年的用度，便是天下的大富，人间的大福了。家里要想兴旺，全靠是否出贤能的子弟。如果子弟不贤明没才干，即使再多积银钱、稻谷、产业、衣料、书籍，都是空的。

子弟们的贤与不贤，六分出于天生，四分由于家教。我们家代代都有好品德好家训，星冈公的教训尤其应该谨守牢记。我近来把星冈公的家规编成八句话："书蔬猪鱼，考早扫宝，常说常行，八者都好。地命医理，僧巫祈祷，留客久住，六者俱恼。"因为星冈公看见风水先生、算命的、郎中、和尚、巫师这五种人进门就恼火，即使是亲友、远客，住久了，他也恼火。这八个好、六个恼，我们家要世代遵守，永远当作家训。子孙就算愚笨，也务必要让他们就范。

同治六年正月初二日

沅弟左右：

鄂署五福堂有回禄之灾^①，幸人口无恙，上房无恙^②，受惊已不小矣。其屋系板壁纸糊，本易招火。凡遇此等事，只可说打杂人役失火，固不可疑会匪之毒谋^③，尤不可怪仇家之奸细。若大惊小怪，胡想乱猜，生出多少枝叶，仇家转得传播以为快。惟有处处泰然，行所无事。申甫所谓"好汉打脱牙，和血吞"^④，星冈公所谓"有福之人善退财"^⑤，真处逆境者之良法也。

弟求兄随时训示申儆^⑥，兄自问近年得力，惟有一"悔"字诀。兄昔年自负本领甚大，可屈可伸，可行可藏^⑦，又每见得人家不是^⑧。自从丁巳、戊午大悔大悟之后，乃知自己全无本领，凡事都见得人家有几分是处。故自戊午至今九载，与四十岁以前迥不相同^⑨。大约以"能立能达"为体^⑩，以"不怨不尤"为用^⑪。立者，发奋自强，站得住也；达者，办事圆融，行得通也。

【注释】

①回禄之灾：回禄相传为火神之名，后用来指火灾。一 说是火神吴回、陆终的并称，陆、禄音相近而通用。

②上房：正房。

③固：必，一定。

④申甫：即李申夫。李榕（1819—1889），字申夫，四

川剑州（今四川省剑阁县下寺乡河马沟）人。道光
丙午(1846)举人，咸丰二年壬子(1852)进士，改翰
林院庶吉士，转礼部主事。咸丰己未(1859)，曾国
藩奏调湘军营务，因军功授浙江盐运使、湖北按察
使、湖南布政使。同治己巳(1869)，坐事罢归，主
剑州兼山书院和江油（今四川省江油市）登龙书院、
匡山书院讲席以终。有《十三峰书屋全集》留传于
世，《清史稿》有传。

⑤星冈公：指曾国藩的曾祖父曾星冈。

⑥申儆：儆诫，训诫。

⑦行：出仕。藏：辞官隐居。

⑧不是：不对，错误，过失。

⑨迥不相同：差异很大，截然不同。

⑩能立能达：《论语·雍也》："夫仁者，己欲立而立
人；己欲达而达人。能近取譬，可谓仁之方也已。"

⑪不怨不尤：《论语·宪问》："子曰：'不怨天，不尤人，
下学而上达。知我者其天乎！'"《中庸》："君子素
其位而行，不愿乎其外。素富贵，行乎富贵；素贫
贱，行乎贫贱；素夷狄，行乎夷狄；素患难行乎患
难，君子无入而不自得焉。在上位不陵下，在下位不
援上，正己而不求于人，则无怨。上不怨天，下不尤
人。故君子居易以俟命。"《孟子·公孙丑（下）》：
"前日虞闻诸夫子曰：'君子不怨天，不尤人。'"

【译文】

沅弟左右：

湖北衙门的五福堂遭了火灾，幸亏没伤着人，正房也没烧到，只是受惊吓确实不小。那些房子是木板墙壁加纸糊窗户，本来就容易招火。但凡遇到这种事，只能说是打杂的差役们失火，千万不要怀疑是会匪的毒计，尤其不能乱猜是仇家奸细所为。如果大惊小怪，胡乱猜想，生出许多不必要的事端，仇家反而会到处传播并因此高兴。只有泰然处之，表现得若无其事才好。刘申甫所说的"好汉打脱了牙齿，就和着血吞下去"，祖父星冈公所说的"有福的人善于退财"，真是身处逆境的人谋求自安的好办法。

弟弟你请求为兄我时时教导、提醒，为兄我自问近年来，只在一个"悔"字诀上得力。为兄从前太自负，以为自己本领很大，能屈能伸，可以出仕也可以退隐，又每每看到别人的不是。自从丁巳、戊午两年之际大悔大悟过后，为兄我才知道自己什么本领都没有，什么事都能看出别人有几分做得对的地方。所以从戊午年到现在的九年里，我和四十岁以前完全不同。为兄我现在将能有所创立和能够通达作为人生根本，以不怨天、不尤人作为处世方针。所谓"立"，就是要发奋自强，站得住的意思。所谓"达"，就是办事圆融，行得通的意思。

吾九年以来，痛戒无恒之弊①，看书写字，从未间断。选将练兵，亦常留心。此皆自强、能立工夫。奏疏公牍，再三斟酌，无一过当之语、自夸之词②。此皆圆融、能达工夫。至于怨天，本有所不敢；尤人，则常不能免。亦皆随时强制而克去之。

弟若欲自儆惕，似可学阿兄丁戊二年之悔，然后痛下针砭③，必有大进。

"立达"二字，吾于己未年曾写于弟之手卷中④，弟亦刻刻思自立自强。但于能达处尚欠体验，于不怨尤处尚难强制。吾信中言，皆随时指点，劝弟强制也。赵广汉本汉之贤臣⑤，因星变而劾魏相⑥，后乃身当其灾，可为殷鉴⑦。默存一"悔"字，无事不可挽回也。

【注释】

①无恒：没有恒心。

②过当之语：过分而不恰当的话。

③痛下针砭：比喻痛彻尖锐地批评错误，以便改正。针砭，古代以砭石为针的治病方法。

④手卷：只能卷舒而不能悬挂的横幅书画长卷。

⑤赵广汉：赵广汉，字子都，西汉涿郡蠡吾县（今河北博野）人，汉昭帝、宣帝时期名臣，执法不避权贵。赵广汉想告发丞相魏相，先向知星气的太史占问，太史说这一年当有大臣被戮死，赵广汉立即上书告发丞相的罪行。结果失利，被腰斩。

⑥星变：星象的异常变化。古时谓将有凶灾，往往有大臣会被处死。魏相：魏相（？—前59），字弱翁，济阴定陶人，汉昭帝、宣帝时期名臣，先后任茂陵令、扬州刺史、河南太守、大司农、御史大夫等职，官至丞相，封高平侯。

⑦殷鉴：谓殷人子孙应以夏的灭亡为鉴戒。《诗经·大雅·荡》："殷鉴不远，在夏后之世。"后泛指可以作为借鉴的往事。

【译文】

我这九年以来，痛下决心改掉缺乏恒心的毛病，看书写字，从不曾间断；选拔将官，训练士兵，也时时留心。这都是自强自立的功夫。奏疏和公文，我总是再三斟酌，没说过一句过头的话、一句自夸的词，这都是圆熟通达的功夫。至于说到怨天，我本来就不敢；尤人，却常常不免，但也能随时克制自己尽量避免。弟弟你如果想要自我警惕，似乎可以学学为兄我丁巳、戊午两年之际大悔大悟，然后痛下针砭功夫，去除陋习，一定会大有进益。

"立"和"达"二字，我在己未年曾经写在给弟弟你的手卷上，弟弟你也时时刻刻想着自立自强，但你在做事通达方面还缺乏体验，在不怨天、不尤人方面还难以克制自己。我在信中所说的，都是随时指点，劝弟弟努力克制自己。赵广汉本来是汉代贤臣，因为星变而弹劾丞相魏相，结果灾祸却降临在自己身上，可以当作前车之鉴。心里暗暗存一个"悔"字，则没有什么事是不可以挽回的。

同治六年三月初二日

沅弟左右：

接李少帅信①，知春霆因弟复奏之片②，言"省三系与任逆接仗③，霆军系与赖逆交锋④"，大为不平，自奏伤疾举发⑤，请开缺调理⑥。又以书告少帅，谓弟自占地步⑦。弟当此百端拂逆之时⑧，又添此至交龃龉之事⑨，想心绪益觉难堪。然事已如此，亦只有逆来顺受之法，仍不外"悔"字诀，"硬"字诀而已。朱子尝言："'悔'字如春，万物蕴蓄初发。'吉'字如夏，万物茂盛已极。'吝'字如秋，万物始落。'凶'字如冬，万物枯凋。"又尝以"元"字配春，"亨"字配夏，"利"字配秋，"贞"字配冬。兄意"贞"字即"硬"字诀也。弟当此艰危之际，若能以"硬"字法冬藏之德，以"悔"字启春生之机，庶几可挽回一二乎？

闻左帅近日亦极谦慎⑩。在汉口气象何如，弟曾闻其略否⑪？申夫阅历极深⑫，若遇危难之际，与之深谈，渠尚能于恶风骇浪之中默识把舵之道，在司道中不可多得也⑬。

【注释】

①李少帅：指李鸿章。

②春霆：鲍超，字春霆。

③省三：刘铭传，字省三。任逆：指捻军首领任柱。

④赖逆：指捻军首领赖文光。

⑤伤疾举发：伤病齐发。举：齐，全。

⑥开缺：旧时官吏因故不能留任，免除其职务，准备
另外选人充任。

⑦自占地步：指为人霸道，自己把好的地位都霸占了，
不给人留余地。"地步"犹地位。

⑧百端拂逆：指事事不顺。拂逆，与心意相违背。

⑨龃龉（jǔyǔ）：不相投合，抵触，闹意见。

⑩左帅：指左宗棠。

⑪其略：大概情况。

⑫申夫：李榕（1819—1889），字申夫，四川剑州（今四
川省剑阁县下寺乡河马沟）人。详见前一封家书注。

⑬司道：清朝时期是隶属于巡抚的专设机构。

【译文】

沅弟左右：

我收到李少帅来信，知道鲍春霆因为你在奏章里说
"刘省三是和任逆作战，鲍春霆是和赖逆交锋"，心中大为
不平，自己上奏说伤病全发，要辞职回家养伤。又写信给
李少帅，说你为人霸道，全不给人留余地。弟弟你在事事
不顺之时，又遇到这种好友闹矛盾的事情，想必心里更加
难受。然而事情已经到了这种地步，也只有用逆来顺受的
办法，仍然不外是"悔"字诀和"硬"字诀。朱子曾经说
过："'悔'字好比春天，万物蕴藏积蓄，刚要生机勃发。
'吉'字好比夏天，万物茂盛到了极点。'吝'字好比秋天，
万物开始败落。'凶'字好比冬天，万物枯萎凋谢。"朱子
又曾用"元"字配春，"享"字配夏，"利"字配秋，"贞"

字配冬。为兄以为这个"贞"字就是"硬"字诀啊。弟弟你处在眼下正艰危的时候，如果能够用"硬"字诀效法冬天蓄藏的德行，用"悔"字诀开启春天的生机，这样或许能挽回一些吧？

听说左帅近来也很谦虚谨慎，他在汉口的情形如何呢？弟弟你知道大致情况不？李申夫的阅历很深，如果碰到危难关口，可以和他深谈，在恶风骇浪之中，他还能默默认清掌舵的方法，知道正确的方向，在司道一级的官员中是不可多得的人才。

同治十年十月二十三日

澄、沅两弟左右：

屡接弟信，并阅弟给纪泽等谕帖①，具悉一切。兄以八月十三出省，十月十五日归署，在外匆匆，未得常寄函与弟，深以为歉！

小澄生子，岳松入学②，是家中近日可庆之事。沅弟夫妇病而速痊，亦属可慰。

吾见家中后辈，体皆虚弱，读书不甚长进，曾以养生六事勖儿辈③：一曰饭后千步；一曰将睡洗脚；一曰胸无恼怒；一曰静坐有常时；一曰习射有常时（射足以习威仪，强筋力，子弟宜多习。）；一曰黎明吃白饭一碗，不沾点菜。此皆闻诸老人，累试毫无流弊者④，今亦望家中诸侄试行之。

又曾以为学四字勖儿辈：一曰看生书宜求速，不多阅则太陋；一曰温旧书宜求熟，不背诵则易忘；一曰习字宜有恒，不善写则如身之无衣、山之无木；一曰作文宜苦思，不善作则如人之哑不能言、马之跛不能行。四者缺一不可。盖阅历一生而深知之深悔之者。今亦望家中诸侄力行之。

养生与力学，二者兼营并进，则志强而身亦不弱，或是家中振兴之象。两弟如以为然，望以此教诫子侄为要。

兄在外两月有余，应酬极繁，眩晕、疝气等症，幸未复发，脚肿亦愈。惟目蒙日甚，小便太数⑤，衰老相逼，时势当然，无足异也。

【注释】

①谕帖：级给下级的手令、告诫的文书；长辈对晚辈的手示或训词。

②入学：旧指生徒或童生经考试录取后进府、州、县学读书。

③勖：勉励。

④流弊：指某事引起的坏作用，也指相沿下来的弊端。

⑤数：屡次，多次，频繁。

【译文】

澄弟、沅弟左右：

连续接到弟弟的来信，并且读过弟弟给纪泽儿的信，知道一切情况。为兄我在八月十三日出省，十月十五日回到衙门。在外匆忙，未能经常寄信给弟弟，深表歉意。

小澄生儿子，岳松入学，是家里最近值得庆贺的事。沅弟夫妇患病，很快痊愈，也令人欣慰。

我看到家里的后辈，身体都很虚弱，读书也没有多大长进，曾经以养生六大要事勉励子侄辈：一是饭后走一千步；一是睡觉前泡脚；一是胸中没有恼怒；一是在固定时间按时静坐；一是在固定时间按时练习射箭（射箭可以学习威仪，强筋壮骨，子侄们应多学习）；一是黎明时分吃一碗白米饭，一口菜都不沾。这些我都是听老人说的，屡试不爽，没有一丝流弊，而今希望家里的子侄们尝试去做。

我又曾经以治学四要事勉励家中后辈：一是看生书要力求快，读书不多就会孤陋寡闻；一是温习旧书要力求熟，不背诵就很容易遗忘；一是写字要能持之以恒，字写不好，便好比身上无衣穿，山上不生树；一是写文章要用心思考，不会写文章，就好比哑巴不能说话，马跛了不能跑。这四者缺一不可，这是我一生阅历才知道并自悔的，而今也希望家里的子侄们能努力去做。

养生与力学两件事，齐头并进，就一定能意志坚强并且身体也不虚弱，或者是家中振兴的迹象。两位弟弟如果认为我的话有道理，希望以此教导训示家中子侄要紧。

为兄在外两个多月，应酬太过繁忙，眩晕和疝气等毛病幸好没有复发，脚肿的毛病也好了。只是老眼昏花，一天比一天厉害；小便也太过频繁。衰弱和年老逼人，是当然之理，不值为怪。